"十四五"职业教育国家规划教材

高职高专"1+X"模式智能新能源汽车专业系列教材

新能源汽车网关控制与娱乐系统检修

主　编　欧阳全胜　杨学易
副主编　艾政华　徐旭升　向　巍　左从兵
参　编　蒋光辉　王清扬　杨娇娇　周　蓉

机械工业出版社
CHINA MACHINE PRESS

本书以新能源汽车网关控制与娱乐系统技术为主线，介绍了新能源汽车动力网关、底盘网关、车身网关、信息娱乐网关控制系统检修技术。

本书的特点是理论联系实际，采用理实一体化教学模式，并将实操讲解视频以二维码的形式插入教材，实现立体化教学。

本书以比亚迪 E5、比亚迪秦为主要参考车型，以其他常见新能源车型为辅，模拟维修实际工作，根据车型维修手册，配合大量彩色插图，对新能源汽车网关控制系统和信息娱乐系统及其检修步骤进行了详细的讲解。有的任务后提供了思考题和技能训练项目（工作页电子版与课件一同提供），以培养学生分析和解决实际问题的能力。

全书内容通俗易懂，深入浅出，适合作为高等职业院校新能源汽车专业核心教材及"1+X"认证培训教材，也可作为汽车服务人员在职培训及自学教材。

图书在版编目（CIP）数据

新能源汽车网关控制与娱乐系统检修 / 欧阳全胜，杨学易主编 . —北京：机械工业出版社，2021.12（2024.2 重印）
高职高专"1+X"模式智能新能源汽车专业系列教材
ISBN 978-7-111-69205-8

Ⅰ .①新… Ⅱ .①欧… ②杨… Ⅲ .①新能源 – 汽车 – 控制系统 – 高等职业教育 – 教材 Ⅳ .① U469.7

中国版本图书馆 CIP 数据核字（2021）第 194949 号

机械工业出版社（北京市百万庄大街22号　邮政编码100037）
策划编辑：齐福江　　　责任编辑：齐福江
责任校对：张　征　　　封面设计：严娅萍
责任印制：李　昂
北京捷迅佳彩印刷有限公司印刷
2024 年 2 月第 1 版第 4 次印刷
184mm×260mm · 14.5 印张 · 342 千字
标准书号：ISBN 978-7-111-69205-8
定价：69.00 元

电话服务　　　　　　　网络服务
客服电话：010-88361066　机　工　官　网：www.cmpbook.com
　　　　　010-88379833　机　工　官　博：weibo.com/cmp1952
　　　　　010-68326294　金　书　网：www.golden-book.com
封底无防伪标均为盗版　机工教育服务网：www.cmpedu.com

关于"十四五"职业教育
国家规划教材的出版说明

为贯彻落实《中共中央关于认真学习宣传贯彻党的二十大精神的决定》《习近平新时代中国特色社会主义思想进课程教材指南》《职业院校教材管理办法》等文件精神，机械工业出版社与教材编写团队一道，认真执行思政内容进教材、进课堂、进头脑要求，尊重教育规律，遵循学科特点，对教材内容进行了更新，着力落实以下要求：

1. 提升教材铸魂育人功能，培育、践行社会主义核心价值观，教育引导学生树立共产主义远大理想和中国特色社会主义共同理想，坚定"四个自信"，厚植爱国主义情怀，把爱国情、强国志、报国行自觉融入建设社会主义现代化强国、实现中华民族伟大复兴的奋斗之中。同时，弘扬中华优秀传统文化，深入开展宪法法治教育。

2. 注重科学思维方法训练和科学伦理教育，培养学生探索未知、追求真理、勇攀科学高峰的责任感和使命感；强化学生工程伦理教育，培养学生精益求精的大国工匠精神，激发学生科技报国的家国情怀和使命担当。加快构建中国特色哲学社会科学学科体系、学术体系、话语体系。帮助学生了解相关专业和行业领域的国家战略、法律法规和相关政策，引导学生深入社会实践、关注现实问题，培育学生经世济民、诚信服务、德法兼修的职业素养。

3. 教育引导学生深刻理解并自觉实践各行业的职业精神、职业规范，增强职业责任感，培养遵纪守法、爱岗敬业、无私奉献、诚实守信、公道办事、开拓创新的职业品格和行为习惯。

在此基础上，及时更新教材知识内容，体现产业发展的新技术、新工艺、新规范、新标准。加强教材数字化建设，丰富配套资源，形成可听、可视、可练、可互动的融媒体教材。

教材建设需要各方的共同努力，也欢迎相关教材使用院校的师生及时反馈意见和建议，我们将认真组织力量进行研究，在后续重印及再版时吸纳改进，不断推动高质量教材出版。

机械工业出版社

前 言 FOREWORD

我们要实现的现代化，是人与自然和谐共生的现代化，必须贯彻新发展理念，推动绿色发展，走生产发展、生活富裕、生态良好的文明发展道路，走中国式现代化新道路。能源转型已在全球形成高度共识，新能源革命也在加速进行。近年来，新能源汽车发展迅猛，国家对其的政策扶植力度有增无减。在《新能源汽车产业发展规划（2021—2035年）》中指出，到2035年，新销售车辆将以新能源汽车为主流，公共领域用车要实现全面电动化，在商业化应用上要实现燃料电池汽车，在规模化应用上实现高度自动驾驶汽车，从而促进节能减排，提升社会运行效率。

同时，随着汽车电子技术的飞速发展，新能源汽车上的电器设备日趋复杂且功能高度集成，因此数据总线技术被越来越广泛地应用到新能源汽车的各个电器系统上。作为新时代的汽车维修人员，掌握新能源汽车数据总线传输基础知识、总线系统信息传输的总体构成、原理及检修方法就显得至关重要。在此行业发展背景下，新能源汽车网关控制与娱乐系统检修成为新能源汽车技术专业的必修课。党的二十大报告提到人才强国战略，内涵更丰富，更具有新时代的特色。报告非常明确地把大国工匠和高技能人才作为人才强国战略的重要组成部分，人才培养已经成为重大课题。本课程坚持思政育人、文化育人、专业育人、实践育人四位一体的教学理念，采用理实一体的教学模式，把实际维修案例导入典型工作任务，将思政教育融入课堂教学，注重对使用者专业知识、动手能力和职业素养的综合培养。

本书共有5个项目29个任务，主要包括新能源汽车数据总线概述以及动力网关、底盘网关、车身网关、信息娱乐网关4种网关控制系统的检修。通过学习，学生可系统地了解新能源汽车数据总线的基础知识，并初步掌握各类型网关控制系统中各控制模块的结构、功能以及基本检修方法。

本书以"1+X"证书制度的主要理念作为课程设置与内容选择的参照点，以思维培养为本位，以解决问题为导向，具有以下主要特色：

1）针对性强——所选内容均以"1+X"职业技能等级标准及考核要求为出发点和落脚点，具有很强的针对性。

2）实用性强——以当前市场上具有广泛代表性的新能源车型为范例实施教学，具有很强的实用性。

3）图文并茂——本书中的相关图片和数据全部来自实车和实训设备上所

产生的真实素材。同时，本书还配套了一系列的数字资源，使得教材内容更加丰富、教学趣味性更强。

本书可作为高职高专院校新能源汽车专业、汽车运用技术专业等教学用书及"1+X"培训认证教材，也可作为成人高等教育或汽车技术人员培训教材，汽车维修人员和汽车技术爱好者亦可用于自学。

本书由欧阳全胜（贵州轻工职业技术学院）、杨学易（贵州轻工职业技术学院）任主编，由艾政华（贵州轻工职业技术学院）、徐旭升（贵州轻工职业技术学院）、向巍（贵州交通职业技术学院）、左从兵（贵州长江汽车有限公司）任副主编，参加编写的还有蒋光辉（贵州轻工职业技术学院）、王清扬（贵州交通职业技术学院）、杨娇娇（贵州交通职业技术学院）、周蓉（兰州石化职业技术大学）。在编写本书的过程中，得到了上海景格科技股份有限公司的大力支持，在此表示感谢。

由于编者的水平有限，书中难免存在一些疏漏和不足，恳请各位读者指正并提出宝贵意见，以便在修订时改正和完善。

二维码使用说明：教材中配有二维码，读者扫描使用前，请先扫描书籍码，每一个用户手机只需要扫码一次，就可以永久查阅教材中的二维码视频资源。

书籍码　E3L4PTZ5Z

扫码免费看资源

编者

目 录 CONTENTS

前言

项目一 新能源汽车数据总线概述 ... 1

任务一 新能源汽车数据传输形式 ... 2
任务二 数据总线的发展与系统特点 ... 7
任务三 数字信号认识与检测 ... 18
任务四 数字总线的相关术语与电路图识图 ... 22
任务五 网关控制模块检修 ... 30

项目二 新能源汽车动力网关控制系统检修 ... 36

任务一 发动机控制模块检修 ... 37
任务二 自动变速器控制模块检修 ... 58
任务三 档位控制模块检修 ... 67
任务四 电池管理控制模块检修 ... 74
任务五 电池采信采集控制模块检修 ... 83
任务六 驱动电机控制模块检修 ... 91
任务七 逆变器控制模块检修 ... 102
任务八 充电控制模块检修 ... 108
任务九 整车控制模块检修 ... 115
任务十 主动泄放模块检修 ... 121

项目三 新能源汽车底盘网关控制系统检修 ... 127

任务一 电动转向控制模块检修 ... 128
任务二 制动系统控制模块检修 ... 134
任务三 电动真空助力泵控制模块检修 ... 143

项目四　新能源汽车车身网关控制系统检修 …………148

- 任务一　车身控制模块检修…………………………149
- 任务二　电动车窗控制模块检修……………………154
- 任务三　自动前照灯控制模块检修…………………160
- 任务四　电动座椅控制模块检修……………………165
- 任务五　仪表板控制模块检修………………………170
- 任务六　安全气囊控制模块检修……………………177
- 任务七　空调控制模块检修…………………………186
- 任务八　电加热模块检修……………………………195

项目五　新能源汽车信息娱乐网关控制系统检修 ……201

- 任务一　收音机和音响控制模块检修………………202
- 任务二　导航系统控制模块检修……………………210
- 任务三　全景影像系统控制模块检修………………214

参考文献 ………………………………………………221

项目一 新能源汽车数据总线概述

如今新兴的通信方式渗透到了所有的生活领域，快速的技术变革，促进了通信的全球化，使得人与人之间的沟通与联系非常便捷。电话网络代表了最简单、最广泛的通信网络。互联网的兴起，引发了通信网络的革命。广播网络的出现则让人们实现了实时通信，随着技术的不断革新，越来越多的通信网络相互整合，网络电话和视频会议就是互联网与广播网络相互整合的例子。通信网络正在越来越广泛地影响着人们的日常生活，比如移动电话、在线视频等。同样，不断增长的电子邮件和网络会议使得通信网络在商业应用中经历着巨大的变革。

新能源汽车领域电子技术正在飞速发展，高低压电器日趋复杂，功能高度集成，同时随着人们对车辆的操控性、安全性和舒适性等要求越来越高，使得汽车工程师们必须寻求更快速有效的信息传输方式。早在20世纪90年代中期，通信网络就已经被引入汽车产业，除了在车辆生产过程中应用，还广泛应用于汽车中。

新能源汽车作为未来汽车业发展的主流，掌握新能源汽车数据传输基础知识、总线系统信息传输的总体构成与原理、总线系统的类型与协议标准等对新能源汽车网关控制及娱乐系统的检测维修至关重要。

本项目主要从新能源汽车数据传输形式、数据总线的发展与系统特点、数字信号认识与检测、数据总线的相关术语与电路图识图、网关控制模块检修5个部分进行讲解，希望通过详细、形象的讲解，让学生掌握基本的数据传输知识，并识别新能源汽车车载网络组成及各类数据信号。

任务一　新能源汽车数据传输形式

新能源汽车领域电子技术正在飞速发展，电气设备日趋复杂精密、高度集成、多功能，使得汽车工程师们必须寻求更快速有效的信息传输方式。数据总线技术及车载网络的出现，使汽车具有更多、更强的功能成为现实。因此了解并掌握新能源汽车数据传输形式，对于掌握新能源汽车车载网络的学习有很大的帮助。

本任务主要介绍新能源汽车数据传递形式及其功能等相关知识。

教学目标

知识目标
1）熟悉新能源汽车数据传输形式。
2）掌握不同类型总线拓扑结构。

技能目标
1）能说出新能源汽车总线技术及车载网络的功能。
2）能说出新能源汽车采用总线技术及车载网络的好处。

德育目标
1）培养团队意识、质量意识、环保意识、安全意识。
2）培养工匠精神和创新思维。
3）培养广泛学习、勤于思考的良好习惯。

知识储备

一、数据传递形式

目前在车辆上应用的数据传递形式有两种：形式一，每项信息通过独立的数据线进行交换；形式二，所有的信息通过两条数据线，在控制单元间进行交换。

1. 信息通过独立的数据线进行交换

图1-1-1所示是数据传输形式一，即每项信息通过各自数据线传递的示意图，每项信息都需要一个独立的数据线。

该数据传输形式只适用于有限信息量的数据交换。随着信息量的增加，数据线的数量和控制单元的针脚数也会相应增加，需要更多的插接件连接，致使控制单元复杂且无法随意增加接口数量，导线多，电磁干扰大，传感器信息无法或很难重复使用，系统改动升级只能通过硬件实现。

就多个控制单元之间的信息传递而言，图1-1-2所示按形式一控制单元（模块）两两电气连接会导致终端设备的连接是任意且没有规律的。其中一台终端设备或者一条线路失效，通常可以通过其他线路来保持通信。

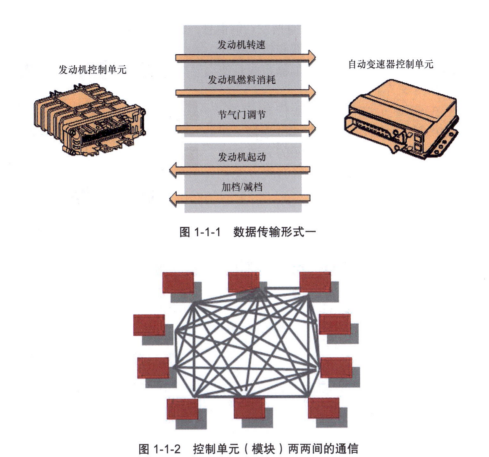

图 1-1-1 数据传输形式一

图 1-1-2 控制单元（模块）两两间的通信

2. 信息通过两根数据线进行交换

图 1-1-3 所示是数据传输形式二示意，与数据传输形式一相比，所有信息都通过两条数据线进行传递。通过这种数据传输形式，所有的信息，不管控制单元有多少和信息容量有多大，都可以通过这两条数据线进行传输。

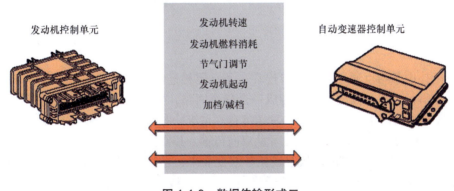

图 1-1-3 数据传输形式二

该数据传输形式中，控制单元最多通过两条数据导线彼此连接，某一设备拥有的信息可以通过总线提供给其他所有设备。如果需要在某一总线信息上增加附加信息，则只需要更改软件即可。由于总线设备持续检查所发送的信息，因此此种传输形式数据错误率较低。某一信号可以重复使用，因此传感器和信号导线较少，插接件也较少，极大简化了车辆布线且便于诊断，也减轻了全车自重。

就多个控制单元之间的信息传递而言，图1-1-4所示控制单元按形式二通过总线连接，即构成车载网络，可使得任意控制单元的失效对网络功能没有影响，同时此种形式总线布线方便容易扩展，不需要其他调制解调设备。

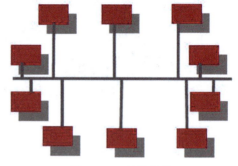

图1-1-4　总线通信

二、车载网络拓扑结构

车载网络拓扑结构是指车载网络中各个站点相互连接的形式。现在最主要的拓扑结构有总线型拓扑、星型拓扑、环型拓扑、树型拓扑以及网状拓扑。

如图1-1-5所示，总线型拓扑是一种基于多点连接的拓扑结构，它是将网络中所有的设备通过相应的硬件接口直接连接在共同的传输介质上，结点之间按广播方式通信，一个结点发出的信息，总线上的其他结点均可"收听"到；其信息向四周传播，类似于广播电台，故总线网络也被称为广播式网络。

如图1-1-6所示，星型拓扑结构是一种以中央结点为中心，把若干外围结点连接起来的辐射式互联结构，各结点与中央结点通过点与点方式连接，形状如同星形。

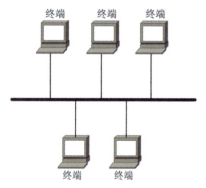

图1-1-5　总线型拓扑结构

图1-1-6　星型拓扑结构

环型拓扑中各结点通过环路接口连在一条首尾相连的闭合环形通信线路中，就是将所有站点彼此串行连接，像链子一样构成一个环形回路，数据沿环线依次通过每个结点直到目的地，环路上任何结点均可以请求发送信息；请求一旦被批准，便可以向环路发送信息；环形网中的数据可以是单向传输，也可是双向传输，如图1-1-7所示。

如图1-1-8所示，树型拓扑从总线拓扑演变而来，形状像一棵倒置的树，顶端是树根，树根以下带分支，每个分支还可再带子分支。它是总线型结构的扩展，是在总线网上加上分支形成的，其传输介质可有多条分支，但不形成闭合回路，具有一定容错能力；一般一个分支和结点的故障不影响另一分支结点的工作；任何一个结点送出的信息都可以传遍整个传输介质，也是广播式网络。

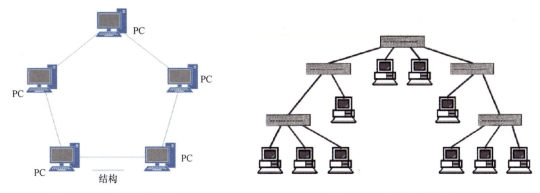

图 1-1-7　环型拓扑结构　　　　　图 1-1-8　树型拓扑结构

网状拓扑又称作无规则结构,结点之间的连接是任意的,没有规律的,就是将多个子网或多个局域网连接起来构成网状拓扑结构,如图 1-1-9 所示。

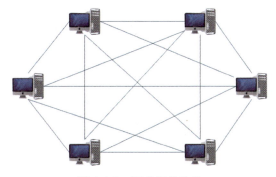

图 1-1-9　网状拓扑结构

实操任务

1)工具及设备:白板、白板笔、计算机。

2)资料及耗材:电子版比亚迪秦网关控制器维修手册与自学手册、比亚迪秦网络拓扑结构挂图、任务书。

实操步骤

一、车载网络应用识别

1)通过车载网络拓扑图挂图,了解车载网络数据总线应用、各数据总线的传输速率,了解总线上连接的控制单元名称。

2)通过维修手册或自学手册,找出车载网络拓扑图上有几种数据总线,各数据总线的传输速率、网关及各控制单元在车型上的安装位置。

二、整理清洁

按照 7S 管理标准,整理工具和场地。

任务练习

一、选择题

1. 总线型是一种（　　）。
   A. 以中央结点为中心的拓扑结构　　　　B. 基于多点连接的拓扑结构
   C. 环形结构　　　　　　　　　　　　　D. 无规则结构
2. 树型拓扑从（　　）演变而来，形状像一棵倒置的树，顶端是树根，树根以下带分支，每个分支还可再带子分支。
   A. 星型拓扑　　　　B. 环型拓扑　　　　C. 总线拓扑　　　　D. 网状拓扑
3. 图 1-1-10 所示车载网络结构是（　　）拓扑结构。
   A. 星型　　　　　　B. 环型　　　　　　C. 网状　　　　　　D. 总线

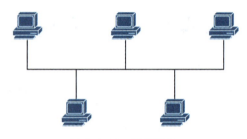

图 1-1-10　网络结构

二、判断题

1. 总线技术及车载网络的出现，使汽车具有更多、更强的功能成为现实，因此应了解并掌握新能源汽车数据传输形式。（　　）
2. 就多个控制单元之间的信息传递而言，控制单元按形式二两两电气连接会导致终端设备的连接是任意且没有规律的。（　　）
3. 一台终端设备或者一条线路失效，通常可以通过其他线路来保持通信。（　　）
4. 数据传输形式二，与数据传输形式一相比，所有信息都通过两条数据线进行传递。（　　）
5. 数据传输形式二控制单元最多通过两条数据导线彼此连接，某一设备拥有的信息可以通过总线提供给其他所有设备。（　　）

三、简答题

简述常用的车载网络拓扑结构。

任务二　数据总线的发展与系统特点

总线控制系统既是一个开放的通信网络，又是一种全封闭的控制系统。它作为智能设备的联系纽带，把挂接在总线上称为结点的智能设备连接成网络，使之成为集控制、测量、诊断等功能的综合网络。

本任务主要学习新能源汽车总线技术的发展历程与特点等相关知识。

教学目标

知识目标
1）熟悉总线技术的发展历程。
2）掌握数据总线的定义。
3）熟悉数据总线系统结构特点。

技能目标
能说出总线技术应用在新能源车辆上的必要性和优点。

德育目标
1）培养团队意识、质量意识、环保意识、安全意识。
2）培养工匠精神和创新思维。
3）培养广泛学习、勤于思考的良好习惯。

知识储备

从 1980 年起，众多汽车公司开始致力于汽车网络技术的研究与应用。基本数据总线传输协议在 1983—1986 年由 Bosch 和 Intel 两家公司联合开发。1983 年，在汽车领域，Bosch 公司开始了控制器局域网络总线（CAN-Bus）的开发；1985 年，在与 Inter 公司紧密合作多年后，于 1988 年诞生了首个 CAN 总线系列，1990 年 MB S-class 首次应用于汽车上，1996 年在 Audi 车型上首次使用 MY 96 in A8 D2。

其他数据总线如图 1-2-1 所示。

1）VAN Bus：Philips 公司开发，应用于标致、雷诺、雪铁龙上。
2）J1850-HBCC：福特和摩托罗拉公司开发。
3）J1850-DLC：美国通用和摩托罗拉公司开发。
4）ABUS：大众公司和东芝公司开发。
5）LIN：在德国 Baden-Baden 召开的汽车电子会议上 LIN 总线的设想首次被提出。
6）MOST：宝马公司、戴姆勒-克莱斯勒公司、Harman/Becker 公司（音响系统制造商）和 Oasis Silicon Systems 公司共同开发。
7）FlexRay：戴姆勒-克莱斯勒公司和宝马公司开发。

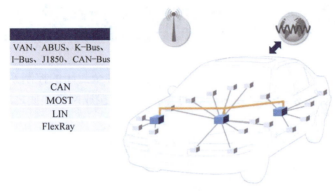

图 1-2-1 各类数据总线

一、数据总线定义

新能源汽车上多个控制单元相互连接、协调工作并共享信息,构成了新能源汽车车载网络系统。车载网络采用一组数据线实现多结点之间的多个信号传输,这种技术称为多路传输。在数据传输技术中,有两种基本的数据传输方法,分别为并行数据传输和串行数据传输。

1)并行数据传输:进行并行数据传输时,通过多条线路进行数据交换,一根线路只进行一个数据交换,多根线路可以同时进行数据交换。如图 1-2-2 所示,ECU1 分别通过两根单独的线路将数据 A 和 B 传输给控制单元 ECU2,ECU2 如果需要将数据 C 和 D 发送给 ECU1,则需要通过另外的两根线路进行传输。

2)串行数据传输:多路传输技术采用的是串行数据传输,它通过一组数据线进行数据传输。一组数据线可由一根或多根线路组成,所有信息均通过一组数据线进行传输。数据传输不能同时进行,必须有先有后。如图 1-2-3 所示,ECU1 可以通过一组线路将数据 A 和 B 传输给 ECU2,而 ECU2 也可以利用本组线路将数据 C 和 D 发送给 ECU1。数据 A、B、C、D 的传输先后顺序,决定于它们的优先级。

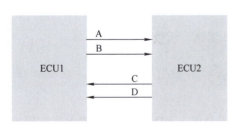

图 1-2-2 并行数据传输

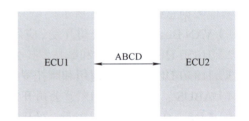

图 1-2-3 串行数据传输

二、数据总线技术发展

迄今为止,已经形成了 Bosch 的 CAN、SAE 的 J1850、ISO 的 VAN,Philips 的 D2B 和 LIN 协会的 LIN 等多种车载网络标准。目前,绝大多数车辆网络都被 SAE 按照协议特征划分为 A、B、C、D 四类，其功能、速率、主要应用范围和代表网络标准见表 1-2-1。

表 1-2-1 四类网络的功能、速率及应用范围

网络等级	功能	速率/(bit/s)	应用范围	代表网络标准
A	面向传感器或执行器管理的低速网络	< 20K	后视镜、电动车窗和灯光照明设备调节等	LIN
B	面向独立控制单元的信息共享的中速网络	100~125K	车身电子的舒适性模块和显示仪表等设备	VAN 中速 CAN
C	面向闭环控制的多路传输高速网络	500K~1M	动力传动系统	高速 CAN
D	面向多媒体设备、高速数据传递的高性能网络	> 2M	CD、VCD、DVD 播放机和液晶显示设备	MOST、蓝牙、FlexRay

此外，在新能源汽车上普遍使用的还有一些特殊网络，如 ISO 9141 网络（K 线），因其新颖的网络特性或独特的应用领域而无法对应到 SAE 中，故一般被划分到专用网络范畴。下面按时间轴介绍主流车载网络的技术发展。

1）CAN 网络：CAN 是控制器局域网络（Controller Area Network）的简称，是由 Bosch 公司于 1987 年，为解决现代汽车众多的控制器与测试仪器之间的数据交换问题而开发的一种串行数据通信协议，其通信速率最高可达 1Mbit/s。CAN 网络协议包括三个部分：高速 CAN 网物理层、中速 CAN 网物理层和协议层。目前，CAN 总线凭借其突出的可靠性、实时性和灵活性而成为 B、C 类网络的主流协议，如图 1-2-4 所示。

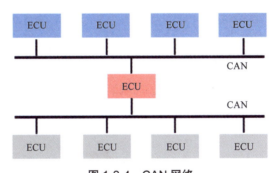

图 1-2-4 CAN 网络

2）ISO 9141 网络：ISO 9141 网络（K 线）协议主要为车辆与诊断设备之间的通信国际标准，于 1994 年开始在车辆上使用，其速率 < 10.4kbit/s。ISO 9141 网络中包含有一系列模块，只有与诊断仪连接后，模块才通过网络的单根数据总线发送信息。连接在总线上的控制单元之间没有通信，如图 1-2-5 所示。

3）LIN 网络：局部互联网（Local Interconnect Network）是由摩托罗拉和沃尔沃、宝马、戴姆勒 - 克莱斯勒、大众等公司组成的 LIN 协会，于 1999 年推出的开放式串行通信标准。2000 年和 2003 年，分别发布了 LIN1.2 和 LIN2.0 规范。LIN 主要用作 CAN 等高速总

线的辅助网络或子网络，在带宽要求不高、功能简单、实时性要求低的场合，如车身电器的控制，使用 LIN 总线可有效地简化网络线束，降低成本，提高网络通信效率和可靠性，如图 1-2-6 所示。

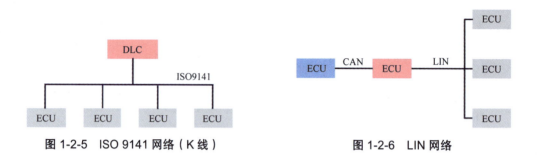

图 1-2-5　ISO 9141 网络（K 线）　　　　　　图 1-2-6　LIN 网络

4）MOST 网络：是面向多媒体的专用车载网络，由德国 Oasis Silicon System 公司开发，2002 年应用到车辆上。MOST 利用光纤进行数据传输，传输速率可达 21.2Mbit/s，后来提升为 22.5Mbit/s，采用环型拓扑结构，可以传输同步数据、非同步数据和控制数据，如图 1-2-7 所示。

5）FlexRay 网络：是戴姆勒 - 克莱斯勒公司的注册商标。FlexRay 联盟推进了 FlexRay 的标准化，使之成为新一代汽车内部网络通信协议。2000 年联盟成立后，联盟成员不断增加。FlexRay 联盟关注的是当今汽车行业的一些核心需求，包括更快的数据速率、更灵活的数据通信、更全面的拓扑选择和容错运算。

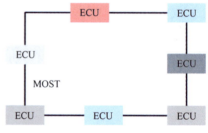

图 1-2-7　MOST 网络

三、新能源汽车数据总线系统的结构特点

为了解决新能源汽车中数量众多的电子控制装置之间的信息交换，减少不断增加的信号线，便在汽车上出现了局域网络。如图 1-2-8 所示，车上的线束由少到多，使用局域网后线束又变少。

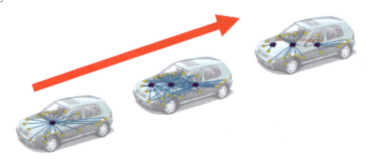

图 1-2-8　线束变化过程

现在新能源汽车上安装的主要控制单元有发动机控制单元、电池管理控制单元、电池

信息采集控制单元、驱动电机控制单元、变速器控制单元、防抱死制动系统（ABS）控制单元、电动助力转向系统控制单元、安全气囊控制单元、空调系统控制单元、车身系统控制单元、信息娱乐系统控制单元等。图1-2-9中，控制系统分为单独控制系统、集中控制系统、总线控制系统。

图1-2-9　控制系统分类

这些控制单元都要接收各自的传感器信号，同时对各自的执行器发出指令，并把一些信息同其他控制单元进行交换。这些控制单元都引出两条线和其他控制单元相连，形成一个网络，每个控制单元都是控制网络上的一个结点，它们就在这两条互通的线上进行信息传输，这两条线就是CAN总线，如图1-2-10所示。

既然这些控制单元之间要进行信息交换，那么控制单元之间就必须使用一种通用的语言来互相交流，这种"语言"就叫作通信协议。而为了使不同生产厂所制造的控制单元能装在同一辆车上进行数据交换，就必须制定一种标准的通信协议。1991年9月，PHILIPS Semiconductors制定并发布了CAN技术规范（2.0版）。此技术规范包含A和B两部分。2.0A给出了CAN报文标准格式；2.0B给出了标准的和扩展的两种格式。1993年11月，国际标准化组织（ISO）颁布了道路交通运输工具数据信息交换—高速通信局域网（CAN）国际标准ISO 11898，为汽车控制单元局域网的标准化和规范化铺平了道路。2000年，美国汽车工程学会（SAE）提出的J1939，成为货车和客车中控制单元局域网的通用标准。

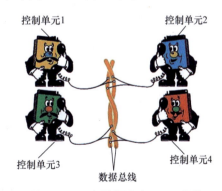

图1-2-10　新能源汽车CAN总线

1. 新能源汽车CAN总线的优点与特点

随着新能源汽车电子装置和控制单元的不断增多，利用数据总线构建车载网络系统，实现多路传输已经成为必然趋势。在新能源汽车上采用CAN总线多路传输技术，有以下优点（图1-2-11）：

1）简化布线，降低成本。
2）控制单元之间通信更加简单和快捷。
3）减少传感器数量，实现资源共享。
4）控制单元和控制单元插头的尺寸更小，节省空间。
5）提高汽车运行可靠性。
6）添加控制单元只需修改总线软件。
7）不同生产商制造的控制单元之间也可以进行数据交换。

图 1-2-11　新能源汽车 CAN 总线优点

大多数新能源汽车上采用 CAN 总线多路传输技术，如图 1-2-12 所示，有以下特点：
1）物理形式上，双绞线结构使两条数据线相互缠绕，防止电磁波干扰和向外辐射。
2）双向传递信息。
3）采用数字信号，所有控制单元同时向总线发送信息时，为了避免数据碰撞，在状态域中预先定义数据的优先权，显性电位 0 越多，说明其优先权级别越高。
4）通过方波检测，两条数据线同时传递相同信号，但数值相反。

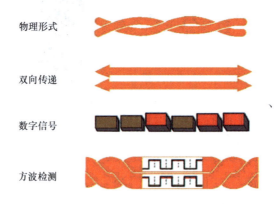

图 1-2-12　新能源汽车 CAN 总线特点

2. 新能源汽车 CAN 总线的组成

CAN 总线由收发器、数据传输终端（终端电阻）、控制器、两条数据传输线组成。其中只有数据传输线在外部，其他都在控制单元内部，如图 1-2-13 所示。

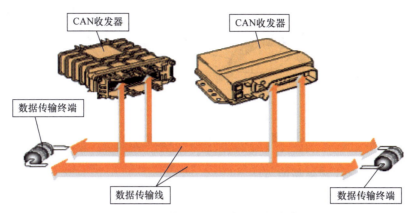

图 1-2-13 收发器、终端电阻、数据传输线

1）CAN 控制器：位于控制单元中，用于准备需要发送的数据。

2）CAN 收发器：安装在控制器内部，同时兼具接收和发送的功能，将控制器传来的数据转化为电信号并将其送入数据传输线。

3）数据传输终端：是一个电阻，防止数据在线端被反射，以回声的形式返回，影响数据的传输。对于 CAN 数据总线高频信号来说，总线导线端部的作用相当于独立的发送器，因此导线端部会产生反向运行的信号，这些信号叠加在有效信号上会造成信号失真，在高频网络中总线端部必须有终端电阻中止信号，否则可能会出现反射。反射过程与撞到码头堤岸上，然后反射并与后续波浪叠加的水波类似，终端电阻的作用就好比沙滩，如果波浪冲到沙滩上，沙滩就会吸收波浪的能量且不会造成波浪叠加。因此在数据总线中须连接一个终端电阻（图 1-2-14）中止数据传输，以吸收信号运行到数据导线端部时的能量。

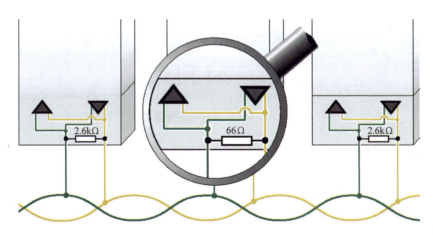

图 1-2-14 终端电阻

4）数据传输线：是双向数据线，由双绞线组成。两条数据线分别称为 CAN 高线（CAN_H）和 CAN 低线（CAN_L）。

使用双绞线是为了防止外界电磁波的干扰，使产生的电磁波辐射相互抵消，如图 1-2-15 所示。

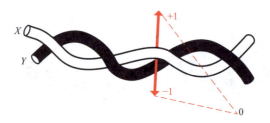

图 1-2-15　CAN 总线双绞线

3. 新能源汽车 CAN 总线数据传输

（1）CAN 总线数据传输

控制单元中，信息以数字信号（二进制）形式进行处理和存储；控制单元间，总线上的信息以数字信号形式进行传递。在数据总线系统中采用电压值来定义数字信号，例如高电压值代表"1"，低电压值代表"0"。CAN 总线数据传输方式如图 1-2-16 所示。

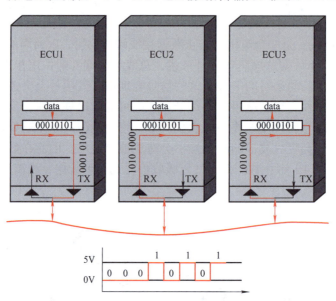

图 1-2-16　CAN 总线数据传输方式

CAN 的传输过程：控制单元通过控制器将要发送的数据转换成数字信息，然后交给收发器把数字信息传递到总线上，这个时候连接在这条总线上的其他控制单元就可以收到该控制单元发送到总线上的信息，各个控制单元对接收到的信息进行检查，如果这条信息与自己系统有关，则接收并转化，如果无关，则忽略该信息。

（2）数据总线纠错功能

在一根数据线与供电线或地线短路时，系统以降级模式运行。即车载网络仍能运行，但对电磁干扰更敏感，缺失了 H、L 两线差动的纠错功能。CAN_H 和 CAN_L 两根线之间的电位差可以对于两个不同的逻辑状态进行编码。如果 CAN_H − CAN_L > 2，那么比特为 0；如果 CAN_H − CAN_L = 0，那么比特为 1，然后 0、1 信号就通过网络进行传递。最后接收的 S 信号是通过 CAN_H 和 CAN_L 差动得出的，故能起到较好的抗干扰作用，如

图 1-2-17 所示。

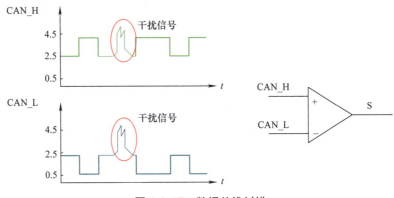

图 1-2-17　数据总线纠错

四、新能源汽车网络类型与结构

按照总线与网关的布置关系分类，以比亚迪 E5 纯电动新能源汽车为例，该系统设定为 4 个不同的区域，分别是动力系统、舒适系统、启动系统、车身控制（ESC）系统 4 个局域网；以比亚迪秦混合动力新能源汽车为例，该系统设定为 5 个不同的区域，分别是动力系统、发动机电子控制（ECM）系统、舒适系统、启动系统、车身控制（ESC）系统 5 个局域网，其中 ECM 系统与动力系统共同控制混合动力汽车的动力输出，故常将两者统称为新能源汽车混合动力控制系统。图 1-2-18 所示为比亚迪 E5 轿车的 CAN 网络结构，其中包含了启动系统 CAN 总线、舒适系统 CAN 总线、动力系统 CAN 总线、ESC 系统 CAN 总线。

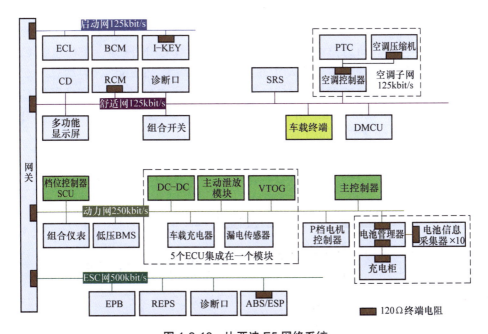

图 1-2-18　比亚迪 E5 网络系统

按照网关的功能分类，亦可将总线区分为动力网关控制系统、中央网关控制系统、底盘网关控制系统、车身网关控制系统、信息娱乐网关控制系统，本书即按照该种分类进行讲述。

相关网络总线的作用与组成如图 1-2-19 所示。

图 1-2-19　相关网络总线的作用与组成

按网关功能划分，新能源汽车动力网关控制总线主要由发动机控制模块、自动变速器控制模块、档位控制模块、动力电池管理控制模块、电池信息采集控制模块、驱动电机控制模块、逆变器控制模块、充电控制模块、整车主控制模块、主动泄放控制模块、网关控制模块等组成；新能源汽车底盘网关控制系统主要由电控悬架控制模块、转向控制模块、制动系统控制模块、电动真空助力泵控制模块等组成；新能源汽车车身网关控制系统主要由车身控制模块、电动车窗控制模块、自动前照灯控制模块、电动座椅控制模块、仪表板控制模块、安全气囊控制模块、空调控制模块、电加热控制模块等组成；新能源汽车信息娱乐网关控制系统主要由收音机控制系统、音响控制系统、导航控制系统、车载电话控制系统、车载电视控制系统、视频控制系统、人机交互控制系统、语音识别控制系统等组成。

以比亚迪秦为例，动力总线 CAN 网络、启动总线 CAN 网络、ESC 总线 CAN 网络一般由 15 号供电线激活，传输速率动力总线 CAN 网络为 250kbit/s，启动总线 CAN 网络为 125kbit/s，ESC 总线 CAN 网络为 500kbit/s，舒适总线 CAN 网络、信息娱乐 CAN 网络传输速率为 125kbit/s。现阶段国内新能源汽车多使用 CAN 总线技术，采用终端电阻机构，CAN 数据线上的信号变化波形如图 1-2-20 所示。

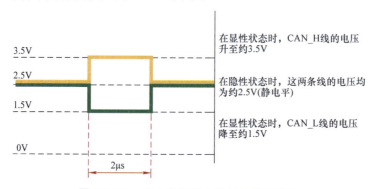

图 1-2-20　CAN 数据线上的信号变化波形

实操任务

1）工具及设备：比亚迪秦汽车一辆、车辆防护设备、白板、白板笔、普通导线若干、双绞线总线若干、万用表、插针、胶带、计算机。

2）资料及耗材：电子版比亚迪秦网关控制器维修手册与自学手册、比亚迪秦网络拓扑结构挂图、任务书。

实操步骤

一、区别普通导线与总线

1）通过实物从外观、截面对比普通导线与总线，了解普通导线和总线外观的不同。

2）通过万用表，分别测量普通导线和总线的电阻与通断，对比普通导线和总线异同。

3）通过维修手册，查询部分总线截面面积与线束颜色，控制单元所连接的总线数量与名称，熟悉车辆总线特点。

二、CAN 分离插头识别

1）通过比亚迪秦汽车维修手册，查询 CAN 总线分离插头位置，以及拆卸方法。

2）按照维修手册要求，能够规范拆卸 CAN 分离插头。

3）通过维修手册，熟悉 CAN 总线分离插头各端子连接的控制单元，能够解释插头各端子的含义。

4）将各针脚按照总线系统进行分类，并填写所属总线系统。

三、整理清洁

按照 7S 管理标准，整理工具和场地。

任务练习

一、选择题

1.CAN 网络协议不包括（　　）。
　　A. 高速 CAN 网物理层　　　　　　　　B. 中速 CAN 网物理层
　　C. 低速 CAN 网物理层　　　　　　　　D. 协议层

2. ISO 9141 总线：ISO 9141 总线（K 线）协议主要为车辆与诊断设备之间的通信国际标准，其速率（　　）。
　　A. >10.4kbit/s　　　B. <10.4kbit/s　　　C. >10.24kbit/s　　　D. <10.24kbit/s

二、判断题

1. CAN 网络是控制器局域网络（Controller Area Network）的简称，其通信速率最高可达 2Mbit/s。（   ）

2. MOST 利用光纤进行数据传输，传输速率可达 21.2Mbit/s，后来提升为 22.5Mbit/s，采用树型拓扑结构，可以传输同步数据、非同步数据和控制数据。（   ）

3. CAN 网络是控制器局域网络（Controller Area Network）的简称，是为解决控制器与测试仪器之间的数据交换问题而开发的一种串行数据通信协议，其通信速率最高可达 1Mbit/s。（   ）

4. CAN 网络协议包括 3 个部分：高速 CAN 网物理层、中速 CAN 网物理层和协议层。（   ）

三、简答题

简述新能源汽车 CAN 总线的优点。

任务三　数字信号认识与检测

新能源汽车电子控制系统的信息通信，使用电压或电流作为载体完成传递，控制单元通过对这些电压或电流的幅值进行检测，从而实现信息识别。

本任务主要介绍新能源汽车总线系统数值信号的识别与检测等相关知识。

教学目标

知识目标
1）熟悉车载信号传递形式。
2）掌握模拟信号与数字信号特点。
3）熟悉模拟信号与数字信号波形。

技能目标
能根据波形识别信号是否正确。

德育目标
1）培养团队意识、质量意识、环保意识、安全意识。

2）培养工匠精神和创新思维。
3）培养广泛学习、勤于思考的良好习惯。

知识储备

数字信号及传递形式

在新能源汽车上，普通传感器与控制单元之间的通信、控制单元与执行器之间的通信，均使用模拟信号。而模块与模块之间的通信，则使用数字信号。如图1-3-1所示，目前信号传递的三种形式为模拟信号→每根线一个信号→以电压电阻为基础；脉宽调制信号→不同脉宽信号→基于占空比；数字信号→一根线传输多个信号→基于"位"，位（bit）是二进制信息量的最小单位。

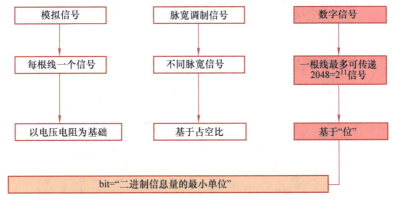

图1-3-1 信号传递的三种形式

（1）模拟信号 模拟信号是指用连续变化的物理量表示的信息，其信号的幅度、频率、相位随时间作连续变化，或在一段连续的时间间隔内，其代表信息的特征量可以在任意瞬间呈现为任意数值的信号。图1-3-2所示即为模拟信号的一种表现，其幅值随时间变化而连续变化。该图为车辆低压侧燃油压力传感器的电压信号，此即为模拟信号的一种表现，由此可知其幅值是随时间连续变化的。

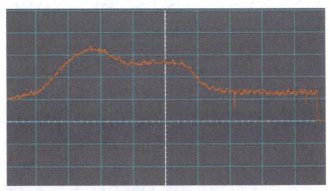

图1-3-2 某车型低压侧燃油压力传感器电压信号

（2）数字信号　数字信号是指电压或电流在幅值上和时间上是离散、突变的信号。这种信号的自变量用整数表示，因变量用有限数字中的一个数字来表示。在控制单元中，数字信号的大小常用有限位的二进制数表示，二进制只有"1"和"0"两个数码，可分别表示数字信号的高电平和低电平，使得数字电路结构简单，抗干扰能力强，且便于集成化，通用性强。在汽车多路传输技术中，各种网络所采用的数据线有单线和双线两种，其数字信号识别有所区别。

1）单线传输信号，图 1-3-3 所示为某车型 LIN 网络电压信号，控制单元通过识别电平的高低来判断信息含义。当电平高于某设定值时，认为是"1"，当电平低于某设定值时，认为是"0"。该数字信号的波峰电压为 12V，波谷电压为 0V。通过识别电平高低和时间宽度，模块即可判断这组信号的"1"和"0"组合。

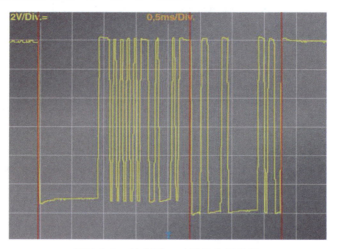

图 1-3-3　某车型 LIN 网络电压信号

2）双线传输信号，图 1-3-4 所示为某车型 CAN 网络电压信号，控制单元通过识别两根数据线的电平差来判断信息含义。绿色波形的峰值电压为 3.5V，峰谷电压为 2.5V；黄色波形的峰值电压为 2.5V，峰谷电压为 1.5V。由此可知，当两根数据线的电压分别为 3.5V 和 1.5V 时，此时数据为"0"；当两根数据线的电压均为 2.5V 时，此时数据为"1"。

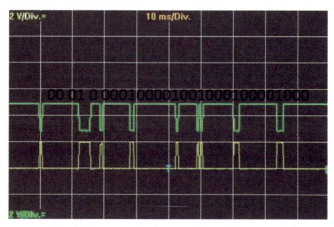

图 1-3-4　某车型 CAN 网络电压信号

实操任务

1）工具及设备：比亚迪秦汽车一辆、车辆防护设备、白板、白板笔、示波器、转接器、插针、胶带、计算机。

2）资料及耗材：电子版比亚迪秦网关控制器维修手册与自学手册、比亚迪秦网络拓扑结构挂图、任务书。

实操步骤

一、区别各类信号

1）通过查询比亚迪秦维修手册，规范拆卸发动机控制单元线束插头，连接转接器，并对照维修手册识别总线端子、发动机控制单元各传感器信号端子。

2）规范连接并打开示波器。通过示波器分别测量总线信号波形以及传感器信号波形，并截图或在白板纸上绘制。

3）通过截图或绘制的波形图，记录相应电压或电流值，判断信号类型以及信号特点。

二、整理清洁

按照 7S 管理标准，整理工具和场地。

任务练习

一、选择题

1. 数字信号的特征是（　　）。
   A. 时间上连续幅值上离散　　　　　　B. 时间上离散幅值上连续
   C. 时间上和幅值上都连续　　　　　　D. 时间上和幅值上都离散

2. 在新能源汽车上，模块与模块之间的通信使用数字信号，目前信号传递的形式不包括（　　）。
   A. 不同脉宽信号→基于占空比→每条线一个信号
   B. 模拟信号→每条线一个信号→以电压电阻为基础
   C. 脉宽调制信号→不同脉宽信号→基于占空比
   D. 数字信号→一根线传输多个信号→基于"位"

二、判断题

1. 新能源汽车电子控制系统的信息通信，使用电压或电流作为载体完成传递，控制单元通过对这些电压或电流的幅值进行检测，从而实现信息识别。（　　）

2. 在新能源汽车上，普通传感器与控制单元之间的通信、控制单元与执行器之间的通

信,均使用模拟信号。（　　）

3. 当电平高于某设定值时,认为是"1",当电平低于某设定值时,认为是"0"。（　　）

4. 通过识别电平高低和时间宽度,模块即可判断这组信号的"1"和"0"组合。（　　）

5. 单线传输信号（如 CAN 网络）,控制单元通过识别两根数据线的电平差来判断信息含义。（　　）

三、简答题

图 1-3-5 是某车型低压燃油压力传感器电压信号,请根据此信号,说明该种信号的特征。

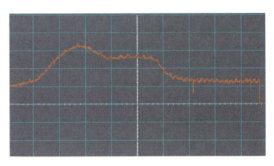

图 1-3-5　某车型低压燃油压力传感器电压信号

任务四　数字总线的相关术语与电路图识图

总线、结点、网关和网速等,这些概念是了解新能源汽车总线系统或多路传输技术的基础,是完成最后检修的基石。而电路图识图是新能源汽车检修活动的基础,每一种车型的电路图略有区别,本任务将大量使用比亚迪新能源车型进行说明,掌握比亚迪车型电路图识图将有益于掌握车载网络系统的检修,并能通过识别比亚迪车型电路图举一反三,识别其他品牌车型电路图。

本任务主要介绍新能源汽车数字总线系统检测过程中所使用或需要理解的专业术语,以及电路图识图等相关知识。

教学目标

知识准备

1）熟悉总线技术的相关术语。

2）熟悉比亚迪新能源车型电器部件编号原则。

技能目标
1）能说出相关术语的含义特点。
2）能识别插接件、熔丝、继电器、线束。

德育目标
1）培养团队意识、质量意识、环保意识、安全意识。
2）培养工匠精神和创新思维。
3）培养广泛学习、勤于思考的良好习惯。

知识储备

1. 数据总线

数据总线是模块间传递数据的通道，即所谓的信息高速公路。数据总线可以实现一条数据线上的信号被多个系统（控制单元）共享，从而最大限度地提高系统整体效率。如果系统可以发送和接收数据，则这样的数据总线就称为双向数据总线。数据总线实际上是一条导线，或是两条导线，两线式的其中一条导线不是作为额外的通道，它的作用有点像公路的路肩，上面立有交通标志和信号灯，一旦数据通道出了故障，"路肩"在有些数据中被用来承载"交通"，或者令数据换向通过一条或两条数据总线中未发生故障的部分。为了防止电磁干扰，双线制数据总线的两条线是绞在一起的。

汽车制造商一直在设计自己的数据线，如果和其他制造商不兼容，就是专用数据线。如果是按照某种国际标准设计的，就是非专用的。为使不同厂家生产的零件能在同一辆汽车上协调工作，必须制定标准。按照 ISO 有关标准，CAN 的拓扑结构为总线式，因此也称为 CAN 数据总线（CAN-Bus）。

2. CAN

CAN（Controller Area Network）是国际上应用最为广泛的现场总线之一。CAN 作为汽车环境中微控制器通信的载体，在汽车各控制单元（ECU）之间交换信息，形成汽车电子控制网络。比如发动机管理系统、变速器控制器，仪表装备中，均嵌入 CAN 控制装置。

一个由 CAN 总线构成的单一网络中，理论上可以挂接无数个结点。实际应用中，结点数目受网络硬件的电气特征所限制。例如，当使用 PHILIPS P82C250 作为 CAN 收发器时，同一网络中允许挂接 110 结点，CAN 可提供高达 1Mbit/s 的数据传输速率，这使实时控制变得非常容易。另外，硬件错误检测特性也增强了 CAN 的抗电磁干扰能力。

3. 局域网

在一个有限区域内连接计算机的网络称为局域网。一般这个局域具有特定的职能，通过这个网络实现这个系统内的资源共享和信息通信。连接到网络上的节点可以是计算机、基于微处理器的应用系统或是智能装置。局域网一般的数据传输速度为 102~105kbit/s，传输距离为 100~250m，误码率低。汽车上的网络是局域网与现场总线（Field Bus）之间的一种结构，其传输速度一般为 10~103kbit/s，传输距离为十几米范围。

4. 多路传输

多路传输系统（Smart Wiring System，SWS）是指在同一条通道上同时传输多条信息。事实上，数据信息是依次传输的，但速度非常快，似乎就是同时传输的。对于一个人来说，十分之一秒已经很快了，但对于一台运算速度相对较慢的计算机来说，十分之一秒是很慢的。如果将十分之一秒分成若干段，许多单个的数据都能被传输——每一段时间传输一个数据，这就叫作分时多路传输。汽车上使用的是单线或双线分时多路传输系统。

常规线路要比多路传输线路简单得多，然而多路传输系统之间所用导线比常规线路所用导线少得多。运用多路传输技术，可以使汽车省去许多连接和插接器，减轻质量、节省空间、改善可靠性。

5. 模块、结点

模块就是一种电子装置，简单一点的如温度和压力传感器，复杂的如计算机（微处理器）。传感器是一个模块装置，它根据温度和压力的不同产生不同的电压信号，这些电压信号在计算机的输入接口被转换成数字信号。在计算机多路传输系统中，一些简单的模块被称为结点。

6. 网络

为了实现信息共享而把多条数据总线连在一起，把数据总线和模块当作一个系统，即网络。从物理意义上讲，汽车上的许多模块和数据线距离很近，因此被称为局域网。摩托罗拉公司设计的一种智能车身辅助装置网络，被称为LIN（局域互联网）。

7. 网关

因为汽车上往往不只使用一种总线网络，所以必须用一种方法做到信息共享，而不产生协议间的冲突。例如，打开车门时，发动机控制模块也许需要被唤醒，为了使不同协议及速率的数据总线间实现无差错数据传输，必须要用一种特殊功能的计算机，这种计算机就叫作网关。

网关实际上是一种模块，它工作的好坏决定了不同的总线、模块和网络相互间通信的好坏。一个网关必须具备从一个网络协议到另一个协议转换信息的能力。网关是汽车内部通信的核心，通过它可以实现各条总线上信息的共享以及实现汽车内部的网络管理和故障诊断功能。

8. 通信协议

通信协议是通信双方控制信息交换规则的标准、约定的集合，即数据总线上的传输规则。简单地说，两个实体要想成功地通信，它们必须"说同样的语言"，并按既定控制法则来保证相互的配合。在汽车上，要实现车内各电控单元的通信，必须制定规则，即通信的方法、时间和内容，以保证通信双方能相互配合。数据总线的通信协议内容复杂，我们通过案例帮助理解。例如，当电控单元A检测到发动机已接近过热时，相对于其他不太重要的信息（如电控单元B发送的最新的大气压力变化数据）有优先权。

通信协议包含唤醒访问和握手。唤醒访问是一个给电控单元的信号（这个电控单元当前为了节电而处于休眠状态），此信号使之进入工作状态。握手就是电控单元间的相互确认、兼容，并处于工作状态。

汽车网络系统中采用的通信协议有多种形式，表1-4-1所示为8种典型的通信协议。

表1-4-1 8种典型的通信协议

序号	通信协议名称	推荐或实施单位
1	CAN	奔驰、英特尔、博世、SAE、ISO/ TC22/SC3/WG1
2	BASIC CAN	飞利浦、博世
3	ABWS	大众
4	VAN	雷诺、标志、雪铁龙、ISO/ TC22/SC3/WG1
5	HBCC	福特、SAEJ850
6	PALMENT	马自达、SAE
7	DLCS	通用
8	CCD	克莱斯勒、SAE

除了以上8种通信协议之外，还有其他一些常用的协议，例如：宝马（BMW）公司1994年提出的集中式网络（DAN）协议；阿尔法·罗密欧公司的DAN协议；卢卡斯（Lucas）公司的光学分布式星形耦合器系统协议；日立公司的集中式光学单纤维双向通信协议；飞利浦公司的分布式网络（DDR）协议等。

到目前为止，世界上尚无一个可以兼容各大汽车公司通信协议的通用标准，因此，在新能源汽车上就形成了多种类型的多路通信系统共存的局面，但国内大多数新能源汽车使用CAN通信协议。

9. 比亚迪车型电路图

（1）插接件的编号

比亚迪汽车插接件编号由3部分组成，如图1-4-1所示，第一位为位置代码，第二位为类别代码，第三位为排序代码。

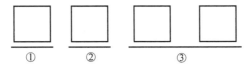

图1-4-1 比亚迪秦插接件编号

① 位置代码：采用A、B、C、G、K……表示，此位取决于该回路元素所属线束的位置，对应关系参照表1-4-2。

② 类别代码：采用1、2、3……或者大写字母"J"表示分为以下三种情况：该回路元素如果是配电盒上的插接件，此位代码采用序号1、2、3……表示，配电盒编码见表1-4-3；

该回路元素如果是线束间的对接插接件，此位代码采用字母"J"表示；该回路元素如果是接车用电器模块的插接件、继电器座，则此位为空。

表 1-4-2　位置代码

线束名称	装配位置	编码	线束名称	装配位置	编码
发动机线束	发动机	A	顶篷线束	顶篷	P
前舱线束	前舱	B	左前门线束	左前门	T
前横梁线束	前横梁	C	右前门线束	右前门	U
仪表板线束	管梁	G	左后门线束	左后门	V
地板线束	地板	K	右后门线束	右后门	W

表 1-4-3　配电盒编码

配电盒名称	编码
前舱配电盒	1
仪表板配电盒	2
前舱配电盒Ⅱ	3
仪表板配电盒Ⅱ	4
正极配电盒Ⅰ	5
正极配电盒Ⅱ	8

③ 排序代码：采用大写字母 A、B、C、D、E、F……或 01、02、03、04、05……表示，分为以下两种情况：该回路元素如果是配电盒上的插接件，此位代码采用 A、B、C、D、E、F……表示，该位与插接件所插配电盒的插口位置代号一致；其他回路元素按所在线束的空间位置依次编号 01、02、03、04、05……

例如：仪表板线束上接电器件的插接件 G05，仪表板线束上的对接插接件 GJ01，仪表板线束上的接配电盒的插接件 G2A。

④ 插接件针脚识别：插接件自锁方向朝上，插接件插头引脚按从左到右、从上到下进行编号；插接件插座引脚按从右到左、从上到下进行编号。比亚迪秦插接件针脚编号如图 1-4-2 所示。

（2）熔丝编号

前舱配电盒内部的熔丝按相应位置编号为 F1，仪表板配电盒内部的熔丝按相应位置编号为 F2，仪表板配电盒Ⅱ附配的熔丝按相应位置编号为 F4，正极配电盒Ⅰ附配的熔丝按相应位置编号为 F5，正极配电盒Ⅱ附配的熔丝按相应位置编号为 F8，地板线束外挂熔丝按相应位置编号为FX，编号后接数字为对应位置的熔丝。

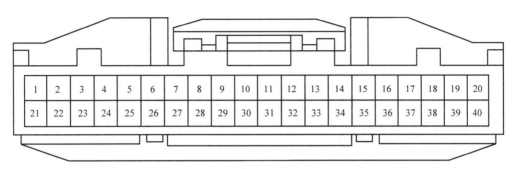

图1-4-2　比亚迪秦插接件针脚编号

（3）继电器编号

前舱配电盒内部的继电器按相应位置编号为K1，仪表板配电盒内部的继电器按相应位置编号为K2，前舱配电盒Ⅱ附配的继电器按相应位置编号为K3，仪表板配电盒Ⅱ附配的继电器按相应位置编号为K4，外挂继电器编号随对应的线束，如KG-1、KG-2、KC1-1、KC2-1……KX-1，控制模块内部不可拆卸继电器按相应顺序编号为KI1-1、KI1-2……

（4）整车配电及低压线束

整车含有5个配电盒，3个电源。5个配电盒分别是：正极配电盒Ⅰ，位于前机舱DC-DC旁边；正极配电盒Ⅱ，位于行李舱低压铁电池旁边；前舱配电盒，位于前机舱左侧；仪表板配电盒，位于仪表台管梁左侧；仪表板配电盒Ⅱ，位于仪表台管梁右侧。3个电源分别是低压铁电池、发电机与DC-DC。图1-4-3为整车配电原理图。

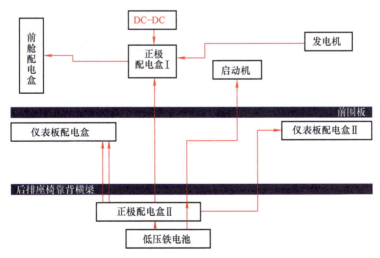

图1-4-3　比亚迪秦整车配电原理图

整车低压线束主要有左前门线束、后风窗加热负极线、右前门线束、前横梁线束、左后门线束、发动机线束、右后门线束、后保险杠小线、顶篷线束、变速器搭铁线、仪表板线束Ⅱ、蓄电池负极线、仪表板线束、高压配电箱搭铁线、地板线束、DC外壳搭铁线束、前舱线束、蓄电池正极线束。图 1-4-4 所示为仪表板线束与插接件布置图,其他线束与插接件布置图可通过维修手册查询。

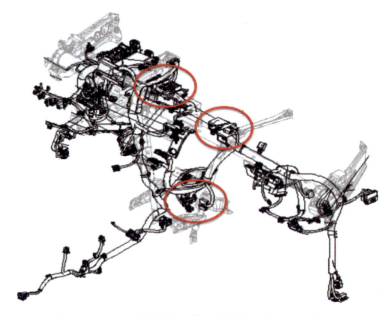

图 1-4-4　比亚迪秦仪表板线束与插接件布置图(部分)

实操任务

1)工具及设备:比亚迪秦汽车一辆、车辆防护设备、白板、白板笔、示波器、转接器、插针、胶带、计算机。

2)资料及耗材:电子版比亚迪秦网关控制器维修手册与自学手册、比亚迪秦网络拓扑结构挂图、任务书。

实操步骤

一、查询各插接件位置

1)通过查询比亚迪秦电路图与维修手册,以比亚迪秦远光灯为例,画出电路简图。
2)在电路简图上标注与之相关的熔丝编号和低压供电线束编号。
3)查找与之相关的熔丝位置、供电线束位置。

二、整理清洁

按照 7S 管理标准,整理工具和场地。

课程育人　案例1

"听声音就能精准判断故障点，简直神了！"在奇瑞的车间里，有关王学勇"金耳朵"绝活的"神话"广为流传。

王学勇，奇瑞汽车股份有限公司的高级汽车装调工，扎根一线19年，用匠心守护着民族汽车品牌。全国五一劳动奖章，全国"最美职工"，享受"国务院特殊津贴"……王学勇的身上有着许多闪光的标签。

2003年6月，刚毕业的王学勇进入奇瑞公司总装车间实习。在总装期间，王学勇先后参与东方之子、瑞虎3、瑞虎7等10多款车型的新品试制，在整车工艺和装配、电路、发动机、变速器、底盘及内饰返工调整上，练就了一身好技艺。

功不唐捐！经过刻骨钻研，2011年，王学勇参加全国第三届汽车装调工职业技能竞赛，在SUV·MPV组别斩获个人竞赛一等奖，并荣获"技术操作能手"称号。

"我希望能和我的工作室团队一起，成为中国最好的汽车产业工人，让中国自主品牌汽车的口碑越来越响！"在王学勇看来，一辈子扎根一个行业，踏踏实实把这一行干好、干精，就是对"工匠精神"的最好诠释。

任务练习

一、选择题

1. 描述周期信号的数字工具是（　　　）。
   A. 相关函数　　　　B. 傅氏级数　　　　C. 拉式级数　　　　D. 傅氏变换
2. 数字信号的特征是（　　　）。
   A. 时间上连续，幅值上离散　　　　B. 时间上离散，幅值上连续
   C. 时间上和幅值上都连续　　　　D. 时间上和幅值上都离散

二、判断题

1. 现场总线系统是用于过程自动化和制造自动化的现场设备或现场仪表互联的通信网络，是现场与控制系统的集成。　　　　（　　）
2. 多路传输系统（Smart Wiring System，SWS）是指在同一条通道上同时传输多条信息。　　　　（　　）
3. 数据信息是依次传输的，但速度非常快，似乎就是同时传输的。　　　　（　　）
4. 对于一个人来说，十分之几十秒已经很快了，但对于一台运算速度相对较慢的计算机来说，十分之一秒是很慢的。　　　　（　　）
5. 汽车上使用的是单线或双线分时多路传输系统。　　　　（　　）

三、简答题

简述一下什么是帧？

任务五　网关控制模块检修

随着汽车技术的发展，汽车上的控制模块越来越多，多种协议的网络应用在汽车上。但是，各个车载网络采用的通信协议不同，或者总线的网速不同，各种控制模块之间难以实现信息共享。网关的作用就是在不同的通信协议或不同网速的总线之间进行通信时，建立连接和信息解码，重新编译，将数据传输给其他系统。

本任务主要对新能源汽车网关控制模块进行概述，以比亚迪混动车型为例介绍其功能与元件，以及网关控制模块电路的检测与维修方法。

教学目标

知识目标
1）掌握网关控制模块插头端子的电阻、电压、线束导通性测量方法。
2）掌握网关控制模块相关数据流标准范围。
3）掌握网关控制模块总线标准波形图。
4）掌握网关控制模块插头的断开和插接方法、线束的检查与修复方法。

技能目标
1）能检测网关控制模块插头端子的电阻、电压、线束导通性。
2）能使用诊断仪读取网关控制模块故障码、数据流，并执行动作测试。
3）能使用示波器检测并分析网关控制模块的总线波形。

德育目标
1）培养团队意识、质量意识、环保意识、安全意识。
2）培养工匠精神和创新思维。
3）培养广泛学习、勤于思考的良好习惯。

知识储备

一、新能源汽车网关控制模块概述

为了使采用不同协议及网速的数据总线间实现无差错数据传输，必须要用到一种特定的控制模块，它就是网关（Gateway）。网关分为数据网关和诊断网关。数据网关使连接在不同数据总线上的控制单元能够交换数据。诊断网关在不改变数据的情况下，将新能源汽车的动力网、舒适网、启动网、信息娱乐系统等总线的诊断信息传递到K线。

如图1-5-1所示，A总线与B总线属于两个不同的网络。A总线上各个结点可以直接通信，但A总线上的结点无法直接与B总线的任何结点通信，即使它们之间有连接线路。

此时需要借助网关G作为网间连接器，以完成协议转换，从而实现跨总线之间的信息共享。结点G既属于A总线，又属于B总线，如图1-5-2所示。

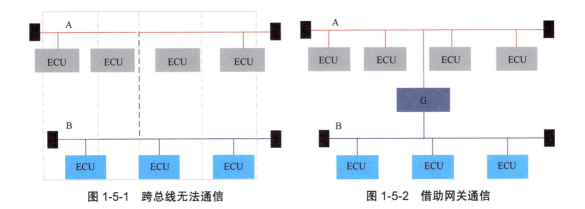

图 1-5-1 跨总线无法通信　　　　图 1-5-2 借助网关通信

二、新能源汽车网关控制模块的功能与元件

以比亚迪秦为例,如图 1-5-3 所示,网关控制模块位于仪表台杂物箱,对网关控制模块进行检修需拆卸杂物箱。

1. 网关控制模块功能

由于比亚迪秦车载总线中存在几个网络,这些网络之间需要进行通信,网关正是维系这些网络联系的一个中间体。网关控制模块主要有以下 3 种功能。

1)报文路由:网关具有转发报文的功能,并对总线报文状态进行诊断。

2)信号路由:实现信号在不同报文间的映射。

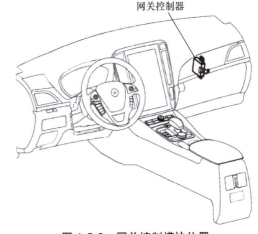

图 1-5-3 网关控制模块位置

3)网络管理:网络状态监测与统计、错误处理、休眠唤醒等。

2. 网关连接网络

比亚迪秦总线网络与网关的相连主要包括 7 个网络。

1)动力网:动力网包含的控制模块有电机控制器(MCU)、换档控制模块、仪表板控制模块、整车控制模块(VCU)、充电控制模块、逆变控制模块、诊断座(DLC)、车身控制模块(BCM),传输速率为 250kbit/s,其终端电阻(120Ω)分别在网关和电池管理器模块中。

2)ESC 网:ESC 网包含的控制模块有电子驻车制动(EPB)、防抱死制动系统(ABS)、齿轮式转向助力(R-EPB)、方向盘转角传感器、诊断座(DLC),传输速率为 500kbit/s,其终端电阻分别在网关和 ABS 模块中。

3)舒适网:舒适网包含的控制模块有组合开关、空调面板、多媒体、安全气囊(SRS)、多功能屏、玻璃升降开关、倒车雷达、外部胎压监测、空调控制器、诊断座(DLC)、车身控制模块(BCM),传输速率为 125kbit/s,其终端电阻分别在网关和车身控制模块（BCM）中。

4）电池子网：电池子网包含的控制模块有电池管理器、11 个电池信息采集器，传输速率为 125kbit/s，其终端电阻分别在电池管理器和 11 个采集器模块中。

5）充电网：充电网包含的控制模块有电池管理器、直流充电口，传输速率为 125kbit/s，其终端电阻在电池管理器模块中。

6）启动网：启动网包含的控制模块有车身控制模块（BCM）、智能钥匙（I-KEY）、转向轴锁（ECL），传输速率为 125kbit/s，其终端电阻分别在车身控制模块（BCM）和智能钥匙（I-KEY）模块中。

7）空调子网：空调子网包含的控制模块有空调控制器、压缩机、空调加热模块（PTC），传输速率为 125kbit/s，其终端电阻分别在网关和压缩机模块中。

3. 网关控制模块插接件与端子

如图 1-5-4 所示，比亚迪秦网关控制模块相关部件的线束插接件为 G07。插接件端子定义见表 1-5-1。

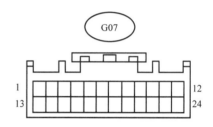

图 1-5-4　比亚迪秦网关控制模块插接件 G07

表 1-5-1　网关控制模块插接件端子定义

端子	端子定义	端子	端子定义
G07-1	启动网 CAN_H	G07-11	信号地
G07-2	启动网 CAN_L	G07-12	IG1 供电
G07-3	ECM 网 CAN_H	G07-13	ESC 网 CAN_L
G07-4	ECM 网 CAN_L	G07-14	ESC 网 CAN_H
G07-7	舒适网 CAN_H	G07-15	信号地
G07-8	舒适网 CAN_L	G07-16	蓄电池正极
G07-9	动力网 CAN_H	G07-23	信号地
G07-10	动力网 CAN_L	G07-24	双路电源

三、新能源汽车网关控制模块的检修

1. 读取和清除网关控制模块相关故障码并读取数据流

具有 OBD 系统的车辆，维修人员可以通过诊断仪迅速而准确地定位发生故障的部件，大大提高了维修的效率和质量。以比亚迪秦混合动力车型为例，网关控制模块诊断仪诊断一般遵循如下步骤。

1）将诊断测试设备连接至诊断接口，接通诊断测试设备；上电至 OK 档；在诊断仪上进入诊断功能选择界面，选择车型诊断；进入诊断车型选择界面，选择需要诊断的车型；再进入诊断系统选择界面。

2）在系统选择界面选择车身网模块选项，进入后选择网关模块选项，再选读取故障码选项，读取故障相关信息（故障码、冻结帧等）。

3）清除故障存储器；适当运行车辆，运行方式须满足相应故障诊断的条件；读取故障信息，确认故障已经排除。

2. 检测网关控制模块插头端子的电阻

以比亚迪秦检测网关控制模块 ESC 网总线终端电阻为例。断开蓄电池负极，断开网关控制模块连接器 G07。查询维修手册中控制单元针脚的定义，网关控制模块板端 ESC 网总线 CAN_H 端子为 G07-14 号端子，CAN_L 端子为 G07-13 号端子。万用表校零后，测量端子 G07-14 与 G07-13 之间的电阻值。测量值与标准值对比可以判断信号线束是否正常，标准值为约 120Ω。

3. 检测网关控制模块电源和搭铁端子电压

网关控制模块的供电与搭铁是保证控制模块能够正常工作的基础，检测控制模块供电端子和搭铁端子的电压，可以分析控制模块供电线路是否正常、搭铁线路是否正常。以比亚迪秦网关控制模块为例，首先要查询维修手册中控制单元端子的定义，常电电源输入端子为 G07-16 号端子，IG1 电电源输入端子为 G07-12，信号接地端子为 G07-11、G07-15 和 G07-23 号端子。上至 ON 档电，使用背插法，用万用表探针测量 G07-12 和 G07-16 号端子与车身搭铁之间的电压，电压值为额定电压时代表供电线路正常，否则反向检查供电线路；测量 G07-11、G07-15 和 G07-23 号接地端子与车身搭铁之间的电压，电压值小于 1V 为正常。

4. 检测网关控制模块与电子元件或控制模块之间线束的导通性

以比亚迪秦为例，首先要断开蓄电池负极，断开网关控制模块低压线束插头，查询维修手册中控制单元端子的定义，选择线束两端的端子进行电阻测试，电阻值小于 1Ω 即代表该段线束导通。表 1-5-2 为网关控制模块部分线束的端子定义。

表 1-5-2 比亚迪秦网关控制模块部分线束端子定义

线束名称	网关控制模块端子	对应电子元件端子	对应电子元件名称
ESC 网总线	G07-13	B05-14	ESC 插接件
ESC 网总线	G07-14	B05-26	ESC 插接件
启动网总线	G07-1	G50-12	KeyLess ECU 连接器
启动网总线	G07-2	G50-6	KeyLess ECU 连接器
ECM 网总线	G07-3	A47-15	TCU A47 连接器
ECM 网总线	G07-4	A47-14	TCU A47 连接器
舒适网总线	G07-8	B14-3	无极风扇调速模块
舒适网总线	G07-7	B14-4	无极风扇调速模块
动力网总线	G07-9	G40-12	诊断接口 DLC
动力网总线	G07-10	G40-13	诊断接口 DLC

5. 检测读取网关控制模块的 CAN 总线 HIGH 和 LOW 的电压与波形

1）使用万用表检测网关控制模块 CAN 总线。使用万用表测量网关控制模块 CAN 总线的电压。查询维修手册中控制单元针脚的定义，网关控制模块启动网 CAN-H 端子为

G07-1号端子，ECM网CAN-H端子为G07-3号端子，舒适网CAN-H端子为G07-7号端子，动力网CAN-H端子为G07-9号端子，ESC网CAN-H端子为G07-14号端子；启动网CAN-L端子为G07-2号端子，ECM网CAN-L端子为G07-4号端子，舒适网CAN-L端子为G07-8号端子，动力网CAN-L端子为G07-10号端子，ESC网CAN-L端子为G07-13号端子。使用万用表电压档测量两端子，红表笔接端子针脚，黑表笔接车身搭铁，CAN-H线标准整车通信电压为2.5~3.5V，CAN-L线标准整车通信电压为1.5~2.5V。注意：万用表的显示值只能反映被测信号的主体信号电压值，不能反映被测信号的每个细节。

2）使用示波器功能进行网关控制模块CAN总线的波形测量。比亚迪秦车型中网关控制模块有多条总线，注意检测对应针脚。通道CH1测量CAN-H线，通道CH2测量CAN-L线。CAN-H线的高电平是3.6V，低电平是2.5V，电压差为1.1V。CAN-L线的高电平是2.5V，低电平是1.4V，电压差为1.1V。网关控制模块CAN-H线信号在总线空闲时电压为2.5V，有信号传输时电压值在2.5V和3.6V之间变换；控制模块CAN-L线在总线空闲时电压为2.5V，信号传输时总线上的电压值在2.5V和1.4V之间变换。正常情况下，整车上电后，CAN-H、CAN-L的波形应该在额定电压范围对称地显示信号波形。

实操任务

对照网关控制模块的检修要求与步骤，完成工作页"新能源汽车中央网关控制系统检测维修"任务。

网关控制模块电路检测

任务练习

一、选择题

1. 空调子网传输速率为（　　），其终端电阻分别在网关和压缩机模块中。
   A. 125kbit/s　　　　　B. 1024kbit/s　　　　C. 512kbit/s　　　　D. 256kbit/s
2. CAN-Bus总线故障现象下列说法错误的是（　　）。
   A. 断路时总线上电压波形不正常
   B. 对正极短接，总线上无电压变化，总电压为电池电压
   C. 对搭铁短接，总线上无电压变化，总电压无穷大
   D. 双线之间短路，两电压波形相同是均为不正常

二、判断题

1. 发动机控制标定程序存储在带电可擦可编程只读存储器(EEPROM)中，它是一个焊接在 ECM 上的永久性存储器，可单独更换。（   ）
2. 更换 ECM 时，新的 ECM 不需按所配置车型编程后就能使用。（   ）
3. 断开点火开关，通过测量 CAN-H 和 CAN-L 之间的电阻，来判断总线及控制模块是否正常。（   ）
4. 用万用表测量终端电阻值时，首先要断开蓄电池正极，断开发动机控制模块线束插头，连接发动机模块线束转接器。（   ）
5. 对大多数有源传感器、执行器而言，都是由控制模块提供工作电压。（   ）

三、简答题

如何检测发动机控制模块插头端子的电阻？

项目二 新能源汽车动力网关控制系统检修

随着新能源汽车动力系统、储能系统、传动系统、充电系统、整车控制、安全系统的不断升级，电控单元数量不断增加，同时车上相关的传感器、执行器不断增加，信息交换越来越密集，新能源汽车动力系统的控制、用车安全及高压安全的保障也越来越复杂，传统的点对点连接使得全车线束变得越来越庞大。在新能源汽车上使用CAN总线系统便可解决上述矛盾，在增加控制单元的同时减少了线束的数量，使控制过程更加简化。

新能源汽车动力网关控制系统是新能源汽车主要的动力管理以及高压部件管理系统，掌握新能源汽车动力网关控制系统的总线网络、各控制单元的功能与执行元件、信号及部件的检测诊断方法等对新能源汽车动力网关控制系统检测维修至关重要。

本项目主要从新能源汽车动力网关控制系统的CAN总线网络、各控制单元功能及组成、各控制单元对应插接件位置及端子定义，系统内各控制单元CAN总线、传感器及其线束、执行器及其线束检测等内容进行讲解，希望通过以某一重点车型为例进行，让学生能够举一反三地掌握新能源汽车动力网关控制系统的网络结构、相关元件与功能，以及新能源汽车动力网关控制系统的检测诊断方法与维修方法。

任务一 发动机控制模块检修

发动机控制模块是新能源汽车中混合动力汽车发动机控制系统的核心,它可以根据发动机的不同工况,向发动机提供最佳空燃比的混合气和最佳点火时间,使发动机始终处在最佳工作状态,发动机的性能达到最佳。它和普通的控制单元一样,由微处理器(MCU)、存储器(ROM、RAM)、输入/输出接口(I/O)、模数转换器(A/D)以及整形、驱动等大规模集成电路组成。

本任务主要介绍新能源汽车的网络类型与结构,混合动力汽车发动机控制系统的功能与元件,以及发动机控制模块电路的检测与维修方法。

教学目标

知识目标
1)掌握发动机控制模块插头端子的电阻、电压、线束导通性检测方法。
2)掌握发动机控制模块相关数据流标准范围。
3)掌握发动机控制模块总线标准波形图。
4)掌握发动机控制模块插头的断开和插接方法、线束的检查与修复方法。

技能目标
1)能检测发动机控制模块插头端子的电阻、电压、线束导通性。
2)能使用诊断仪读取发动机控制模块故障码、数据流,并执行动作测试。
3)能使用示波器检测并分析发动机控制模块的总线波形。
4)能检测低压电路漏电电流。

德育目标
1)培养团队意识、质量意识、环保意识、安全意识。
2)培养工匠精神和创新思维。
3)培养广泛学习、勤于思考的良好习惯。

知识储备

一、新能源汽车发动机控制模块的功能及元件

混合动力汽车是新能源汽车的一类重要分支,通常所说的混合动力汽车,一般是指油电混合动力汽车,即采用传统的内燃机和电机作为动力源,也有的发动机经过改造使用其他替代燃料,例如压缩天然气、丙烷和乙醇燃料等。以比亚迪秦为例,发动机控制系统通常主要由传感器、控制器、执行器三个部分组成,对发动机工作时的吸入空气量、喷油量和点火提前角进行控制。发动机控制模块组成如图2-1-1所示。

传感器作为输入部分,用于测量各种物理信号(温度、压力等),并将其转化为相应的电信号;ECU的作用是接收传感器的输入信号,并按设定的程序进行计算处理,产生相

应的控制信号输出到功率驱动电路,功率驱动电路通过驱动各个执行器执行不同的动作,使发动机按照既定的控制策略进行运转;同时 ECU 的故障诊断系统对系统中各部件或控制功能进行监控,当探测到故障被消除时,则正常值恢复使用。发动机控制系统结构如图 2-1-2 所示。

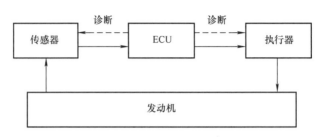

图 2-1-1　发动机控制模块组成

1. 发动机传感器

1)进气压力温度传感器:一般采用两个进气压力温度传感器,分别是进气总管压力温度传感器及进气歧管压力温度传感器。进气总管压力温度传感器装在增压器后电子节气门前的进气管路内,进气歧管压力温度传感器装在中冷器后的进气管中。进气压力温度传感器是由绝对压力传感元件及温度传感元件组成的。温度传感器工作温度为 −40~130℃,电源电压 5V,20℃时额定电阻为(2.5±5%)kΩ。图 2-1-3 为进气压力温度传感器及端子定义。

2)冷却液温度传感器:在发动机出水口及散热器出水口各安装一个冷却液温度传感器,两传感器型号相同。冷却液温度传感器实质是一个负温度系数(NTC)的热敏电阻,其电阻值随着冷却液温度上升而减小,两者间呈非线性关系。温度传感器工作温度为 −40~130℃,25℃时额定电阻为 1.825~2.155kΩ。图 2-1-4 为冷却液温度传感器及端子定义。

3)氧传感器:上游氧传感器与下游氧传感器都采用相同型号的氧传感器。上游氧传感器安装在排气管三元催化器前端,急速时的变化次数≥4 次/10s,急速时的变化范围为 0~900mV。下游氧传感器安装在排气管三元催化器后端,急速时的变化范围为 0~1V,额定电阻 9Ω。氧传感器及端子定义如图 2-1-5 所示。

4)曲轴位置传感器:曲轴位置传感器与一个附属的密封圈集成在一起,是一种霍尔传感器,位于曲轴后端盖信号轮平面上。当信号轮上各齿依次经过霍尔传感器时,霍尔传感器内部磁场发生变化,从而使输出的信号电压产生变化。ECU 供电电压 5V,根据各齿位脉冲信号,并结合缺齿信号,就可以识别各缸上止点;计算曲轴转角,还可以得到发动机的转速。曲轴位置传感器及端子定义如图 2-1-6 所示。

5)相位传感器:相位传感器也是霍尔效应式传感器。信号轮装在凸轮轴上,随凸轮轴旋转。安装于凸轮轴端。相位传感器供电电压 5V,其信号结合曲轴位置传感器信号,即可得到 1 缸压缩上止点位置。另外,相位传感器信号也用于可变气门正时。相位传感器及端子定义如图 2-1-7 所示。

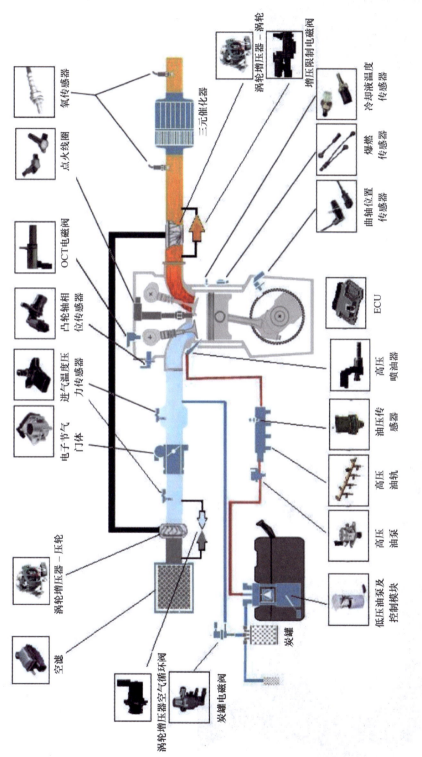

图 2-1-2 发动机控制系统结构图

 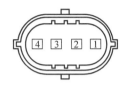

1—接地
2—输出温度信号
3—接5V
4—输出压力信号

图 2-1-3　进气压力温度传感器及端子定义

 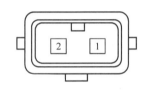

1—5V电源
2—接地

图 2-1-4　冷却液温度传感器及端子定义

 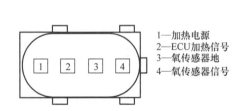

1—加热电源
2—ECU加热信号
3—氧传感器地
4—氧传感器信号

图 2-1-5　氧传感器及端子定义

1—电源
2—信号
3—接地

图 2-1-6　曲轴位置传感器及端子定义

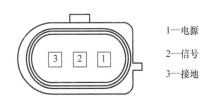

图 2-1-7　相位传感器及端子定义

6）爆燃传感器：爆燃传感器中封装一个压电陶瓷，压电陶瓷具有压电效应，当发动机负荷、转速、冷却液温度分别超过门槛值时，且爆燃传感器没有故障记录，发动机即进入爆燃闭环控制。当发动机产生爆燃时，传感器产生与无爆燃时相比幅值、频率都较大的输出电压，经过适当地滤波和放大后输出给发动机控制模块。常温下电阻应大于 1MΩ。爆燃传感器及端子定义如图 2-1-8 所示。

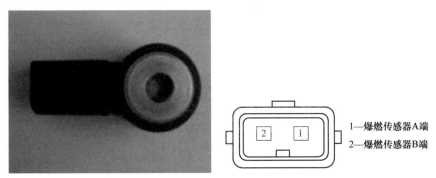

图 2-1-8　爆燃传感器及端子定义

7）高压燃油压力传感器：高压燃油压力传感器内部有一块钢制膜片，压力膜片上由应变测量元件组成一个惠斯顿电桥，当油轨内有油压时，膜片受压变形，该变形量由惠斯通电桥进行测量，所测得的变形信号与油压成正比。通过一个集成的信号处理电路对信号进行处理，向发动机控制模块输出油压信号。安装在高压油轨上，供电电压 5V。高压燃油压力传感器及端子定义如图 2-1-9 所示。

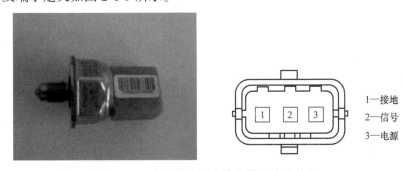

图 2-1-9　高压燃油压力传感器及端子定义

8）加速踏板位置传感器：加速踏板位置传感器检测加速踏板的位置并将信号传递给发动机控制模块。加速踏板位置传感器是一个无触点的双电位器传感器，由发动机控制模块供给5V电压，当电子加速踏板位置发生变化时，其电阻值同时线性增加或减小。加速踏板位置传感器及端子定义如图2-1-10所示。

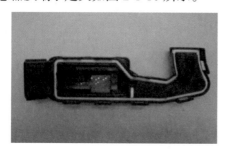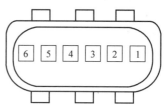

图2-1-10　加速踏板位置传感器及端子定义

1—电源2　2—电源1　3—信号1　4—信号2　5—接地2　6—接地1

2. 发动机执行器

1）低压燃油泵：电动燃油泵有两个针脚，连接油泵继电器，两个针脚有"+""–"号标记，表示正负极，安装在燃油箱内。工作电压为12V。

2）高压燃油泵：高压燃油泵通过进气凸轮轴上的一个4点式凸轮来驱动，每次升程为3.5mm。最新应用的还有燃油泵在非喷射状态下将燃油输送入高压燃油系统。安装在气缸盖侧面，其控制阀电阻约0.5Ω。

3）喷油器：每个喷油器共有2个针脚。其中，在壳体一侧用"+"号标识的针脚接主继电器输出端；另一个分别接发动机控制模块的117、121、118、114号针脚。安装在靠近进气门一端。

4）电子节气门：电子节气门安装在发动机进气管路上。气门蝶阀的位置受电机控制，发动机控制模块中定位控制模块控制电机旋转，该产品中装有两个非接触式位置传感器，可以实时监测蝶阀位置，系统根据它输出的信号值及其变化速率判定发动机的实时负载和动态变化状况。在断电的情况下，蝶阀因回位弹簧及力矩弹簧的共同作用保持在初始位置。电子节气门简图及端子定义如图2-1-11所示。

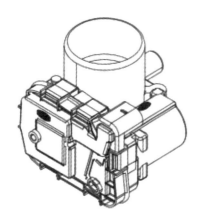

端子号	端子定义
1	信号1
2	电源5V
3	电机+
4	信号2
5	电机−
6	地

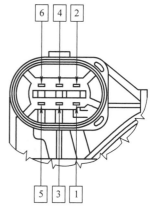

图2-1-11　电子节气门简图及端子定义

5）点火线圈：本系统中有四个点火线圈，每个点火线圈的次级各接一个气缸，点火顺序为1-3-4-2。当某一个初级绕组的接地通道接通时，该初级绕组充电。一旦发动机控制模块将初级绕组电路切断，则充电中止，同时在次级绕阻中感应出高压电，使火花塞放电。每个气缸都配有一个点火线圈，并安装在火花塞上方，在发动机气门室罩上。

6）电动水泵：安装在发动机冷却液循环管路上，工作电压12V。

7）炭罐控制阀：吸收来自油箱的燃油蒸气。电子控制器控制炭罐电磁阀打开，新鲜空气与炭罐中的油蒸气形成再生气流，重新引入发动机进气管。阀内设有电磁线圈，根据发动机不同工况，电子控制器改变输送给电磁线圈脉冲信号的占空比，从而改变阀的开度。安装在进气歧管的真空管路上。20℃电阻约26Ω，额定电压13.5V左右。

3. 发动机控制模块

发动机控制模块（ECM）是发动机控制的核心部件，它根据各传感器的输入信息，控制发动机的燃油喷射和点火时刻，并为其他输出装置提供最佳的控制指令。

另外，ECM还对自身故障、各传感器和执行元件、串行数据线、故障指示灯电路进行检测，当检测到故障时，ECM记忆相应故障码并采取有关措施。发动机控制标定程序存储在带电可擦可编程只读存储器(EEPROM)中，它是一个焊接在ECM上的永久性存储器，不可单独更换。更换ECM时，新的ECM需按所配置车型编程后才可使用。

以比亚迪秦混动车型为例，发动机控制模块位于发动机舱蓄电池侧，安装时需注意静电防护，同时注意对插头针脚的保护。其外形及端子如图2-1-12所示，部分端子定义参考表2-1-1（检修时以对应车型维修手册为准）。

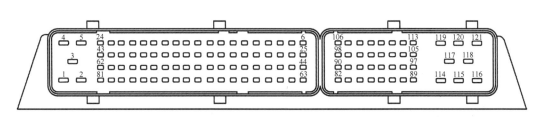

图 2-1-12 发动机控制模块外形及端子

表 2-1-1 发动机控制模块部分端子定义

端子	连接点	类型	端子	连接点	类型
1	燃油压力调节阀	输出	63	发动机转速传感器	输入
2	功率地 1	地	64	车速信号输入	输入
3	非持续电源 1		65	防盗输入	输入
4	电子节气门电机控制 −	输出	66	进气总管压力温度传感器地	地
5	电子节气门电机控制 +	输出	68	冷却液温度传感器地	地
8	加速踏板位置传感器信号 1	输入	70	高压燃油压力传感器地	地
9	进气总管压力传感器信号	输入	71	节气门位置传感器信号地	地
11	进气歧管温度传感器	输入	72	加速踏板位置传感器 1 地	地
12	散热器出口冷却液温度传感器	输入	76	发动机转速输出	输出
13	上游氧传感器	输入	78	炭罐阀	输出
14	节气门位置传感器 1	输入	86	曲轴位置传感器电源	输入
20	CAN 总线接口 CAN-H 1		87	加速踏板位置传感器 1 电源	输入
27	加速踏板位置传感器信号 2	输入	88	电子节气门传感器电源 +5V	输入
28	进气歧管压力传感器	输入	89	进气歧管压力温度传感器电源	输入
29	高压燃油压力传感器	输入	94	进气总管歧管压力温度传感器电源	输入
39	CAN 总线接口 CAN-L 1		101	CAN 总线接口 CAN-L	输入输出
41	车速输出	输出	105	LIN 线	
44	凸轮轴相位传感器	输入	109	CAN 总线接口 CAN-H	输入输出
45	爆燃传感器 B 端	输入	112	点火开关	输入
46	爆燃传感器 A 端	输入	113	持续电源	输入
47	曲轴位置传感器地	地	117	喷油器 1（第 1 缸）	输出
52	节气门位置传感器 2	输入	121	喷油器 2（第 2 缸）	输出

二、新能源汽车发动机控制模块的检修

1. 读取和清除发动机控制模块相关故障码并读取数据流

车载诊断系统简称 OBD 系统，是指集成在发动机控制系统中，能够监测影响废气排放故障的零部件以及发动机主要功能状态的诊断系统。它具有识别、存储并且通过自诊断故障指示灯显示故障信息的功能。在维修带有 OBD 系统的车辆时，维修人员可以通过诊断仪迅速而准确地定位发生故障的部件，大大提高维修的效率和质量。

对于具有 OBD 功能的车辆，故障的检修一般遵循如下步骤：

1）参考本任务一实操任务"发动机控制模块电路检测"二维码操作视频，以比亚迪秦混动车型为例，诊断接口常位于驾驶员侧仪表台台面板左下侧。比亚迪秦采用 CAN 通信协议，并采用 ISO 9141—2 标准诊断接头，这个标准诊断接头是固定连接在发动机线束

上的。用于发动机管理系统（EMS）的是标准诊断接头上的 4、6、14 和 16 号针脚。标准诊断接头的 4 号针脚连接车上的地线；6、14 号针脚连接 ECU 的 101、109 号针脚，即发动机数据 CAN 线；16 号针脚连接蓄电池正极，针脚位置见图 2-1-13。

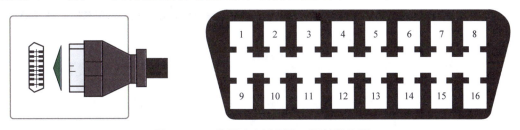

图 2-1-13　比亚迪秦诊断接口及针脚位置

2）上至 OK 档电启动发动机。

3）如图 2-1-14 所示，在诊断仪上进入诊断功能选择界面，选择车型诊断；进入诊断车型选择界面，选择需要诊断的车型；再进入诊断系统选择界面。在系统选择界面可以选择对应的管理系统，这里使用 BOSCH 诊断仪检测，系统选择中有发动机管理系统、自动变速器系统、电子助力转向系统、动力网模块系统、车身网模块、ACM 系统、电子稳定系统、电子驻车系统等选项，选择比亚迪 TI 发动机管理系统选项进入后，可以选择读取电脑版本信息、读取故障码、清除故障码、读取数据流、动作测试、功能测试、匹配设置等选项。

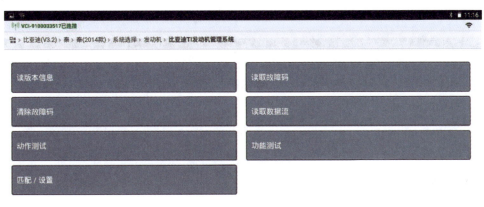

图 2-1-14　比亚迪秦发动机管理系统诊断仪界面

4）读取故障相关信息（故障码、冻结帧等）。若系统无故障，将提示"系统无故障"，若系统有故障，"信息栏"将列出所有的故障码及相应故障信息，查询维修手册确认故障部件和类型，根据故障相关信息和经验制定维修方案。

5）读取数据流：该功能用于向用户展示某控制系统的各项数据状态，选择发动机管理系统则可以读取包括发动机当前转速、车速等信息。选择需要读取的数据流，通信成功之后的显示如图 2-1-15 所示。

图 2-1-15　发动机管理系统读取数据流诊断仪界面

6）元件动作测试诊断仪界面如图 2-1-16 所示。元件动作测试分 2 种控制方式，分别为开关量、控制量。每种量的执行动作方式各不相同。元件功能测试控制量控制诊断仪界面如图 2-1-17 所示。所谓开关量是指这些量只有两种状态：打开或关闭，用户只需要进行简单操作即可完成相应动作。控制量是一些设置量，通过这些量的设定可以改变 ECU 的一些内部变量，从而改变发动机的工作状态。

图 2-1-16　元件动作测试诊断仪界面

图 2-1-17　元件功能测试控制量控制诊断仪界面

7）排除故障。

8）清除故障存储器；适当运行车辆，运行方式须满足相应故障诊断的条件；再次读取故障信息，确认故障已经排除。

2. 检测发动机控制模块插头端子的电阻

数据传输终端是一个终端电阻，防止数据在导线终端产生反射波，反射波会破坏数据。在动力系统中，它接在 CAN-H 和 CAN-L 之间。动力系统中 CAN-H 和 CAN-L 之间的总电阻为 50~70Ω。断开点火开关，可以测量 CAN-H 和 CAN-L 之间的电阻，从而判断总线及控制模块是否正常。车辆上导线的电阻是非常小的，也可使用万用表测量导线两端端子之间的电阻，判断导线是否正常。

以下以检测比亚迪秦发动机控制模块总线端子的电阻为例，介绍检测方法。如果动力系统 CAN 总线出现故障，此网络上的控制单元信息将无法正常传递，从而使得故障指示灯点亮、车辆动力不足或者车辆无法启动。测量动力系统 CAN 总线需要发动机线束转接专用工具，如图 2-1-18 所示。

用万用表测量终端电阻值时，首先要断开蓄电池负极，断开发动机控制模块线束插头，连接发动机模块线束转接器，查询维修手册中控制单元端子的定义，CAN-H 输入输出端子为 109 号端子，CAN-L 输入输出端子为 101 号端子。应测量 109 号和 101 号孔之间的电阻值（注：万用表使用前需进行校零操作）。如图 2-1-19 所示，在动力 CAN 总线系统中，所测电阻值是各个控制单元中的终端电阻组合在一起的总值，若测量的是控制单元的终端电阻，其电阻标准值为 120Ω。

图 2-1-18　发动机线束转接器

图 2-1-19　万用表测量

3. 检测发动机控制模块电源和搭铁端子电压

控制模块的供电与搭铁是保证控制模块能够正常工作的基础，检测控制模块供电端子和搭铁端子的电压，可以分析控制模块供电线路是否正常、控制模块本身是否正常。以比亚迪秦发动机控制模块为例，首先要断开蓄电池负极，断开发动机控制模块线束插头，连接发动机控制模块线束转接器，查询维修手册中控制单元端子的定义，电源持续输入端子为 113 号端子，接地端子为 2、66、68、70~72 号等端子。上至 OK 档电，测量 113 号端子与车身搭铁之间的电压，电压值为额定电压时代表供电线路正常，反之则反向检查供电线路；测量接地端子与车身搭铁之间的电压，电压值小于 1V 为正常。

4. 检测发动机控制模块与电子元件或控制模块之间线束的导通性

万用表通断档可测量线路是否导通，80Ω 及以下为导通，否则为不导通。一般蜂鸣器发出响声或 LED 亮，表示线路是导通的。将万用表拨到通断档位时，被接通的内部电路是：黑表笔接内部电池的负极，电池的正极接阻值很小的电阻，电阻的另一端接红表笔。内部的鸣叫电路从电阻上取得触发信号。如果两个表笔短路或之间的电阻较小，表内的触发电阻上的电压就较高，从而触发鸣叫。如果两个表笔之间的电阻较大，串联的内部触发电阻的分压就很小，就不能触发鸣叫。因 80Ω 及以下阻值可触发鸣叫，线束的导通性采用电阻测量判断。

以比亚迪秦发动机控制模块为例，首先要断开蓄电池负极，断开发动机控制模块线束插头，连接发动机控制模块线束转接器，查询维修手册中控制单元端子的定义，选择线束两端的端子进行电阻测试，电阻值小于 1Ω 即代表该段线束导通。表 2-1-2 为发动机控制模块与电子元件之间部分信号线束的端子定义（检修时以对应车型维修手册为准）。

表 2-1-2　比亚迪发动机控制模块与电子元件之间部分信号线束端子定义

线束名称	发动机控制模块端子	对应电子元件端子	对应电子元件名称
进气歧管温度信号线	9	4	进气压力温度传感器
进气歧管温度供电线	94	3	进气压力温度传感器
冷却液温度供电线	31	1	冷却液温度传感器
冷却液温度信号线	68	2	冷却液温度传感器
凸轮轴相位传感器信号线	44	2	相位传感器
凸轮轴相位传感器供电线	96	1	相位传感器
上游氧传感器信号线	13	4	上游氧传感器
高压燃油压力传感器供电线	95	3	高压燃油压力传感器
发动机转速信号线	63	2	曲轴位置传感器
发动机转速供电线	86	1	曲轴位置传感器
电子节气门电机控制 + 信号控制线	5	5	电子节气门
加速踏板位置传感器 1 供电线	87	2	加速踏板位置传感器
加速踏板位置传感器 2 供电线	97	1	加速踏板位置传感器
电子节气门传感器电源 +5V	88	1	电子节气门

5. 检测发动机控制模块与电子元件之间供电电压

发动机控制系统中的传感器分为有源传感器和无源传感器，大多有源传感器、执行器都是由控制模块提供工作电压，所以检测发动机控制模块与电子元件之间供电电压可以判断控制模块是否正常，或发动机控制模块与电子元件之间供电线路是否正常。

以比亚迪秦发动机控制模块为例，首先要断开蓄电池负极，断开发动机控制模块线束插头，连接发动机控制模块线束转接器，查询维修手册中控制单元端子的定义，使用万用表电压档对发动机控制模块与电子元件供电线束两端的端子进行测试，再对比维修手册的额定工作电压，从而判断线路和模块是否正常。相关端子定义参照表 2-1-2。

6. 检测读取发动机控制模块的 CAN 总线 High 和 Low 的电压与波形

1）使用万用表检测动力系统 CAN 总线。将发动机控制模块转接器与车辆连接好之后，使用万用表在转接器的检测孔中测量发动机控制模块 CAN 总线的电压。查询维修手册中控制单元端子的定义，CAN-H 输入输出端子为 109 号端子，CAN-L 输入输出端子为 101 号端子。CAN-H 线测得电压约为 2.8V，低线测得的电压约为 2.2V，如图 2-1-20 所示。万用表的显示值只能反映被测信号的主体信号电压值，不能反映被测信号的每个细节。

图 2-1-20　CAN 线电压值

2）使用示波器功能进行发动机控制模块 CAN 总线的波形测量。通道 CH1 测量 CAN-H 线，通道 CH2 测量 CAN-L 线。系统 CAN 总线正常波形图：CH1 通道蓝颜色是 CAN-H 线的波形，CH2 通道红颜色是 CAN-L 线的波形。动力 CAN 总线的信息传递通过两个逻辑状态"0"和"1"来实现，CAN-H 线的高电平是 3.6V，低电平是 2.5V，电压差为 1.1V；CAN-L 线的高电平是 2.5V，低电平是 1.4V，电压差为 1.1V，如图 2-1-21 所示。

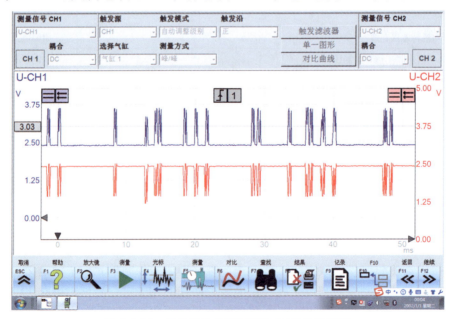

图 2-1-21　正常发动机控制模块 CAN 总线波形

发动机控制模块 CAN-H 线信号在总线空闲时电压为 2.5V，有信号传输时电压值在

2.5V 和 3.6V 之间变换，因此 CAN-H 线的主体电压应是 2.5V，用万用表检测的值在 2.5V 到 3.6V 之间，大于 2.5V，但接近 2.5V。

同样，发动机控制模块 CAN-L 线信号在总线空闲时电压为 2.5V，有信号传输时电压值在 2.5V 和 1.4V 之间变换，因此 CAN-L 线的主体电压应是 2.5V，用万用表检测的值在 2.5V 到 1.4V 之间，小于 2.5V，但接近 2.5V。以比亚迪秦为例，因为整车动力网络使用的 CAN 总线同属一类，以下对发动机控制模块 CAN 总线故障波形的诊断分析也可用于动力网络中的其他控制模块。

① 当发动机控制系统 CAN 总线的 CAN-H 线和 CAN-L 线之间出现短路时，测得的波形如图 2-1-22 所示，从图中可以看出，CAN-H 线和 CAN-L 线已经出生重合现象，两者的电压相同。

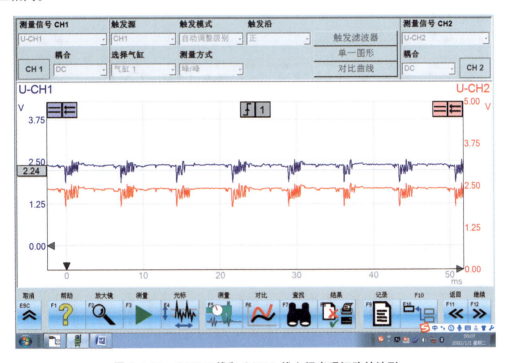

图 2-1-22　CAN-H 线和 CAN-L 线之间出现短路的波形

故障原因有控制单元内部出现短路或者线路中出现短路，需要拔掉发动机控制模块 CAN 总线上的控制单元或者结点，同时观察波形是否变化，若波形恢复正常，则故障点就在断开的部分中。

② 当发动机控制系统 CAN 总线的 CAN-H 线对车载电源正极短路时，测得的波形如图 2-1-23 所示，从图中可以看出，CAN-H 线的电压与电源电压相同。

CAN-H 线对电源正极短路，需要拔掉发动机控制模块 CAN 总线上的控制单元或者结点，同时观察波形是否变化，若波形恢复正常，则故障点就在断开的部分中。

③ 当发动机控制系统 CAN 总线的 CAN-H 线出现对搭铁短路情况时，测得的波形如图 2-1-24 所示，从图中可以看出，CAN-H 线的电压为 0。

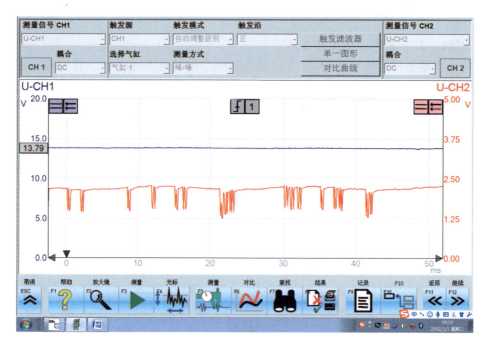

图 2-1-23　CAN-H 线对车载电源正极短路的波形

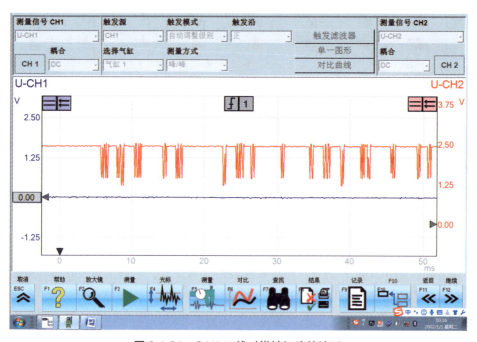

图 2-1-24　CAN-H 线对搭铁短路的波形

CAN-H 线对电源负极短路，需要拔掉发动机控制模块 CAN 总线上的控制单元或者节点，同时观察波形是否变化，若波形恢复正常，则故障点就在断开的部分中。

④ 当发动机控制系统 CAN 总线的 CAN-L 线对车载电源正极短路时，测得的波形如图 2-1-25 所示，从图中可以看出，CAN-L 线的电压与电源电压相同。

项目二 新能源汽车动力网关控制系统检修

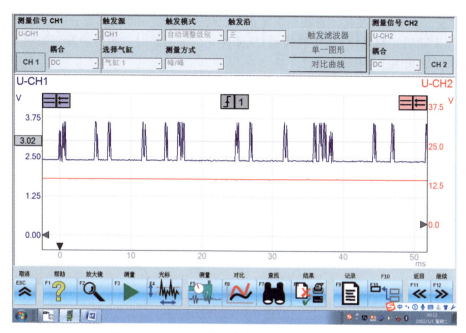

图 2-1-25 CAN-L 线对车载电源正极短路的波形

CAN-L 线对电源正极短路，需要拔掉发动机控制模块 CAN 总线上的控制单元或者结点，同时观察波形是否变化，若波形恢复正常，则故障点就在断开的部分中。

⑤ 当发动机控制模块系统 CAN 总线的 CAN-L 线对搭铁短路时，测得的波形如图 2-1-26 所示，从图中可以看出，CAN-L 线的电压为 0。

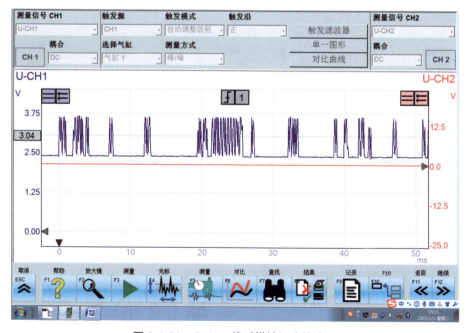

图 2-1-26 CAN-L 线对搭铁短路的波形

CAN-L 线对电源负极短路，需要拔掉发动机控制模块 CAN 总线上的控制单元或者结点,同时观察波形是否变化,若波形恢复正常,则故障点就在断开的部分中。

⑥ 当发动机控制系统 CAN 总线的 CAN-H 线出现断路时,测得的波形如图 2-1-27 所示,CAN 系统无法正常传输数据。

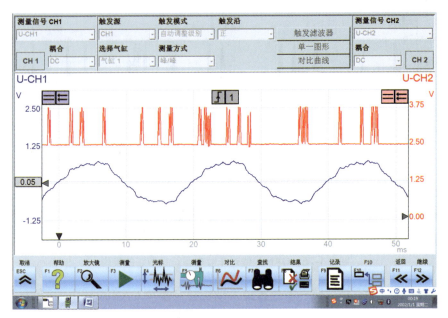

图 2-1-27　CAN-H 线出现断路的波形

⑦ 当发动机控制模块系统 CAN 总线的 CAN-L 线出现断路时,测得的波形如图 2-1-28 所示,CAN 系统无法正常传输数据。

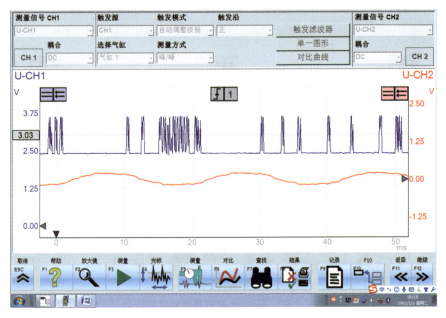

图 2-1-28　CAN-L 线出现断路的波形

7. 检测漏电电流

新能源汽车搭载着两套用电系统，分别是高压与低压系统。对于新能源汽车而言，低压用电单元漏电，容易致使低压蓄电池亏电，车辆无法正常启动或电器元件工作不正常；而高压用电单元漏电，轻者会发生不能实现正常控制的情况，重者会产生重大安全事故。所以，用电系统漏电检测对电动汽车的安全、可靠运行有十分重要的意义。

1）高压用电单元的漏电测试。常使用绝缘电阻测试仪测试绝缘电阻的方式判断高压部件是否漏电。我国制定的关于电动汽车的国家标准与国际标准是一致的，标准中规定电动汽车的绝缘状况以绝缘电阻来衡量。动力电池的绝缘电阻定义为：如果动力电池与地（车底盘）之间的某一点短路，最大（最坏情况下的）泄漏电流所对应的电阻。

目前大多数新能源汽车配备漏电传感器。比亚迪秦漏电传感器位于车身后围搁物板前加强横梁上，如图2-1-29所示，用于对电动汽车直流动力电源母线与其外壳、车身底盘之间的绝缘阻抗进行检测。通常检测与动力电池输出相连接的负极母线及车身底盘之间的绝缘电阻，来判断动力电池包的漏电程度。当动力电池包漏电时，传感器发出一个信号给电池管理控制器，电池管理控制器接到漏电信号后，进行相关保护操作并报警，防止动力电池包的高压电外泄，造成人或者物品的伤害和损失。

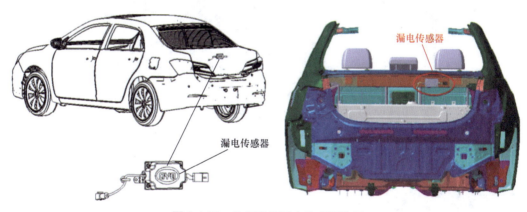

图2-1-29　比亚迪秦漏电传感器位置

若新能源汽车未配置漏电传感器，也可使用绝缘电阻测试仪完成漏电检测。注意：使用绝缘电阻测试仪进行测试时，一定要按照规范操作，做好高压安全防护。绝缘电阻测试仪如图2-1-30所示。

2）对于低压用电单元，导致漏电的原因主要有：停车时电器开关未关等导致的蓄电池亏电；蓄电池极板短路或氧化脱落导致自放电而亏电；由于汽车电器、线束、传感器、控制器、执行器等电子元器件和电路搭铁造成漏电。因为车型及用电单元不同，整车的静态电流应在

图2-1-30　绝缘电阻测试仪

20~50mA，分配到每一个控制单元电流会非常小，不容易测量，所以一般选择测试静态电流来判断是否有漏电现象。

检测步骤：断开点火开关，拆下蓄电池负极接线，关闭车内外所有用电设备，锁上车门。把数字万用表调到电流档 10A，再取两根导线，将蓄电池正极线连接万用表红表头，负极线连接黑表头，观察万用表数值，如图 2-1-31 所示，将测得的电流值与维修资料对照，看是否在正常范围内。若测得的电流值过大，则说明车辆有漏电故障。故障排除方法：将熔丝逐个拔下，观察指针变化。当拔下某个熔丝时，指针不再转动，则故障点是通过此熔丝的电路或用电器。再通过查阅电路图或查看线路走向，顺线路查找出损坏部位进行修理。

图 2-1-31　低压漏电测试

实操任务

对照发动机控制模块的检修要求与步骤，完成工作页"发动机控制模块电路检测"和"发动机控制模块 CAN 电路及波形检测"任务。

发动机控制模块电路检测　　　　　　　发动机控制模块 CAN 电路及波形检测

任务练习

一、选择题

1. 下列叙述正确的是（　　）。
   A. 网是指在有限区域内连接的计算机网络
   B. 数据总线是独立模块运行数据的通道
   C. 多路传输是在不同通道或线路上同时传输多余信息
   D. CAN 协议支持两种报文格式，即标准格式和扩宽格式

2. CAN-Bus 总线故障下列说法错误的是（　　）。
   A. 断路总线上电压波形不正常
   B. 对正极短接，总线上无电压变化，总电压为电池电压
   C. 对搭铁短接，总线上无电压变化，总电压无穷大
   D. 双线之间短路，两电压波形相同时均为不正常

二、判断题

1. 发动机控制标定程序存储在带电可擦可编程只读存储器（EEPROM）中，它是一个焊接在 ECM 上的永久性存储器，可单独更换。（　　）
2. 更换 ECM 时，新的 ECM 不需按所配置车型编程后就能使用。（　　）
3. 断开点火开关，不能测量 CAN-H 和 CAN-L 之间的电阻，无法判断总线及控制模块是否正常。（　　）
4. 用万用表测量终端电阻值时，首先要断开蓄电池正极，断开发动机控制模块线束插头，连接发动机控制模块线束转接器。（　　）
5. 大多有源传感器、执行器都是由控制模块提供工作电压。（　　）

三、简答题

如何检测发动机控制模块插头端子的电阻？

任务二　自动变速器控制模块检修

自动变速器控制模块常用于 AMT、AT、DCT、CVT 等自动变速器，它在混合动力汽车中与发动机配合工作，实现自动变速控制，使驾驶更简单。

本任务主要以比亚迪新能源车型为例介绍新能源汽车电路图识图、自动变速器控制系统的功能与元件，以及自动变速器控制模块的电路检测与维修方法。

教学目标

知识目标

1）掌握自动变速器控制模块插头端子的电阻、电压、线束导通性检测方法。
2）掌握自动变速器控制模块相关数据流标准范围。
3）掌握自动变速器控制模块总线标准波形图。
4）掌握自动变速器控制模块插头的断开和插接方法、线束的检查与修复方法。

技能目标

1）能检查自动变速器控制模块插头端子的电阻、电压、线束导通性。
2）能使用诊断仪读取自动变速器控制模块故障码、数据流，并执行动作测试。
3）能使用示波器检测并分析自动变速器控制模块的总线波形。

德育目标

1）培养团队意识、质量意识、环保意识、安全意识。
2）培养工匠精神和创新思维。
3）培养广泛学习、勤于思考的良好习惯。

知识储备

一、新能源汽车自动变速器控制模块的功能及元件

本任务以比亚迪秦车型搭载的自动变速器为例，该变速器为双离合自动变速器，具有瞬时传动比恒定，传动平稳且传动比范围大，传动效率高，传动可分性（即在中心距小范围变化时可保证定传动比传动），结构紧凑易于布置等优点，但制造成本高，无过载保护措施；由双离合器、三轴式齿轮变速器、自动换档机构和电控液压系统组成。自动变速器控制系统由传感器、控制器、执行器三个部分组成，如图 2-2-1 所示。

1. 自动变速器传感器

1）变速器输入转速传感器：如图 2-2-2 所示，安装在变速器壳体内，是唯一一个在电液控制模块外的传感器，用以记录变速器的输入转速，控制模块接收变速器输入转速信号以控制离合器和计算滑移率。当信号失效时，由发动机转速信号替代。

2）输入轴转速传感器：如图 2-2-3 所示，集成在电液模块上，分为输入轴 1 和输入轴 2 转速传感器，传感器类型为霍尔式传感器。信号作用：控制离合器和计算离合器的滑移率。信号失效：对应传动轴档位控制关闭。

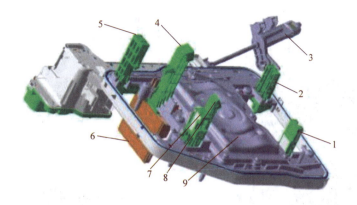

图 2-2-1　比亚迪秦自动变速器控制系统组成

1—2/4 档位选择传感器　2—1/3 档位选择传感器　3—发动机转速传感器　4—输入轴 2 转速传感器
5—6/R 档位选择传感器　6—离合器位移传感器　7—5 档位选择传感器　8—输入轴 1 转速传感器　9—电子控制单元

图 2-2-2　变速器输入转速传感器

图 2-2-3　输入轴转速传感器

3）离合器位置传感器：如图 2-2-4 所示，集成在电液模块上，分为离合器 1 和离合器 2 位置传感器，传感器类型为非接触式传感器。信号作用：用于控制离合器驱动电磁阀。若信号失效：对应传动轴档位控制关闭。

4）档位选择传感器：如图 2-2-5 所示，集成在电液模块上，分为 1/3 档位选择传感器、2/4 档位选择传感器、5 档位选择传感器、6/R 档位选择传感器。信号作用：控制单元要求获知精确的换档机构位置，用以控制换档机构实现档位的变换，由换档拨叉上的信号源产生信号。若信号失效：未损坏的传感器的相关部分被关闭。

5）变速器系统压力传感器：如图 2-2-6 所示，集成在电液模块上，传感器为膜片式压力传感器。信号作用：用于控制液压泵电机的工作。若信号失效：液压泵电机持续运转，系统液压油压力由压力控制阀决定。

6）控制模块温度传感器：如图 2-2-7 所示，集成在电液模块上，传感器为负温度系数热敏传感器，用于检测液压系统的工作温度。当温度达到 139℃时，发动机转矩被限制。信号作用：用于检查控制模块的温度。若信号失效：控制单元使用一个内在的替代值工作。

图 2-2-4 离合器位置传感器

图 2-2-5 档位选择传感器

图 2-2-6 变速器系统压力传感器

图 2-2-7 控制模块温度传感器

2. 自动变速器执行器

1）压力主电磁阀：如图 2-2-8 所示，集成在电液模块上，分为：主电磁阀 1，控制离合器电磁阀 1、换档电磁阀 1/3、5；主电磁阀 2，控制离合器电磁阀 2、换档电磁阀 2/4、6/R。失效影响：如果一个电磁阀失效，则相应的齿轮传动机构被关闭，只有另外的齿轮传动机构上的档位能够工作。

2）离合器电磁阀：如图 2-2-9 所示，集成在电液模块上，分为：离合器电磁阀 1，控制离合器 1；离合器电磁阀 2，控制离合器 2。无电流提供时，阀关闭且离合器断开。失效影响：如果一个电磁阀失效，则相应齿轮传动机构被关闭。

图 2-2-8　压力主电磁阀

图 2-2-9　离合器电磁阀

3）换档电磁阀：如图 2-2-10 所示，集成在电液模块上，分为：1/3 换档电磁阀，控制 1/3 档位拨叉；2/4 换档电磁阀，控制 2/4 档位拨叉；5 换档电磁阀，控制 5 档位拨叉；6/R 换档电磁阀，控制 6/R 档拨叉。如果没有齿轮啮合，电磁阀控制油压使档位保持在空档变速杆位于 P 位置，点火开关关闭，1 档和 R 档啮合。失效影响：对应档位失效。

4）液压泵电机：如图 2-2-11 所示，集成在电液模块上，力非接触式直流电机，由一个定子和一个转子组成。定子为电磁铁，转子为永久磁铁。失效影响：如果电机不能工作，油液压力下降，并且离合器在压力盘弹簧作用下断开。

图 2-2-10　换档电磁阀

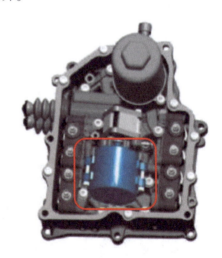
图 2-2-11　液压泵电机

3. 自动变速器控制模块

自动变速器控制模块（图 2-2-12）也集成在电液模块上，每隔一定时间在动力网中读取一次输入信号，处理这些信息（车速、节气门开度等），并从存储器中"读出"预置的该节气门开度下的最佳换档点速度，并与当时采样的车速比较后，判断是否换档，如需换档则通过接口发出换档指令，再通过电磁阀实现升档或降档。

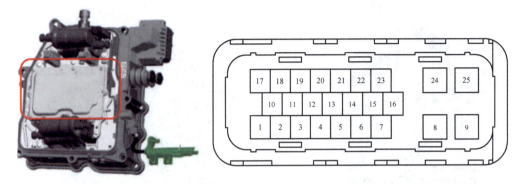

图 2-2-12　自动变速器控制模块与插接件端子

自动变速器控制模块部分端子定义参考表 2-2-1（检修时以对应车型维修手册为准）。

表 2-2-1　自动变速器控制模块部分端子定义

端子	连接点	端子	连接点
1	+5V 电源	7	CAN-L
2	GND 接地	8	电机使能信号
3	+12V 电源	9	调制脉宽信号
4	GND 接地	10	电机转速反馈
5	转速方向传感器接地	11	转速方向信号
6	CAN-H		

二、新能源汽车自动变速器控制模块的检修

1. 读取和清除自动变速器控制模块相关故障码并读取数据流

具有 OBD 系统的车辆，维修人员可以通过诊断仪迅速而准确地定位发生故障的部件，大大提高维修的效率和质量。以比亚迪秦为例，使用 BOSCH 诊断仪，诊断一般遵循如下步骤：

1）将诊断测试设备连接至诊断接口，接通诊断测试设备；上至 OK 档电启动发动机；在诊断仪上进入诊断功能选择界面，选择车型诊断；进入诊断车型选择界面，选择需要诊断的车型；再进入诊断系统选择界面。

2）在变速器控制系统选择界面选择读取故障码选项，读取故障相关信息（故障码、冻结帧等）。

3）在变速器控制系统选择界面选择读取数据流选项，读取模块数据流，如图 2-2-13 所示。

图 2-2-13 自动变速器模块部分数据流截图

4）在变速器控制系统选择界面选择动作测试选项，进行动作检测，如图 2-2-14 所示。

5）清除故障存储器；适当运行车辆，运行方式须满足相应故障诊断的条件；再读取故障信息，确认故障已经排除。

图 2-2-14　自动变速器模块动作测试选项截图

2. 检测自动变速器控制模块插头端子的电阻

1）检测自动变速器控制模块总线终端电阻。断开蓄电池负极，断开自动变速器控制模块线束插头，查询维修手册中控制单元端子的定义，CAN-H 输入输出端子为 A47-14 号端子，CAN-L 输入输出端子为 A47-15 号端子。万用表校零后，测量 A47-14 号和 A47-15 号孔之间的电阻值。单个 CAN 模块终端标准电阻 120Ω，整个网络终端电阻 60Ω。

2）检测自动变速器控制模块与电子元件线束电阻。以自动变速器与方向传感器之间线束为例，查询维修手册中控制单元端子的定义，传感器供电线两端端子为自动变速器控制模块 A47-16 与方向传感器 A48-1，传感器信号端子为自动变速器控制模块 A47-10 与方向传感器 A48-2。万用表校零后，测量两组线束端子之间的电阻值。按维修手册规定，当电阻小于 1Ω 时，认为线束正常。

3. 检测自动变速器控制模块电源和搭铁端子电压

自动变速器控制模块的供电与搭铁是保证控制模块能够正常工作的基础，检测控制模块供电端子和搭铁端子的电压，可以分析控制模块供电线路是否正常、控制模块本身是否正常。以比亚迪秦自动变速器控制模块为例，首先要查询维修手册中控制单元端子的定义，电源持续输入端子为 A47-9 号端子，接地端子为 A47-8 号端子。上至 OK 档电，使用背插法，用万用表探针测量 A47-9 号端子与车身搭铁之间的电压，电压值为额定电压时代表供电线路正常，否则反向检查供电线路；测量 A47-8 号接地端子与车身搭铁之间的电压，电压值低于 1V 时代表控制模块本身正常。

4. 检测自动变速器控制模块与电子元件或控制模块之间线束的导通性

以比亚迪秦自动变速器控制模块为例，首先要断开蓄电池负极，断开自动变速器控制模块线束插头，查询维修手册中控制单元端子的定义，选择线束两端的端子进行电阻测试，电阻值小于1Ω即代表该段线束导通。表 2-2-2 为自动变速器控制模块与电子元件之间部分信号线束的端子定义。

表 2-2-2　比亚迪秦自动变速器控制模块与电子元件之间部分信号线束的端子定义

线束名称	自动变速器控制模块端子	对应电子元件端子	对应电子元件名称
转速方向信号线	A47-10	A48-2	方向传感器
转速方向供电线	A47-16	A48-1	方向传感器
TCU CAN-H	A47-14	A02-109	ECM
TCU CAN-L	A47-15	A02-101	ECM
无刷电机控制线	A47-11	A45-6	无刷电机
无刷电机控制线	A47-12	A45-7	无刷电机
无刷电机控制线	A47-13	A45-8	无刷电机

5. 检测自动变速器控制模块与电子元件之间供电电压

以比亚迪秦自动变速器控制模块转速方向供电线为例，首先要查询维修手册中控制单元端子的定义，控制模块的供电端子为 A47-16，传感器处连接端子为 A48-1，使用万用表电压档对自动变速器控制模块与电子元件供电线束两端的端子进行测试，再对比维修手册的额定工作电压，从而判断线路和模块是否正常。供电额定电压：5V。

6. 检测读取自动变速器控制模块 CAN 总线 High 和 Low 的电压与波形

1）使用万用表检测动力系统 CAN 总线。使用万用表测量自动变速器控制模块 CAN 总线的电压。查询维修手册中控制单元端子的定义，CAN-H 端子为 A47-14 号端子，CAN-L 端子为 A47-15 号端子。使用万用表电压档测量两端子，红表笔接端子针脚，黑表笔接车身搭铁，CAN-H 线标准整车通信电压为 2.5～3.5V，CAN-L 线标准整车通信电压为 1.5～2.5V。万用表的显示值只能反映被测信号的主体信号电压值，不能反映被测信号的每个细节。

2）使用示波器功能进行自动变速器控制模块 CAN 总线的波形测量。通道 CH1 测量 CAN-H 线，通道 CH2 测量 CAN-L 线。CAN 总线的信息传递通过两个逻辑状态"0"和"1"来实现，CAN-H 线的高电平是 3.6V，低电平是 2.5V，电压差为 1.1V。CAN-L 线的高电平是 2.5V，低电平是 1.4V，电压差为 1.1V。自动变速器控制模块 CAN-H 线信号在总线空闲时电压为 2.5V，有信号传输时电压值在 2.5V 和 3.6V 之间变换；控制模块 CAN-L 线信号在总线空闲时电压为 2.5V，有信号传输时电压值在 2.5V 和 1.4V 之间变换，因为整车动力网络使用的 CAN 总线同属一类，对自动变速器控制模块 CAN 总线故障波形进行诊断分析同在动力网络其他控制模块中的故障波形诊断分析一致。正常情况下，当起动发动机并进行换档操作时，CAN-H、CAN-L 的波形应该在额定电压范围对称地显示信号波形。

实操任务

对照自动变速器控制模块的检修要求与步骤，完成工作页"自动变速器控制模块电路检测"和"自动变速器控制模块 CAN 电路及波形检测"任务。

自动变速器控制模块电路检测　　　　自动变速器控制模块 CAN 电路及波形检测

任务练习

一、选择题

1. 检查自动变速器电磁阀时，用电压表并接在电磁阀正极座与变速器壳两端检测，电压正常，但电压比标准值偏小，这说明（　　）。
   A. 电磁阀工作正常　　　　　　　　B. 电磁阀阀芯被卡
   C. 电磁阀已经老化应予更换　　　　D. 电磁阀搭铁不良
2. 以下哪些是 ECT 电控系统输出端元件（　　）。
   A. 节气门位置传感器　　B. 车速传感器　　C. 温度传感器　　D. 换档电磁阀

二、判断题

1. 自动变速器控制系统由传感器、控制器、执行器三个部分组成。　　　　（　　）
2. 变速器输入转速传感器是唯一一个在电液控制模块外传感器。　　　　　（　　）

三、简答题

简述如何检测自动变速器控制模块与电子元件之间供电电压。

任务三　档位控制模块检修

档位控制模块接收换档操纵机构传递的档位信号，使车辆按照驾驶员意图行驶，是档位控制系统的重要组成部分以及换档信息处理中枢。

本任务主要介绍新能源汽车档位控制系统的功能与元件，以及档位控制模块电路的检测与维修方法。

教学目标

知识目标

1）掌握档位控制模块插头端子的电阻、电压、线束导通性检测方法。
2）掌握档位控制模块相关数据流标准范围。
3）掌握档位控制模块总线标准波形图。
4）掌握档位控制模块插头的断开和插接方法、线束的检查与修复方法。

技能目标

1）能检查档位控制模块插头端子的电阻、电压、线束导通性。
2）能使用诊断仪读取档位控制模块故障码、数据流，并执行动作测试。
3）能使用示波器检测并分析档位控制模块的总线波形。

德育目标

1）培养团队意识、质量意识、环保意识、安全意识。
2）培养工匠精神和创新思维。
3）培养广泛学习、勤于思考的良好习惯。

知识储备

一、新能源汽车档位控制模块的功能及元件

比亚迪秦档位控制模块接收换档操纵机构传递的档位信号，如P、N、D及解除P档信号，以及P档按钮传递的P档闭锁信号。档位控制模块将信号处理后传递给电机控制器，再由电机控制器传递给P档控制器以及自动变速器控制模块，P档控制器控制P档电机，自动变速器控制模块控制其他各档位变换并将换档信号传递给仪表显示。其控制逻辑如图2-3-1所示。

如图2-3-2所示，秦车型档位控制模块采用电子控制方式，取消了变速杆和变速器之间的机械连接，电子信号控制更精确。档位操纵系统由P档按钮、换档操纵机构、P档控制器、档位控制模块组成。档位控制模块位于变速杆前侧，P档控制器位于变速杆左侧。对档位控制模块进行检测需要拆卸换档操纵机构盖板总成。拆卸时，先把换档操纵系统的变速杆球头拆卸下来；再用一字螺钉旋具沿盖板边沿安装点附近分别撬起一条能放下手指的缝隙，然后双手伸入握着盖板沿Z方向拔出，使盖板的6个卡扣全部脱离；拔掉换档操纵机构盖板后面的插接件，即可取出换档操纵机构盖板总成，也可对插接件进行检测

操作。安装时，则先接上各个电器插接件，然后将换档操纵机构盖板上的卡扣跟与之配合的卡扣孔一一对上。最后，用适当的力把各卡脚全部拍入，使之安装到位，同时确保外观要求。

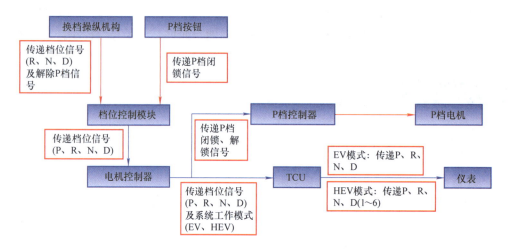

图 2-3-1　换档控制逻辑

1. 档位切换条件

从行车档 D、N、R 档切入 P 档的条件为车速 ≤ 3km/h；从 P、D 档切入 R 档条件为电源模式在 OK 档，有制动踏板状态；从 N 档切入 P 档条件为电源模式在 OK 档；从 P 档切入 N 档需有制动踏板状态；从 R、D 档切入 N 档条件为电源模式在 OK 或 ON 档；从 P 档切入 D 档条件为电源模式在 OK 档，有制动踏板状态；从 R 档切入 D 档的条件为电源模式在 OK 档，车速不大于 3km/h；从 N 档切入 D 档的条件为电源模式在 OK 档。

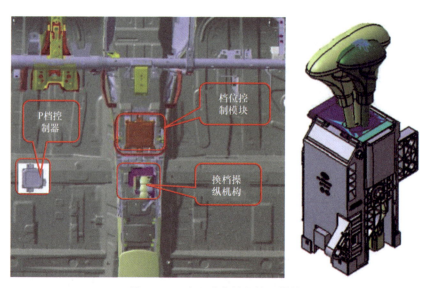

图 2-3-2　比亚迪秦档位控制模块

2. P 档控制装置

P 档控制装置主要包括 P 档锁止电机、P 档控制器、霍尔式锁止位置传感器、P 档按钮、档位控制模块等，如图 2-3-3 所示。秦车型采用线控式 P 档，有别于其他车型使用的机械式，线控式 P 档通过 P 档电机控制器将电信号输入给 P 档电机，有效地控制 P 档电机旋转，带动锁止机构动作实现解闭锁；同时，P 档电机可以反馈霍尔信号，使 P 档电机控制器能够知道是否旋转到位。P 档电机控制器位于驾驶员座椅地板下面，用于控制变速器上 P 档电机正向或反向旋转，从而实现车辆动力系统的锁止和解锁，并增加二次解闭锁，更能够保证车辆的安全和性能。

a) P 档控制器　　　　　　　　　　　　b) P 档锁止电机

图 2-3-3　比亚迪秦 P 档控制器和 P 档锁止电机

P 档闭锁控制逻辑：当 P 档开关开启 P 档后，由档位控制模块提供 P 档信号至驱动电机控制器，驱动电机控制器获取信号后向 P 档电机控制器提供闭锁命令，最后由 P 档电机控制器控制 P 档电机驱动 P 档锁止机构锁止。注意：只有在车速低于 3km/h 时，P 档信号才会发出。

P 档解锁控制逻辑：当 P 档开关关闭 P 档时，由档位控制模块提供非 P 档信号至驱动电机控制器，驱动电机控制器获取信号后向 P 档电机控制器提供解锁命令，最后由 P 档电机控制器控制 P 档电机驱动释放 P 档锁止机构。

3. 档位控制模块传感器

1) P 档控制开关：P 档控制开关位于前排乘客仪表板变速杆旁，如图 2-3-4 所示，按键上有 P 标志，用于按照驾驶员意愿提供 P 档开启或关闭信号。P 档控制开关由档位控制模块提供信号电压以及接地而形成回路，P 档控制开关线束的插接件及端子为信号供电端子 K72-10、接地端子 K72-7，档位控制模块处插接件及端子为 P 档开关信号输入端子 G62-7、接地端子 G62-19。

2) 档位传感器（图 2-3-5）：档位传感器也叫档位开关传感器，一般配备于自动档车型，位于换档操纵机构内，用来检测档位信号。档位传感器上有多个触点，当汽车换档时，触点移动到对应档位上，电压值改变，档位传感器检测到换档信号，将信号传送到档位控制模块上，从而最终控制变速器内相应的执行元件工作。

图 2-3-4　比亚迪秦 P 档控制开关

图 2-3-5　比亚迪秦档位传感器

4. 执行器

P 档电机：P 档电机采取体积小巧的特殊开关磁阻电机，它也属于一种交流异步电机，其低速和初始输出转矩较大。开关磁阻电机利用磁铁吸引铁质材料的性质，电机的定子铁心由导磁良好的硅钢片冲制，有多个偶数的凸齿极，其上绕有线圈，当通电后会产生旋转磁性；转子铁心有比定子较少的凸极，由导磁良好的硅钢片冲制叠成。磁阻电机利用磁阻变化原理产生转矩，当定子绕组轮流通电时，产生一个单相磁场，遵循"磁阻最小原则"，利用磁拉力即磁通总要沿着磁阻最小的路径闭合，如同橡皮筋有收缩的性质，当转子轴线与定子磁极的轴线不重合时，有磁拉力作用在转子上并产生转矩，使其趋向于磁阻最小的位置。

P 档磁阻电机要产生旋转，需要为它供给三相交流电，P 档电机控制器给电机提供三相交流电，其工作电压为 13V±0.2V。在电机控制器内有一个三相逆变器，它能将汽车上蓄电池的直流电转变为三相交流电。电机内部配有霍尔式位置传感器，用于检测爪销对输出齿轮的锁止状况，如图 2-3-6 所示。

二、新能源汽车档位控制模块的检修

1. 读取和清除档位控制模块相关故障码并读取数据流

具有 OBD 系统的车辆，维修人员可以通过诊断仪迅速而准确地定位发生故障的部件，大大提高维修的效率和质量。以比亚迪秦混合动力车型为例，诊断一般遵循如下步骤：

1）将诊断测试设备连接至诊断接口，接通诊断测试设备；上至 OK 档电启动发动机；在诊断仪上进入诊断功能选择界面，选择车型诊断；进入诊断车型选择界面，选择需要诊断的车型；再进入诊断系统选择界面。

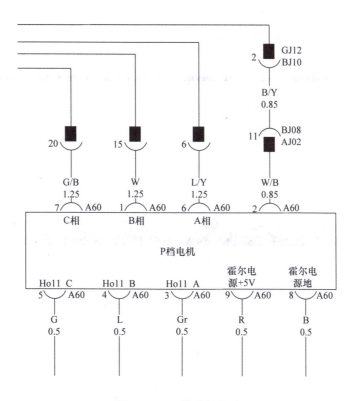

图 2-3-6　P 档电机电路

2）在系统选择界面选择动力网模块选项，进入后再选择档位控制模块选项，读取故障相关信息（故障码、冻结帧等），如图 2-3-7 所示。

图 2-3-7　进入诊断仪选择动力网模块中档位控制模块

3）在档位控制模块选择界面选择读取数据流选项，读取模块数据流，如图2-3-8所示。

4）清除故障存储器；适当运行车辆，运行方式须满足相应故障诊断的条件；再读取故障信息，确认故障已经排除。

图 2-3-8　档位控制模块数据流截图

2. 检测档位控制模块插头端子的电阻

检测档位控制模块总线终端电阻：断开蓄电池负极，断开档位控制模块线束插头，查询维修手册中控制单元端子的定义，CAN-H 输入输出端子为 G62-14 号端子，CAN-L 输入输出端子为 G62-15 号端子。万用表校零后，测量 G62-14 号和 G62-15 号孔之间的电阻值。单个 CAN 模块终端标准电阻：120Ω，整个网络终端电阻：60Ω。

3. 检测档位控制模块电源和搭铁端子电压

档位控制模块的供电与搭铁是保证控制模块能够正常工作的基础，检测控制模块供电端子和搭铁端子的电压，可以分析控制模块供电线路是否正常、控制模块本身是否正常。以比亚迪秦档位控制模块为例，首先要查询维修手册中控制单元端子的定义，12V 电源输入端子为 G62-16 与 G62-32 号端子，接地端子为 G62-28 与 G62-29 号端子。上至 OK 档电，使用背插法，用万用表探针测量 G62-16 与 G62-32 号端子与车身搭铁之间的电压，电压值为额定电压时，代表供电线路正常，否则反向检查供电线路；测量 G62-28 与 G62-29 号接地端子与车身搭铁之间的电压，电压值小于 1V 为正常。

4. 检测档位控制模块与电子元件或控制模块之间线束的导通性

以比亚迪秦档位控制模块为例，首先要断开蓄电池负极，断开档位控制模块线束插头 G62，查询维修手册中控制单元端子的定义，选择线束两端的端子进行电阻测试，电阻值小于 1Ω 即代表该段线束导通。表 2-3-1 为档位控制模块与电子元件之间部分信号线束的端子定义。

表 2-3-1　比亚迪秦档位控制模块与电子元件之间部分信号线束端子定义

线束名称	档位控制模块端子	对应电子元件端子	对应电子元件名称
P 档指示灯信号输入	G62-8	K72-9	P 档按钮
P 档开关信号输入	G62-5	K72-10	P 档按钮
P 档开关接地	G62-19	K72-7	P 档按钮
档位传感器 A 5V 供电线	G62-1	G58-1	档位传感器 A

（续）

线束名称	档位控制模块端子	对应电子元件端子	对应电子元件名称
档位传感器 A N 档信号线	G62-10	G58-4	档位传感器 A
档位传感器 A 接地线	G62-17	G58-3	档位传感器 A
档位传感器 B R 档信号线	G62-11	G59-1	档位传感器 B
档位传感器 B D 档信号线	G62-9	G59-2	档位传感器 B
档位传感器 B 接地线	G62-18	G59-3	档位传感器 B
档位传感器 B 5V 供电线	G62-2	G59-4	档位传感器 B

5. 检测档位控制模块与电子元件之间供电电压

以比亚迪秦档位控制模块转速方向供电线为例，首先要查询维修手册中控制单元端子的定义，控制模块的档位传感器 A 供电端子为 G62-1，传感器处连接端子为 G58-1，控制模块的档位传感器 B 供电端子为 G62-2，传感器处连接端子为 G59-4，使用万用表电压档对档位控制模块与电子元件供电线束两端的端子进行测试，再对比维修手册的额定工作电压，从而判断线路和模块是否正常。供电额定电压：5V。

6. 检测读取档位控制模块的 CAN 总线 High 和 Low 的电压与波形

1）使用万用表检测动力系统 CAN 总线。使用万用表测量档位控制模块 CAN 总线的电压。查询维修手册中控制单元端子的定义，CAN-H 端子为 G62-14 号端子，CAN-L 端子为 G62-15 号端子。使用万用表电压档测量两端子，红表笔接端子针脚，黑表笔接车身搭铁，CAN-H 线标准整车通信电压为 2.5～3.5V，CAN-L 线标准整车通信电压为 1.5～2.5V。万用表的显示值只能反映被测信号的主体信号电压值，不能反映被测信号的每个细节。

2）使用示波器功能进行自动变速器控制模块 CAN 总线的波形测量。通道 CH1 测量 CAN-H 线，通道 CH2 测量 CAN-L 线。CAN-H 线的高电平是 3.6V，低电平是 2.5V，电压差为 1.1V。CAN-L 线的高电平是 2.5V，低电平是 1.4V，电压差为 1.1V。档位控制模块 CAN-H 线在总线空闲时电压为 2.5V，有信号传输时电压值在 2.5V 和 3.6V 之间变换，控制模块 CAN-L 线信号在总线空闲时电压为 2.5V，有信号传输时电压值在 2.5V 和 1.4V 之间变换，因为整车动力网络使用的 CAN 总线同属一类，对档位控制模块 CAN 总线故障波形诊断分析同在动力网络其他控制模块中的故障波形诊断分析一致。正常情况下，当启动发动机并进行换档操作时，CAN-H、CAN-L 的波形应该在额定电压范围对称地显示信号波形。

实操任务

对照档位控制模块的检修要求与步骤，完成工作页"档位控制模块电路检测"和"档位控制模块 CAN 电路及波形检测"任务。

档位控制模块电路检测

档位控制模块 CAN 电路及波形检测

任务练习

一、选择题

1. 装有自动变速器的车辆下长坡时，变速杆应置于（　　）。
   A. P 位　　　　　B. D 位　　　　　C. 空档位　　　　　D. L 位
2. 自动变速器位于 P 位时（　　）不能转动。
   A. 液力变矩器　　B. 输出轴　　　　C. 行星齿轮组　　　D. 以上都不对

二、判断题

1. 秦车型采用线控式 P 档。　　　　　　　　　　　　　　　　　　　　　　　（　　）
2. 检测档位控制模块总线终端电阻时无须断开蓄电池负极，可断开档位控制模块线束插头。　　　　　　　　　　　　　　　　　　　　　　　　　　　　　　　（　　）
3. 档位控制模块的供电与搭铁是保证控制模块能够正常工作的基础。　　　　（　　）

三、简答题

简述新能源汽车换档控制模块档位切换条件。

任务四　电池管理控制模块检修

电池管理系统（BMS）俗称电池管家，主要是为了智能化管理及维护各个电池单元，防止动力电池出现过充电和过放电，延长动力电池的使用寿命，监控动力电池的状态。在新能源汽车中电池管理系统与动力电池组紧密连接在一起，主要由电池管理控制模块（BMC）与电池采信采集控制模块（BIC）组成，对动力电池的电压、电流、温度等进行控制，同时还进行漏电监测、热管理、均衡管理、SOC 及 SOH 估算、碰撞保护，其通过 CAN 总线接口与整车控制模块、电机控制模块、能量控制模块、车载显示系统等实时通信。BMS 对保护电动汽车、充电站设备和人员安全都具有重要意义。

本任务主要介绍新能源汽车电池管理系统（BMC）的分类，以比亚迪混动与纯电动车型为例介绍功能与元件，以及电池管理控制模块电路的检测与维修方法。

教学目标

知识目标

1）掌握电池管理控制模块插头端子的电阻、电压、线束导通性检测方法。
2）掌握电池管理控制模块相关数据流标准范围。
3）掌握电池管理控制模块总线标准波形图。
4）掌握电池管理控制模块插头的断开和插接方法、线束的检查与修复方法。

技能目标

1）能检查电池管理控制模块插头端子的电阻、电压、线束导通性。
2）能使用诊断仪读取电池管理控制模块故障码、数据流,并执行动作测试。
3）能使用示波器检测并分析电池管理控制模块的总线波形。

德育目标

1）培养团队意识、质量意识、环保意识、安全意识。
2）培养工匠精神和创新思维。
3）培养广泛学习、勤于思考的良好习惯。

知识储备

一、新能源汽车电池管理系统的分类

电池管理系统有三种不同的架构类型,分为集中式管理系统、半分布式管理系统和分布式管理系统。

1. 集中式管理系统

这种管理架构是将所有的采集单体电压、电压备份和温度的单元全部集中在一块 BMS 板上,由整车控制器直接控制继电器控制盒。大部分低压 HEV 都是这样的结构,PHEV 和 EV 典型的应用如 LEAF、Cmax 等。这样做的优点是比较简单,成本较低。由于采集备份在同一块板上,之间的通信也简化了。其缺点是单体采样的线束比较长,导致采样导线的设计较为复杂,长线和短线在均衡的时候会导致额外的电压降;整个包的线束排布比较麻烦,整块 BMS 所能支持的最高通道也是有限的。这种方式成本低,但是适用性也比较差,有些性能没法保证,只能适用于较小的电池包。

2. 分布式管理系统

这种架构是将电池模组的功能独立分离,整个系统形成了单体管理单元、电池管理控制模块(BMC)、S-Box 继电器控制器和整车控制器,即三层两个网络的形式。典型的应用如德系的 i3、i8、E-Golf,日系的 IMIEV、Outlander 和美系的 Model S,本书所列举的比亚迪车型也使用分布式管理系统。其优点是可以将模组装配过程简化,采样线束固定起来相对容易,线束距离均匀,不存在电压降不一致的问题,当电池数量增加时,这种模式就很有优势。其缺点是成本较高,需要额外的 MCC(数据采集),独立的 CAN 总线支持将各个模块的信息整合发送给 BMS,总线的电压信息对齐设计也相对复杂。这种方案系统成本

最高，但是移植起来最方便，单价高、开发成本低，电池包可大可小。

3. 半分布式管理系统

这种架构是两种模式的妥协，主要用于模组排布比较奇特的电池包上，典型的应用如 Smart ED 和 Volt。这种能将电池管理的子单元做得大一些，采集较多的单体通道，好处是整个系统的部件较少，但是需要注意的是，这种方式优势不太明显，部件较多而且功能集中度也高，是三种方案中成本较高的方案。

二、新能源汽车电池管理控制模块的功能与元件

电池管理控制模块通过获取电池组中各单体电池的状态来确定整个电池系统的状态，并根据它们的状态对动力电池系统进行相应的控制调整和策略实施，实现对动力电池系统及各单体的充放电管理，以保证动力电池系统安全稳定地运行。电池管理系统是能量管理系统的一个子系统，同时电池管理控制模块也是电池管理系统的一个重要组成部分，主要功能有充放电管理、接触器控制、功率控制、电池异常状态报警和保护、SOC/SOH。比亚迪秦电池管理控制模块的系统控制框图如图 2-4-1 所示。

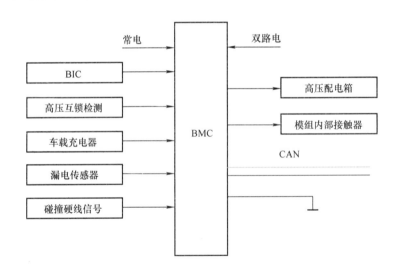

图 2-4-1 比亚迪秦电池管理控制模块的系统控制框图

1. 电池采信采集控制模块

电池采信采集控制模块简称 BIC，主要功能是进行电池电压采样、温度采样、电池均衡、采样线异常检测，并把检测信号传递给电池管理控制模块。BIC 位于动力电池模组的前端。相关知识参见项目二任务五电子采信采集控制模块检修。每个电池模组由电池组、BIC 组成，其中 2 号、4 号、6 号、8 号模组内皆有分压接触器。

2. 高压互锁检测开关

高压互锁（HVIL）是一种用低压信号监视高压回路完整性的安全设计方法，只有当互锁回路形成了一个完整的闭环，如图 2-4-2 所示，BMS 认为车辆的高压部件状态正常，才

会允许接通高压电源。当回路遭到断开，触发高压互锁的断开信号，BMS 将在毫秒级时间内断开高压电，以确保用户安全。常见的高压互锁结构包含在插接件内部，通过互锁端子和主回路（高压）端子的长度和位置差异，实现连接时先连接高压端子，再连接低压端子；断开时，先断开低压端子，再断开高压端子。在电动汽车高压回路中，要求具备 HVIL 功能的电气元件主要是高压连接器、手动维修开关（MSD）。

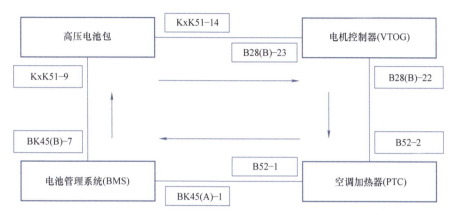

图 2-4-2　高压互锁系统框图

手动维修开关位于动力电池包总成上方的左上角，如图 2-4-3 所示，它连接了动力电池的一个正极和一个负极，其作用是在车辆维修时直接断开高压回路，从而保证操作人员的安全。手动维修开关处于正常状态时，手柄处于水平位置；需要拔出时，应先将手柄旋转至竖直状态，再向上拔出；需要插上时，应先沿竖直方向用力向下插入，再将手柄旋转至水平状态。

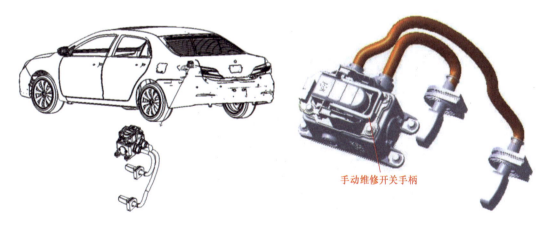

图 2-4-3　手动维修开关

3. 漏电传感器

漏电传感器（图 2-4-4）位于车身后围搁物板前加强横梁上，用于对电动汽车直流动力电源母线与其外壳、车身底盘之间的绝缘电阻进行检测。通常检测与动力电池输出相连接的负极母线和车身底盘之间的绝缘电阻,来判断动力电池包的漏电程度。当动力电池包漏电时,传感器发出一个信号给电池管理控制模块,电池管理控制模块接到漏电信号后,进行相关保护操作并报警,防止动力电池包的高压电外泄,造成人或者物品的伤害和损失。

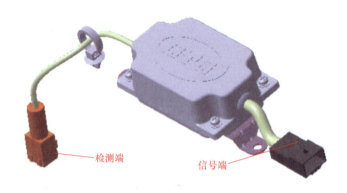

图 2-4-4　漏电传感器

4. 车载充电器总成

新能源汽车充电一般分为直流充电和交流充电。交流充电主要是通过交流充电桩、壁挂式充电盒以及家用供电插座接入交流充电口,通过车载充电器将家用 220V 交流电转为直流高压电给动力电池进行充电。直流充电主要是通过充电站的充电柜将直流高压电直接通过直流充电口给动力电池充电。比亚迪车型充电系统主要是通过家用插头和交流充电桩接入交流充电口充电,主要组成部分有交流充电口、车载充电器、电池管理器。车载充电器向动力电池充电时,由电池管理控制模块控制交流充电及 OFF 档充电继电器,同时车载充电器也会向电池管理控制模块发送充电指示灯信号。车载充电器位置如图 2-4-5 所示。

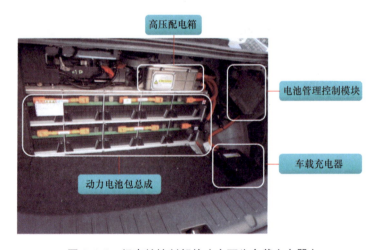

图 2-4-5　行李舱控制部件(右下为车载充电器)

5. 碰撞传感器(碰撞硬线信号)

碰撞传感器是安全气囊(SRS)系统中的控制信号输入装置,其作用是在汽车发生碰撞时，由碰撞传感器检测汽车碰撞的强度信号，并将信号输入安全气囊，安全气囊 ECU 根据碰撞传感器的信号来判定是否引爆充气元件使气囊充气，同时向电池管理控制模块提供碰撞信号，该信号即碰撞硬线信号。

6. 高压配电箱

高压配电箱接收电池管理控制模块的信号，将电池包的高压直流电分配给整车高压电器使用，其上游是电池包，下游包括驱动电机控制模块及 DC 总成、PTC 加热器、电动压缩机、漏电传感器，同时将车载充电器的高压直流电分配给电池包。比亚迪秦的高压配电箱位于行李舱电池包支架右上方，外部有高压端子、低压线束、漏电传感器检测线、空调熔丝、车载充电熔丝，如图 2-4-6 所示。

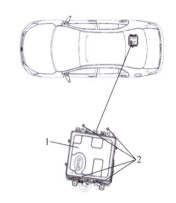 

图 2-4-6　高压配电箱

7. 电池管理控制模块

往往安装在动力电池包附近。如果动力电池包布置在底盘下部，电池管理控制模块位于前排乘客座椅下方。如果动力电池包布置在车辆行李舱，电池管理控制模块（BMC）位于行李舱车身右 C 柱内板后段。

以比亚迪 E5 车型为例，如图 2-4-7 所示，左侧一组插接件为 BK45（A）与 BK45（B），右侧插接件为 KxK45（C）。其中左侧端子 BK45（A）又定义为 BMC01，中间端子 BK45（B）又定义为 BMC02，右侧端子 KxK45（C）又定义为 BMC03，其端子定义见表 2-4-1（实操时以对应车型维修手册为准）。

图 2-4-7　比亚迪 E5 电池管理控制模块

表 2-4-1　比亚迪 E5 电池管理控制模块端子定义

端子	连接点	端子	连接点
BMC01-1	高压互锁输出信号	BMC02-22	动力网 CAN-L
BMC01-6	整车低压地	BMC02-24	高压互锁 2 输入信号
BMC01-9	主接触器	BMC02-25	碰撞信号
BMC01-14	常电	BMC02-26	车载充电指示灯信号
BMC01-17	预充接触器	BMC03-1	电池子网 CAN-L
BMC01-26	电流霍尔输出信号	BMC03-2	采集器子网 CAN 地
BMC01-27	霍尔供电 +15V	BMC03-3	分压接触器拉低控制信号 1
BMC01-29	霍尔供电 −15V	BMC03-4	分压接触器拉低控制信号 2
BMC01-30	整车低压地	BMC03-7	BIC 供电电源正
BMC01-31	仪表充电指示灯信号	BMC03-8	电池子网 CAN-H
BMC01-33	直流充电正负极接触器拉低控制信号	BMC03-10	负极接触器控制信号
BMC01-34	交流充电接触器控制信号	BMC03-11	正极接触器控制信号
BMC02-1	双路电	BMC03-13	接地
BMC02-7	高压互锁 1 输入信号	BMC03-14	分压接触器 12V 电源 1
BMC02-15	动力网 CAN-H	BMC03-15	分压接触器 12V 电源 2
BMC02-18	慢充感应信号	BMC03-20	负极接触器 12V 电源
BMC02-21	整车 CAN 地	BMC03-21	正极接触器 12V 电源

三、新能源汽车电池管理控制模块的检修

1. 读取和清除电池管理控制模块相关故障码并读取数据流

具有 OBD 系统的车辆，维修人员可以通过诊断仪迅速而准确地定位发生故障的部件，大大提高维修的效率和质量。以比亚迪秦混动车型为例，电池管理控制模块诊断仪诊断一般遵循如下步骤：

1）将诊断测试设备连接至诊断接口，接通诊断测试设备；上至 OK 档电；在诊断仪上进入诊断功能选择界面，选择车型诊断；进入诊断车型选择界面，选择需要诊断的车型；再进入诊断系统选择界面。

2）在系统选择界面选择动力网模块后再选择电池管理控制模块选项，选择读取故障码选项读取故障相关信息（故障码、冻结帧等）。

3）在电池管理控制模块选择界面选择读取数据流选项，读取模块数据流，如图 2-4-8 所示。动力电池作为新能源汽车主要的动力装置，蕴含的数据非常多，进入读取数据流选项后，可选择从常规数据流、模组信息、均衡电路状态、均衡状态、均衡信息、温度采样状态、采样信息等多个子选项进行对应数据流读取。

图 2-4-8 电池管理控制模块常规数据流部分数据流截图

4）在电池管理控制模块选择界面选择动作测试选项，选择元件动作测试对元件进行检测。

5）清除故障存储器；适当运行车辆，运行方式须满足相应故障诊断的条件；再读取故障信息，确认故障已经排除。

2. 检测电池管理控制模块插头端子的电阻

检测电池管理控制模块总线终端电阻。电池管理控制模块中有两组总线，一组为与整车通信的总线，一组为与电池采信采集控制模块通信的总线。断开蓄电池负极，断开电池管理控制模块线束插头，查询维修手册中控制单元端子的定义，动力网 CAN-H 端子为 BMC02-15 号端子，动力网 CAN-L 端子为 BMC02-22 号端子，电池子网 CAN-H 端子为 BMC03-8 号端子，电池子网 CAN-L 端子为 BMC03-1 号端子（注：实操时相关端子以对应车型维修手册为准）。万用表校零后，测量 BMC02-15 号和 BMC02-22 号孔之间的电阻值，测量值应为连接整车总线的终端电阻；测量 BMC03-8 号和 BMC03-1 号孔之间的电阻值，测量值应为电池子网总线的终端电阻。单个 CAN 模块终端标准电阻：120Ω，整个网络终端电阻：60Ω。

3. 检测电池管理控制模块电源和搭铁端子电压

电池管理控制模块的供电与搭铁是保证控制模块能够正常工作的基础，检测控制模块供电端子和搭铁端子的电压，可以分析控制模块供电线路是否正常、控制模块本身是否正常。以比亚迪 E5 电池管理控制模块为例，首先要查询维修手册中控制单元端子的定义，电源输入端子为 BMC01-14 与 BMC02-1 号端子，接地端子为 BMC01-6 与 BMC01-30 号端子（注：实操时相关端子以对应车型维修手册为准）。上至 ON、OK 档电或充电时，使用背插法，用万用表探针测量 BMC01-14 与 BMC02-1 号端子和车身搭铁之间的电压，电压值为额定电压时代表供电线路正常，否则反向检查供电线路；测量 BMC01-6 与 BMC01-30 号接地端子和车身搭铁之间的电压，电压值小于 1V 为正常。

4. 检测电池管理控制模块与电子元件或控制模块之间线束的导通性

以比亚迪 E5 电池管理控制模块为例，首先要断开蓄电池负极，断开电池管理控制模块线束插头，查询维修手册中控制单元端子的定义，选择线束两端的端子进行电阻测试，电阻值小于 1Ω 即代表该段线束导通。表 2-4-2 为电池管理控制模块与电子元件之间部分信号线束的端子定义。

表 2-4-2　比亚迪电池管理控制模块与电子元件之间部分信号线束的端子定义

线束名称	电池管理控制模块端子	对应电子元件端子	对应电子元件名称
充电感应信号	BMC02-18	B28（A）-19	高压电控总成
碰撞硬线信号	BMC02-25	G10-27	SRS ECU
霍尔供电 −15V	BMC01-29	B28（B）-17	电流霍尔传感器
霍尔供电 +15V	BMC01-27	B28（B）-16	电流霍尔传感器
电流霍尔采样信号	BMC01-26	B28（B）-18	电流霍尔传感器

5. 检测电池管理控制模块与电子元件之间供电电压

以比亚迪 E5 电池管理控制模块霍尔 +15V 供电线为例，首先要查询维修手册中控制单元端子的定义，控制模块的霍尔 +15V 供电端子为 BMC01-27，传感器处连接端子为 B28（B）-16，使用万用表电压档对电池管理控制模块与电子元件供电线束两端的端子进行测试，再对比维修手册的额定工作电压，从而判断线路和模块是否正常。供电标准电压：9~16V。

6. 检测读取电池管理控制模块的 CAN 总线 High 和 Low 的电压与波形

1）使用万用表检测动力系统 CAN 总线。使用万用表测量电池管理控制模块 CAN 总线的电压。查询维修手册中控制单元端子的定义，动力网 CAN-H 端子为 BMC02-15 号端子，动力网 CAN-L 端子为 BMC02-22 号端子，电池子网 CAN-H 端子为 BMC03-8 号端子，电池子网 CAN-L 端子为 BMC03-1 号端子。使用万用表电压档测量两端子，红表笔接端子针脚，黑表笔接车身搭铁，CAN-H 线标准整车通信电压为 2.5~3.5V，CAN-L 线标准整车通信电压为 1.5~2.5V。万用表的显示值只能反映被测信号的主体信号电压值，不能反映被测信号的每个细节。

2）使用示波器功能进行电池管理控制模块 CAN 总线的波形测量。比亚迪 E5 车型中电池管理控制模块总线属于动力网，通道 CH1 测量 CAN-H 线，通道 CH2 测量 CAN-L 线。CAN-H 线的高电平是 3.6V，低电平是 2.5V，电压差为 1.1V。CAN-L 线的高电平是 2.5V，低电平是 1.4V，电压差为 1.1V。电池管理控制模块 CAN-H 线信号在总线空闲时电压为 2.5V，有信号传输时电压值在 2.5V 和 3.6V 之间变换，控制模块 CAN-L 线信号在总线空闲时电压为 2.5V，有信号传输时电压值在 2.5V 和 1.4V 之间变换。正常情况下，高压上电后，CAN-H、CAN-L 的波形应该在额定电压范围对称地显示信号波形。

实操任务

对照电池管理控制模块的检修要求与步骤，完成工作页"电池管理控制模块电路检测"和"电池管理控制模块 CAN 电路及波形检测"任务。

电池管理控制模块电路检测

电池管理控制模块 CAN 电路及波形检测

任务练习

一、选择题

1. 蓄电池电压低会（　　）。
   A. 影响 ECM 的运作　　　　　　　　B. 造成驾驶性能的故障
   C. 造成不能启动　　　　　　　　　　D. 上述都是
2. 单体电池电压过低，可能会出现的故障现象有（　　）。
   A. 不能上电或限功率　　　　　　　　B. 可以正常上电和行驶
   C. 全车无电　　　　　　　　　　　　D. 防盗系统失效
3. 动力电池管理控制模块的主要功能有（　　）。
   A. 充放电管理　　　B. 电机管理　　　C. 网关管理　　　D. 防盗管理

二、判断题

1. 电池管理控制模块中有两组总线，一组为与整车通信的总线，一组为与电池采信采集控制模块通信的总线。（　　）
2. 如果动力电池包布置在车辆行李舱，则电池管理控制模块（BMC）位于车身右 C 柱内板后段。（　　）
3. 电池温度在较高范围内，降低充电电压上限可以保证电池的安全。（　　）

三、简答题

如何检测电池管理控制模块插头端子的电阻？

任务五　电池采信采集控制模块检修

动力电池采信采集控制模块简称 BIC。插电式混合动力汽车的动力电池由多个单体电池串联成电池组，供车辆以纯电动模式行驶。因串联起来的单体电池作为一个电池进行充电，单体电池之间参数和温度的差异都会导致电池电荷和电压的失衡，这一失衡降低了电池组的输出和寿命，缩短了车辆纯电动续驶里程，或者不能以纯电动模式行驶。为了解决电池组各单体的失衡问题，动力电池组电路中都设有均衡电路，最常采用的是电压控制法，通过均衡控制使单体电池电压恢复一致。动力电池采信采集控制模块的作用是进行电压采样、温度采样、电池均衡、采样线异常检测等。

本任务主要以比亚迪混动与纯电动车型为例介绍新能源汽车电池信息采集控制系统的功能原理、相关电气元件,以及电池采信采集控制模块电路的检测与维修方法。

教学目标

知识目标

1)掌握电池采信采集控制模块插头端子的电阻、电压、线束导通性检测方法。
2)掌握电池采信采集控制模块相关数据流标准范围。
3)掌握电池采信采集控制模块总线标准波形图。
4)掌握电池采信采集控制模块插头的断开和插接方法、线束的检查与修复方法。

技能目标

1)能检查电池采信采集控制模块插头端子的电阻、电压、线束导通性。
2)能使用诊断仪读取电池采信采集控制模块故障码、数据流,并执行动作测试。
3)能使用示波器检测并分析电池采信采集控制模块的总线波形。

德育目标

1)培养团队意识、质量意识、环保意识、安全意识。
2)培养工匠精神和创新思维。
3)培养广泛学习、勤于思考的良好习惯。

知识储备

一、新能源汽车电池采信采集控制模块的功能

以比亚迪秦为例,分布式电池管理系统由 10 个电池采信采集控制模块和 1 个电池管理控制模块组成。如图 2-5-1 所示,10 个电池采信采集控制模块分别位于动力电池包内部每个动力电池模组的前端,BIC 的主要功能是电压采样、温度采样、电池均衡、采样线异常检测等。

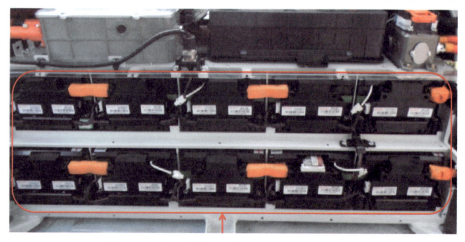

图 2-5-1　比亚迪秦 10 个电池采信采集控制模块

1. 数据采集

作为电池管理系统中其他功能的基础与前提，数据采集精度的高低和速度的快慢能够反映电池管理系统的优劣。数据采集的对象一般为电压、电流、温度。在实际使用过程中，电池在不同温度下的电化学性能不同，导致电池所放出的能量是不同的。动力电池的电压和温度是存在内在联系的，尤其是锂离子动力电池比较敏感，因此在对电池进行评估时必须考虑温度的影响。

（1）单体电压采集

电池单体电压采集是动力电池管理系统中的重要一环，常用的单体检测方法有继电器阵列法、恒流源法、隔离运放采集法、压/频转换电流采集法、线性光耦合放大电路采集法。

1）继电器阵列法：由端电压传感器、继电器阵列、A/D转换芯片、光耦合继电器、多路模拟开关等组成。如果需要测量 n 块串联成组电池的端电压，就需要将 $n+1$ 根导线引入电池组中各结点。当测量第 m 块电池的端电压时，单片机发出相应的控制信号，通过多路模拟开关、光耦合继电器驱动电路选通相应的继电器，将第 m 和 $m+1$ 根导线引入到A/D转换芯片。通常开关器件的电阻都比较小，配合分压电路之后由于开关器件的电阻所引起的误差几乎可以忽略不算，而且整个电路结构简单，只有分压电阻和模数转换芯片还有电压基准的精度能够影响最终结果的精度。通常电阻和芯片的误差都可以做得很小，所以，在所需要测量的电池单体电压较高而且对精度要求也高的场合，最适合使用继电器阵列法。

2）恒流源法：恒流源电路进行电池电压采集是在不使用转换电阻的前提下，将电池端电压转化为与之呈线性变化关系的电流信号，以此提高系统的抗干扰能力。在串联电池组中，由于电池端电压也就是电池组相邻两结点间的电压差，故要求恒流源电路具有很好的共模抑制能力，一般在设计过程中多选用集成运算放大器来达到此种目的。

3）隔离运放采集法：隔离运算放大器是一种能够对模拟信号进行电气隔离的电子元件，广泛用作工业过程控制中的隔离器和各种电源设备的隔离介质。一般由输入和输出两部分组成，两者单独供电，并以隔离层划分，信号经输入部分调制处理后经过隔离层，再由输出部分解调复现。隔离运算放大器非常适合应用于电池单体电压采集电路中，它能将输入的电池端电压信号与电路隔离，从而避免了外界干扰而使系统采集精度提高，可靠性增强。

4）压/频转换电路采集法：当利用压频转换电路实现电池单体电压采集功能时，压/频变换器的应用是关键，它是把电压信号转换为频率信号的元件，具有良好的精度、线性度和积分输入等特点。

5）线性光耦合放大电路采集法：基于线性光耦合器件的电池单体电压采集电路实现了信号采集端和处理端之间的隔离，从而提高了电路的稳定性与抗干扰能力。

（2）电池温度采集

电池的工作温度不仅影响电池的性能，而且直接关系到新能源汽车使用的安全问题，因此准确采集温度参数显得尤为重要。采集温度不难，关键是对温度传感器的选择，目前常用的温度传感器有热敏电阻、热电偶、热敏晶体管、集成温度传感器等。

1）热敏电阻采集法：热敏电阻利用热敏电阻值随着温度变化而变化的特性，从而把温度的高低转化为电信号。热敏电阻采集法成本低，但线性度不好，误差较大。

2)热电偶采集法:热电偶的作用原理是双金属体在不同温度下会产生不同的热电动势,采集这个电动势的值就可以通过查表得到温度值。由于热电动势值仅和材料有关,所以热电偶的准确度很高。但是由于热电动势都是毫伏等级的信号,所以需要放大,外部电路比较复杂。一般来说,金属的熔点都比较高,所以热电偶一般都用于高温的测量。

3)集成温度传感器采集法:由于温度的测量在日常生产、生活中用得越来越多,所以半导体生产商推出了很多集成温度传感器。这些温度传感器虽然很多都是基于热敏电阻式的,但都在生产的过程中进行了校正,所以精度可以媲美热电偶,而且直接输出数字量,非常适合在数字系统中使用。

2. 电池均衡

由于生产制造和工作环境的影响会造成电池单体的不一致性,使电压、容量、内阻上出现差别,导致每个单体电池在实际使用过程中的有效容量和充放电电量不一样。因此,为保证电池系统的整体性能和延长使用寿命,为减少单体电池之间的差异性而对电池进行均衡控制是十分必要的。根据均衡过程中对所传递能量的处理方式,均衡电路可以分为能量耗散型均衡和非能量耗散型均衡,有时前者也叫作被动均衡,后者叫作主动均衡。

能量耗散型均衡主要通过令电池组中能量较高的电池利用其旁路电阻进行放电的方式耗损部分能量,以期达到电池组能量状态的一致。这种均衡结构以损耗电池组能量为代价,并且由于生热问题导致均衡电流不能过大,仅适用于小容量电池系统以及能量能够及时得到补充的系统。

非能量耗散型均衡电路拓展结构有多种,本质上均是利用储能元件和均衡旁路构建能量传递通道,将其从能量较高的电池直接或间接转移至能量较低的电池。

二、新能源汽车电池采信采集控制模块的元件

以比亚迪车型为例,采用分布式电池管理系统,电池采信采集控制模块与电池管理控制模块以线束相连,传递故障信息、电压采样和温度采样信息,以及完成电池均衡控制,其总成集成了传感器、控制模块、执行器功能,如图 2-5-2 所示。线束插接件主要与电池管理控制模块 BMC03 插接件相连。插接件定义为 D,端子定义见表 2-5-1。

图 2-5-2 比亚迪电池采信采集控制模块

表 2-5-1 比亚迪 E5 电池采信采集控制模块端子定义

端子	连接点	端子	连接点
D-D	分压接触器 12V 电源 1	D-C	负极接触器 12V 电源
D-F	正极接触器 12V 电源	D-E	分压接触器 12V 电源 2
D-K	供电电源正极 1	D-H	采集器电源地 1
D-N	电池子网 CAN-H	D-L	电池子网 CAN-L
D-T	分压接触器拉低控制信号 1	D-P	负极接触器控制信号
D-V	正极接触器控制信号	D-U	分压接触器拉低控制信号 2

三、新能源汽车电池采信采集控制模块的检修

1. 读取和清除电池采信采集控制模块相关故障码并读取数据流

具有 OBD 系统的车辆，维修人员可以通过诊断仪迅速而准确地定位发生故障的部件，大大提高了维修的效率和质量。以比亚迪秦混动车型为例，电池采信采集控制模块诊断仪诊断一般遵循如下步骤：

1）将诊断测试设备连接至诊断接口，接通诊断测试设备；上至 OK 档电；在诊断仪上进入诊断功能选择界面，选择车型诊断；进入诊断车型选择界面，选择需要诊断的车型；进入诊断系统选择界面。

2）在系统选择界面选择动力网模块选项，再进入高压电池管理模块读取故障相关信息（故障码、冻结帧等）。

3）在高压电池管理模块选择界面选择读取数据流选项，读取模块数据流，图 2-5-3 为电池采信采集控制模块部分数据流截图。

4）清除故障存储器；适当运行车辆，运行方式须满足相应故障诊断的条件；再读取故障信息，确认故障已经排除。

2. 检测电池采信采集控制模块插头端子的电阻

断开蓄电池负极，断开电池采信采集控制模块线束插头，查询维修手册中控制单元端子的定义，电池采信采集控制模块电池子网 CAN-H 端子为 D-N 号端子，电池子网 CAN-L 端子为 D-L 号端子。万用表校零后，测量 D-N 号和 D-L 号孔之间的电阻值，测量值为电池采信采集控制模块的终端电阻。单个 CAN 模块终端标准电阻：120Ω，整个网络终端电阻：60Ω。

3. 检测电池采信采集控制模块电源和搭铁端子电压

电池采信采集控制模块的供电与搭铁是保证控制模块能够正常工作的基础，检测控制模块供电端子和搭铁端子的电压，可以分析控制模块供电线路是否正常、控制模块本身是否正常。以比亚迪 E5 电池采信采集控制模块为例，首先要查询维修手册中控制单元端子的定义，电源输入端子为 D-K 号端子，接地端子为 D-H 号端子。上至 ON、OK 档电或充电时，使用背插法，用万用表探针测量 D-K 号端子与车身搭铁之间的电压，电压值为额定电压时代表供电线路正常，否则反向检查电池采信采集控制模块供电端子以及供电线路；测量 D-H 号接地端子与车身搭铁之间的电压，电压值小于 1V 为正常。

图 2-5-3　电池采信采集控制模块部分数据流截图

4. 检测电池采信采集控制模块与电子元件或控制模块之间线束的导通性

以比亚迪 E5 电池采信采集控制模块为例，首先要断开蓄电池负极，断开电池采信采集控制模块线束插头，查询维修手册中控制单元端子的定义，选择线束两端的端子进行电阻测试，电阻值小于 1Ω 即代表该段线束导通。表 2-5-2 为电池采信采集控制模块与电子元件之间部分信号线束的端子定义。

表 2-5-2　比亚迪电池采信采集控制模块与电子元件之间部分信号线束端子定义

线束名称	电池采信采集控制模块端子	对应电子元件端子	对应电子元件名称
分压接触器 12V 电源 1	D-D	BMC03-14	电池管理控制模块
正极接触器 12V 电源	D-F	BMC03-21	电池管理控制模块
供电电源正极 1	D-K	BMC03-7	电池管理控制模块
采集器子网 CAN-H	D-N	BMC03-8	电池管理控制模块
分压接触器拉低控制信号 1	D-T	BMC03-3	电池管理控制模块
负极接触器 12V 电源	D-C	BMC03-20	电池管理控制模块
分压接触器 12V 电源 2	D-E	BMC03-15	电池管理控制模块
采集器电源地 1	D-H	BMC03-26	电池管理控制模块
采集器子网 CAN-L	D-L	BMC03-1	电池管理控制模块
负极接触器控制信号	D-P	BMC03-10	电池管理控制模块
分压接触器拉低控制信号 2	D-U	BMC03-4	电池管理控制模块
正极接触器控制信号	D-V	BMC03-11	电池管理控制模块

5. 检测电池采信采集控制模块与电子元件之间供电电压

以比亚迪 E5 电池采信采集控制模块正极接触器 12V 电源供电线为例，首先要查询维修手册中控制单元端子的定义，控制模块的正极接触器 12V 电源供电端子为 D-F，控制模块处连接端子为 BMC03-21，使用万用表电压档对控制模块与电子元件供电线束两端的端子进行测试，再对比维修手册的额定工作电压，从而判断线路和模块是否正常。供电标准电压：9～16V。

6. 检测读取电池采信采集控制模块的 CAN 总线 High 和 Low 的电压与波形

1）使用万用表检测动力系统 CAN 总线。使用万用表测量电池采信采集控制模块 CAN 总线的电压。查询维修手册中控制单元端子的定义，电池采信采集控制模块电池子网 CAN-H 端子为 D-N 号端子，电池子网 CAN-L 端子为 D-L 号端子。使用万用表电压档测量两端子，红表笔接端子针脚，黑表笔接车身搭铁，CAN-H 线标准整车通信电压为 2.5～3.5V，CAN-L 线标准整车通信电压为 1.5～2.5V。万用表的显示值只能反映被测信号的主体信号电压值，不能反映被测信号的每个细节。

2）使用示波器功能进行电池采信采集控制模块 CAN 总线的波形测量。比亚迪 E5 车型中电池采信采集控制模块总线属于动力网中的子网，通道 CH1 测量 CAN-H 线，通道 CH2 测量 CAN-L 线。CAN-H 线的高电平是 3.6V，低电平是 2.5V，电压差为 1.1V。CAN-L 线的高电平 2.5V，低电平是 1.4V，电压差为 1.1V。电池采信采集控制模块 CAN-H 线信号在总线空闲时电压为 2.5V，有信号传输时电压值在 2.5V 和 3.6V 之间变换，控制模块 CAN-L 线信号在总线空闲时电压为 2.5V，有信号传输时电压值在 2.5V 和 1.4V 之间变换。正常情况下，高压上电后，CAN-H、CAN-L 的波形应该在额定电压范围对称地显示信号波形。

实操任务

对照电池采信采集控制模块的检修要求与步骤,完成工作页"电池采信采集控制模块电路检测"和"电池采信采集控制模块 CAN 电路及波形检测"任务。

电池采信采集控制模块电路检测

电池采信采集控制模块 CAN 电路及波形检测

任务练习

一、选择题

1. 比亚迪秦的分布式电池管理系统由(　　)个电池采信采集控制模块和(　　)个电池管理控制模块组成。
   A. 10　2　　　　　B. 12　2　　　　　C. 10　1　　　　　D. 12　1
2. 如果需要测量 n 块串联成组电池的端电压,就需要将(　　)根导线引入电池组中各结点。
   A. $n+1$　　　　　B. $n+2$　　　　　C. $n+3$　　　　　D. $n+4$
3. 电池温度采集常用温度传感器不包括(　　)等。
   A. 热电偶　　　　B. 热效应晶体管　　C. 热敏电阻　　　　D. 热敏晶体管

二、判断题

1. 电池的 SOC 指的是电池的寿命。(　　)
2. 电池组当前总电流可以分析当前电池组的输出总电压动力电池组、接触器等是否正常。(　　)
3. 电池组当前总电压可以分析电池当前放电电流、电流传感器、BMS 是否正常。(　　)

三、简答题

如何检测电池采信采集控制模块插头端子的电阻?

任务六 驱动电机控制模块检修

驱动电机作为新能源车的三大部件之一，是新能源汽车最核心的部件，不仅纯电动汽车需要，部分混合动力汽车也搭载。根据《节能与新能源汽车技术路线图》分析，驱动电机的主要发展趋势包含以下几个方面：集成化——涵盖电力电子控制器的集成和机电耦合的集成；高效化——提高功率密度并降低成本；智能化和数字化——与控制器配合不断提升驱动系统的性能。驱动电机控制模块是电机的驱动模块，其技术升级与驱动电机技术的发展相辅相成。

本任务主要介绍新能源汽车驱动电机分类与工作原理、以比亚迪混动与纯电动车型介绍驱动电机控制模块的功能与元件，以及驱动电机控制模块电路的检测与维修方法。

教学目标

知识目标
1）掌握驱动电机控制模块插头端子的电阻、电压、线束导通性检测方法。
2）掌握驱动电机控制模块相关数据流标准范围。
3）掌握驱动电机控制模块总线标准波形图。
4）掌握驱动电机控制模块插头的断开和插接方法、线束的检查与修复方法。

技能目标
1）能检查驱动电机控制模块插头端子的电阻、电压、线束导通性。
2）能使用诊断仪读取驱动电机控制模块故障码、数据流，并执行动作测试。
3）能使用示波器检测并分析驱动电机控制模块的总线波形。

德育目标
1）培养团队意识、质量意识、环保意识、安全意识。
2）培养工匠精神和创新思维。
3）培养广泛学习、勤于思考的良好习惯。

知识储备

一、新能源汽车驱动电机的工作原理

新能源汽车的驱动电机是汽车的动力源之一，相当于传统车的发动机，它将能量转化为驱动力向外输出转矩，驱动新能源汽车前进后退；同时也可以作为发电机发电，在滑行、制动过程中转化为电能存储。

驱动电机根据布置位置，可分为集中式、轮边式和轮毂式三种形式。目前行业对交流异步电机、永磁同步电机及开关磁阻电机关注度较高，从行业配套来看，新能源乘用车主要使用的是交流感应电机和永磁同步电机，其中国内永磁同步电机使用较多。

1）集中式驱动电机（图2-6-1）：集中式驱动电机与传统车桥最为相似，在驱动车轮时必须通过过渡零部件，如减速器、传动轴等。目前大多数低速电动车基本是此类结构，主

要是此类结构最为简单、低廉。这些低速电动车普遍省略了变速器，这就带来了一个问题，那就是起步或爬坡时的转矩不足，再就是体积相对较大，传动效率不高，因此有不少车型采用双驱动电机的方式以弥补动力不足的问题，这也是新能源汽车中四驱的比例远比传统车高的原因。目前市场的主流是集中式驱动电机＋传统车桥，传统车桥只要稍加改装就可以匹配，因此可以减少很多的研发费用。

图 2-6-1　集中式驱动电机

2）轮边式驱动电机（图 2-6-2）：轮边式结构至少需要两台驱动电机，两台驱动电机布置在车桥的两侧，通过侧减速器和轮边减速器实现减速增矩来驱动单个车轮。轮边电机可以不用驱动轴，这是它与集中式驱动电机不同的地方。但相对集中式来说，轮边式驱动对整车底盘布置的意义重大，尤其是在后轴驱动的情况下，传统轿车由于要通过一根长长的传动轴将前方变速器的动力传递到后轮，会因为车身和车轮间的变形运动产生非常多的影响，但轮边驱动电机则可以直接装在车轮边上，因此无须考虑太多的抗扭变形等因素，可以将底盘做得非常平坦，车身也可以更富有变化。

图 2-6-2　轮边式驱动电机

3）轮毂式驱动电机（图 2-6-3）：轮毂电机是将驱动电机、减速器等所有零件装在轮毂内部直接驱动车轮，这是目前最为常见的驱动形式。其最大的优点就是结构小巧，省去了差速器、半轴以及变速装置；同时，因为少了这些结构的机械损失，相应提高了传动效率。但目前极少有量产车使用，其最大的技术难题是协调控制，还有散热性、耐冲击性、可靠性和成本等因素在制约。

图 2-6-3　轮毂式驱动电机

二、新能源汽车驱动电机控制模块的功能与元件

以比亚迪秦为例，驱动电机控制模块和 DC 总成的主要功能为控制电机和发动机驱动车辆行驶，同时包括 CAN 通信、故障处理、在线 CAN 烧写、与其他模块配合完成整车的工作要求以及自检等功能。

1. 驱动电机

使用的电机为交流无刷永磁同步电机（图 2-6-4），通过采集电机旋变信号进行工作。当车辆要行驶时，电机通过旋转变压器检测到电机的位置，位置信号通过控制器的处理，发送相关信号给控制器 IGBT，逻辑信号控制 IGBT 开断，控制器输出近似正弦波的交流电。

电机内含定子、转子、温度传感器、电机旋转变压器，如图 2-6-5 所示。

旋转变压器是一种输出电压随转子转角变化的信号元件。当励磁绕组以一定频

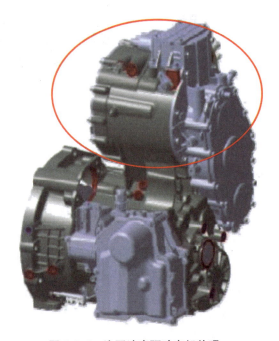

图 2-6-4　比亚迪秦驱动电机外观

率的交流电压励磁时,输出绕组的电压幅值与转子转角成正、余弦函数关系,这种旋转变压器又称为正余弦旋转变压器;旋转变压器作为速度及位置检测元件,可以反馈给控制器进行监测,以准确控制电机的转速及位置。旋转变压器由旋变线圈、信号盘组成,如图 2-6-6 所示。

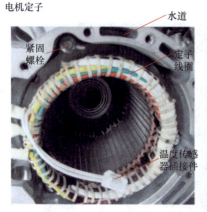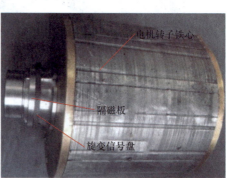

图 2-6-5　比亚迪秦驱动电机内部零部件

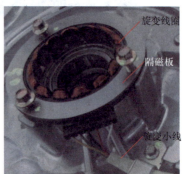

图 2-6-6　比亚迪秦驱动电机旋转变压器零部件

2. 模式转换开关

比亚迪秦有两种动力模式:纯电模式(EV)、油电混合模式(HEV)。纯电模式(EV)仅电机参与驱动,可以满足各种行驶工况,如起步、倒车、急速、急加速、匀速行驶等,适用于短途,零油耗,经济性最佳。油电混合模式(HEV)电机和发动机共同参与驱动,实现了最佳的动力性,但仍能保证混合动力系统具有良好的经济性,适用于长途,动力最佳,0~100km/h 加速时间为 5.9s。

秦的两种动力模式 EV 键和 HEV 键如图 2-6-7 所示,可随时任意切换;同时行驶过程中,ECO 经济模式和 SPORT 运动模式可以通过一个旋钮随时任意切换。当油量、电量都较充足的时候,可以通过按键随时切换 EV 模式和 HEV 模式;当电量不足的时候,会自动从 EV 模式切换到 HEV 模式。

EV-ECO:EV 按钮上的指示灯(绿色)亮,表示在 EV 模式,MODE 旋钮逆时针旋转,旋至 ECO(经济)模式,可在保证动力的情况下,最大限度节约电量。

按钮	旋钮
EV	ECO经济模式
	SPORT运动模式
HEV	ECO经济模式
	SPORT运动模式

图 2-6-7 比亚迪秦动力模式转换开关

EV-SPORT：将 MODE 旋钮顺时针旋转，旋至 SPORT（运动）模式，能保证较好的动力性能。

HEV-ECO：HEV 按钮上的指示灯（绿色）亮，表示在 HEV 模式，MODE 旋钮逆时针旋转，旋至 ECO 模式，此时为了保证较好的经济性，当电量大于 20% 时，将不会启动发动机（①）；电量低于 20% 时，将自动启动发动机充电（②）；直到 SOC 达到 40% 时，发动机自动停机（③），此后将一直按照①-②-③-①模式循环工作。

HEV-SPORT：MODE 旋钮顺时针旋转，旋至 SPORT（运动）模式，发动机会一直工作，来保持最充沛的动力。

EV 自动切换为 HEV：SOC ≤ 5%，BMS 允许放电功率 ≤ 15kW，坡度 ≥ 15%，EV 切换到 HEV 后，不再自动切换至 EV，之后发动机工作按 HEV 策略进行；SOC ≥ 75% 时，重新上电后切换到 EV 模式。

其控制逻辑为驱动电机控制模块接收来自模式开关的模式变换信号，以及动力电池管理控制模块关于动力电池的信号，然后通过处理，将控制信号传递给 ECU 与 TCU，进行模式控制或转换。

3. 加速踏板

加速踏板是驾驶员控制动力输出的重要控制器之一。加速踏板位置传感器需将加速踏板位置信号传输给驱动电机控制模块，再由驱动电机控制模块对信号进行处理，将控制信号传递给驱动电机或传递给 ECU，完成对发动机电子节气门开度的控制。图 2-6-8 是加速踏板位置传感器的信号传递框图。

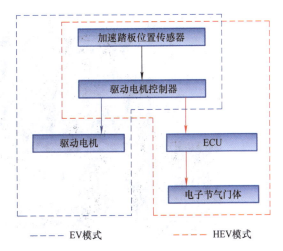

图 2-6-8 比亚迪秦加速踏板位置传感器信号传递框图

4. 制动踏板

制动踏板用于减速停车。制动踏板所产生的制动信号与制动灯信号对现代车辆尤其是新能源汽车而言非常重要，很多模块都需要，其信号用于分析车辆状态和控制。如图 2-6-9 所示，制动踏板所产生的制动信号将传递给仪表控制模块、驱动电机控制模块、发动机控制模块，制动灯信号将传递给仪表控制模块、驱动电机控制模块、发动机控制模块、ABS/ESC 控制模块以及制动灯。

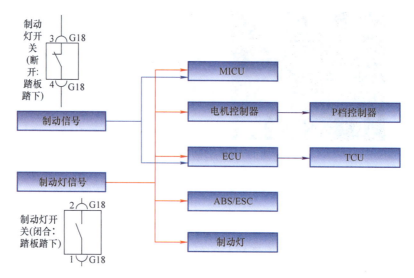

图 2-6-9　比亚迪秦制动踏板信号传递框图

5. 驱动电机控制模块

驱动电机控制模块位于前机舱左侧，驱动电机控制模块与 DC 总成是驱动电机控制模块与 DC-DC 变换器的集成体，如图 2-6-10 所示。驱动电机控制模块由输入输出接口电路、驱动电机控制电路和驱动电路组成，主要功能为控制电机和发动机驱动车辆行驶，同时包括 CAN 通信、故障处理、在线 CAN 烧写、与其他模块配合完成整车的工作要求以及自检等功能。

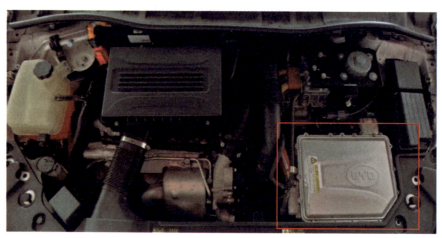

图 2-6-10　比亚迪秦驱动电机控制模块

如图 2-6-11 所示，作为动力系统的总控中心，驱动电机控制模块根据工况控制电机的正反转、功率、转矩、转速等；协调发动机管理系统工作；硬件采集电机的旋变、温度、制动、加速踏板开关信号；通过 CAN 通信采集制动深度、档位信号、驻车开关信号、启动命令、电池管理控制模块相关数据、控制器的故障信息；内部处理的信号有直流侧母线电压、交流侧三相电流、IGBT 温度、电机的三相绕组阻值。

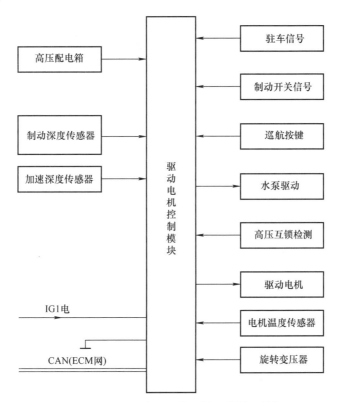

图 2-6-11　比亚迪秦驱动电机控制模块系统框图

其线束插接件定义为 B21，端子定义见表 2-6-1。

表 2-6-1　比亚迪秦驱动电机控制模块端子定义

端子	连接点	端子	连接点
B21-4	高压互锁输入 2	B21-26	+5V 加速踏板深度电源 1
B21-5	水泵检测输入	B21-27	+5V 加速踏板深度电源 2
B21-9	碰撞信号	B21-28	GND 制动深度电源地 1
B21-10	GND 冷却液温度检测电源地	B21-34	风扇高速输出
B21-11	GND 巡航信号地	B21-30	驱动电机正弦信号 −
B21-12	GND 加速踏板深度电源地 1	B21-31	驱动电机余弦信号 −
B21-13	GND 加速踏板深度电源地 2	B21-36	CAN-L
B21-14	GND 制动深度电源地 2	B21-37	CAN-H
B21-15	+5V 制动深度电源 1	B21-38	GND 电机温度地
B21-19	驻车制动信号	B21-39	巡航信号
B21-20	高压互锁输入 1	B21-40	冷却液温度信号
B21-23	钥匙信号	B21-41	加速踏板深度信号 1
B21-24	GND 水压检测地	B21-42	GND 制动深度屏蔽地
B21-25	+5V 水压检测电源	B21-43	+5V 制动深度电源 2

(续)

端子	连接点	端子	连接点
B21-45	驱动电机正弦信号 +	B21-55	GND 加速踏板深度屏蔽地
B21-46	驱动电机余弦信号 +	B21-56	加速踏板深度信号 2
B21-47	GND 旋变屏蔽地	B21-57	制动深度 1
B21-48	制动信号	B21-58	制动深度 2
B21-49	起动电池切断继电器	B21-59	GND VCC 外部电源地
B21-50	风扇低速输出	B21-60	VCC 外部 12V 电源
B21-51	GND CAN 屏蔽地	B21-61	GND VCC 外部电源地
B21-53	电机绕组温度	B21-62	VCC 外部 12V 电源
B21-54	水压检测信号		

三、新能源汽车驱动电机控制模块的检修

1. 读取和清除驱动电机控制模块相关故障码并读取数据流

以比亚迪秦混合动力车型为例,驱动电机控制模块诊断仪诊断一般遵循如下步骤:

1)将诊断测试设备连接至诊断接口,接通诊断测试设备;上至 OK 档电;在诊断仪上进入诊断功能选择界面,选择车型诊断;进入诊断车型选择界面,选择需要诊断的车型;再进入诊断系统选择界面。

2)在系统选择界面选择动力网模块选项,进入后再选择驱动电机控制模块,读取故障相关信息(故障码、冻结帧等)。

3)在驱动电机控制模块系统选择界面选择读取数据流选项,读取模块数据流,部分数据流如图 2-6-12 所示。

图 2-6-12 驱动电机控制模块部分数据流截图

4)清除故障存储器;适当运行车辆,运行方式须满足相应故障诊断的条件;再读取故障信息,确认故障已经排除。

2. 检测驱动电机控制模块插头端子的电阻

检测驱动电机控制模块端子电阻。断开蓄电池负极,断开驱动电机控制模块线束插

头，查询维修手册中控制单元端子的定义，表 2-6-2 为端子电阻的标准值。万用表校零后，测量对应孔之间的电阻值，测量值与标准值对比可以判断模块或线束是否故障。

表 2-6-2　比亚迪秦驱动电机控制模块端子电阻测量

连接端子	针脚名称/功能	条件	正常值
B21-10~车身地	GND 冷却液温度检测电源地	OFF 档	小于 1Ω
B21-11~B21-39	GND 巡航信号地	OFF 档	2150~2190Ω
B21-12~B21-61	GND 加速踏板深度电源地 1	OFF 档	小于 1Ω
B21-13~B21-61	GND 加速踏板深度电源地 2	OFF 档	小于 1Ω
B21-14~B21-61	GND 制动深度电源地 2	OFF 档	小于 1Ω
B21-28~车身地	GND 制动深度电源地 1	OFF 档	小于 1Ω
B21-29~B21-44	/EXCOUT 励磁 −/EXCOUT	OFF 档	7~10Ω
B21-36~B21-37	CAN 总线内阻	OFF 档	54~69Ω
B21-45~B21-30	驱动电机正弦信号	OFF 档	15~19Ω
B21-46~B21-31	驱动电机余弦信号	OFF 档	15~19Ω
B21-42~车身地	GND 制动深度屏蔽地	OFF 档	小于 1Ω
B21-38~车身地	GND 电机温度地	OFF 档	小于 1Ω
B21-44~车身地	EXCOUT 励磁 +	OFF 档	7~10Ω
B21-47~车身地	GND 旋变屏蔽地	OFF 档	小于 1Ω
B21-51~车身地	GND CAN 屏蔽地	OFF 档	小于 1Ω
B21-55~车身地	GND 加速踏板深度屏蔽地	OFF 档	小于 1Ω
B21-59~车身地	GND VCC 外部电源地	OFF 档	小于 1Ω
B21-61~车身地	GND VCC 外部电源地	OFF 档	小于 1Ω

3. 检测驱动电机控制模块电源和搭铁端子电压

驱动电机控制模块的供电与搭铁是保证控制模块能够正常工作的基础，检测控制模块供电端子和搭铁端子的电压，可以分析控制模块供电线路是否正常、控制模块本身是否正常。以比亚迪秦驱动电机控制模块为例，首先要查询维修手册中控制单元端子的定义，电源输入端子为 B21-60 与 B21-62 号端子，接地端子为 B21-59 与 B21-61 号端子。上至 ON、OK 档电或充电时，使用背插法，用万用表探针测量 B21-60 与 B21-62 号端子和车身搭铁之间的电压，电压值为额定电压时代表供电线路正常，否则反向检查供电线路；测量 B21-59 与 B21-61 号接地端子和车身搭铁之间的电压，电压值小于 1V 为正常。

4. 检测驱动电机控制模块与电子元件或控制模块之间线束的导通性

以比亚迪秦驱动电机控制模块为例，首先要断开蓄电池负极，断开驱动电机控制模块线束插头；查询维修手册中控制单元端子的定义，选择线束两端的端子进行电阻测试，电阻值小于 1Ω，即代表该段线束导通。表 2-6-3 为驱动电机控制模块与电子元件之间部分信号线束的端子定义。

表 2-6-3　比亚迪驱动电机控制模块与电子元件之间部分信号线束端子定义

线束名称	驱动电机控制模块端子	对应电子元件端子	对应电子元件名称
高压互锁输入信号线	B21-4	K66-02	维修开关
高压互锁输出信号线	B21-20	K65-07	电池管理控制模块
/EXCOUT 励磁 -/EXCOUT	B21-29	B22-03	驱动电机
驱动电机正弦信号 -	B21-30	B22-02	驱动电机
驱动电机余弦信号 -	B21-31	B22-01	驱动电机
/EXCOUT 励磁 +/EXCOUT	B21-44	B22-07	驱动电机
驱动电机正弦信号 +	B21-45	B22-06	驱动电机
驱动电机余弦信号 +	B21-46	B22-05	驱动电机
GND 电机绕组温度地线	B21-38	B22-08	驱动电机
电机绕组温度信号线	B21-53	B22-04	驱动电机

5. 检测驱动电机控制模块与电子元件之间供电电压

以比亚迪秦驱动电机控制模块 +5V 加速踏板深度电源 1 供电线为例，首先要查询维修手册中控制单元端子的定义，控制模块的 +5V 加速踏板深度电源供电端子为 B21-26；使用万用表电压档对端子进行测试，再对比维修手册的额定工作电压，从而判断线路和模块是否正常。供电标准电压：5V。

6. 检测读取驱动电机控制模块的 CAN 总线 High 和 Low 的电压与波形

1）使用万用表检测动力系统 CAN 总线。使用万用表测量驱动电机控制模块 CAN 总线的电压。查询维修手册中控制单元端子的定义，驱动电机控制模块 CAN-H 端子为 B21-37 号端子，CAN-L 端子为 B21-36 号端子。使用万用表电压档测量两端子，红表笔接端子针脚，黑表笔接车身搭铁，CAN-H 线标准整车通信电压为 2.5 ~ 3.5V，CAN-L 线标准整车通信电压为 1.5 ~ 2.5V。万用表的显示值只能反映被测信号的主体信号电压值，不能反映被测信号的每个细节。

2）使用示波器功能进行驱动电机控制模块 CAN 总线的波形测量。比亚迪秦车型中驱动电机控制模块总线属于 ECM 网中的子网，通道 CH1 测量 CAN-H 线，通道 CH2 测量 CAN-L 线。CAN-H 线的高电平是 3.6V，低电平是 2.5V，电压差为 1.1V。CAN-L 线的高电平是 2.5V，低电平是 1.4V，电压差为 1.1V。驱动电机控制模块 CAN-H 线信号在总线空闲时电压为 2.5V，有信号传输时电压值在 2.5V 和 3.6V 之间变换，控制模块 CAN-L 线信号在总线空闲时电压为 2.5V，有信号传输时电压值在 2.5V 和 1.4V 之间变换。正常情况下，高压上电后，CAN-H、CAN-L 的波形应该在额定电压范围对称地显示信号波形。

实操任务

对照驱动电机控制模块的检修要求与步骤,完成工作页"驱动电机控制模块电路检测"和"驱动电机控制模块 CAN 电路及波形检测"任务。

驱动电机控制模块电路检测

驱动电机控制模块 CAN 电路及波形检测

任务练习

一、选择题

1. 直流电机转子由（　　）组成。
   A. 转子铁心、转子绕组两大部分
   B. 转子铁心、励磁绕组两大部分
   C. 电枢铁心、电枢绕组、换向器三大部分
   D. 两个独立绕组、一个闭合铁心两大部分
2. 永磁同步电机中,永磁体指的是（　　）。
   A. 定子　　　　　　B. 转子　　　　　　C. 壳体　　　　　　D. 绕组线圈
3. 对电机从基本频率向上的变频调速属于（　　）调速。
   A. 恒功率　　　　　B. 恒转矩　　　　　C. 恒磁通　　　　　D. 恒转差率

二、判断题

1. 对于交流伺服电机,改变控制电压大小就可以改变其转速和转向。（　　）
2. 交流伺服电机当取消控制电压时不能自转。（　　）
3. 为了减小温度变化对测速发电机输出特性的影响,其磁路通常要求设计得比较饱和。（　　）
4. 直流测速发电机在使用时,如果超过规定的最高转速或低于规定的最小负载电阻,对其控制精度会有影响。（　　）

三、简答题

如何检测驱动电机控制模块与电子元件或控制模块之间线束的导通性?

任务七　逆变器控制模块检修

混合动力车型、纯电动车型上都有逆变器，比如丰田卡罗拉双擎、北汽 EV160、比亚迪秦等。汽车的逆变器是把直流电（动力电池、蓄电池）转化为交流电，或对动力电池直流电进行升压降压。逆变器由逆变桥、逻辑电路等组成。逆变器是一种把 DC（直流电）转化为 AC（交流电）的变压器，起到与 AC-DC 变换器相反的作用。

本任务主要介绍新能源汽车逆变器的分类与工作原理及组成，并以比亚迪混动车型为例介绍 DC-DC 控制模块的功能与元件，以及 DC-DC 控制模块电路的检测与维修方法。

教学目标

知识目标
1）掌握逆变器 DC-DC 控制模块插头端子的电阻、电压、线束导通性检测方法。
2）掌握逆变器 DC-DC 控制模块相关数据流标准范围。
3）掌握逆变器 DC-DC 控制模块总线标准波形图。
4）掌握逆变器 DC-DC 控制模块插头的断开和插接方法、线束的检查与修复方法。

技能目标
1）能检查逆变器 DC-DC 控制模块插头端子的电阻、电压、线束导通性。
2）能使用诊断仪读取 DC-DC 控制模块故障码、数据流，并执行动作测试。
3）能使用示波器检测并分析 DC-DC 控制模块的总线波形。

德育目标
1）培养团队意识、质量意识、环保意识、安全意识。
2）培养工匠精神和创新思维。
3）培养广泛学习、勤于思考的良好习惯。

知识储备

一、新能源汽车逆变器的工作原理及组成

混合动力控制 ECU 根据加速踏板位置传感器、档位传感器信号，蓄电池电压、电流和温度信号，发动机 ECU 信号，车身稳定控制系统 ECU 信号来确定车辆行驶的状态，计算车辆行驶所需的转矩和功率。电机控制单元（MG ECU）根据 ECU 发生的指令信号控制发电机 MG1 和电动机 MG2 的动作，发动机 ECU 根据 HV ECU 的信号对发动机的转速和动力进行控制，以达到最佳的状态。带变换器的逆变器总成主要包括增压变换器、变频器、DC-DC 变换器和电机控制单元（MG ECU）。

1. 增压变换器

增压变换器是把动力电池的直流（DC）电压 244.8V 增压到最大值 650V 的交流电（AC）。增压变换器由增压集成控制功率模块（IPM）组成，使用 IGBT 晶体管通过施加正、

反向的门极电压的方法来控制电压转化。电机控制单元（MG ECU）通过使用内置的电压传感器来检测增压前的电压，使用电压传感器来检测增压后的高压，根据这两个电压的比较，电机控制单元控制增压变换器的工作，将电压调整到合适值。

2. DC-DC 变换器

DC-DC 变换器能将固定的直流电压转化成可变的直流电压。不同的车型动力电池电压不一样，比如丰田卡罗拉双擎是 201.6V，凯美瑞双擎是 244.8V。DC-DC 变换器有降压功能，在比亚迪车型中负责将动力电池的高压电转换成 12V 电源。DC-DC 变换器在主接触器吸合时工作，输出的 12V 电源供给整车用电器工作，并且在低压电池亏电时给低压电池充电，并通过低压蓄电池传感器上反馈的信号，在线路发生故障时保护 DC-DC 变换器。

3. 逆变器

逆变器是一种把直流电转换为交流电的电子器件。逆变器根据控制信号，把直流电（DC）转换为交流电（AC），在适当的工况控制电机的运转，简单来说就是把增压器转变的高压直流电转化为交流电。

比如在汽车起步时，高压电池给驱动电机供电，由驱动电机通过驱动桥驱动车轮运转。在减速的过程中，发动机驱动发电机进行发电，通过逆变器的电压转化给高压电池充电。混合动力和纯电动车辆使用的电机型号和规格不一样，混合动力车型的电机多安装在变速器内部，由发动机和驱动电机交替驱动行驶，而 EV 车辆一直都使用电机驱动行驶。EV 车辆的逆变器根据 CAN 的转矩指令值，通过电流反馈值来控制电机运转。纯电动汽车上的逆变器位于电机控制器内，除了逆变器外，还有控制器一起组合在单片机（MCU）内，MCU 是整个动力系统的控制中心。控制器接收驱动电机的需求信号，当车辆制动或者加速时，控制器控制变频器的频率升降使汽车行驶。逆变器接收动力电池输出的直流电能，逆变成三相交流电提供给电机工作，在电动汽车制动过程中又起到制动回收电能的作用。在驱动电机停止运转后，混合动力系统控制 ECU 发出信号给逆变器，将电机产生的交流电转化为直流电，为高压电池充电。

二、新能源汽车逆变器控制模块的功能与元件

以比亚迪车型为例，驱动电机为交流无刷永磁同步电机，逆变器控制模块集成在驱动电机控制模块内，驱动电机控制模块接收电机旋变信号并处理，发送相关信号给控制器 IGBT，逻辑信号控制 IGBT 开断，控制器输出的是近似正弦波交流电。本任务重点介绍 DC-DC 控制模块的功能与元件。

DC-DC 控制模块与驱动电机控制模块集成在一起，是电池包高压直流电与低压直流电相互转换的装置。如图 2-7-1 所示，纯电模式下，DC-DC 控制模块替代了传统燃油车挂接在发动机上的 12V 发电机，和蓄电池并联给各用电器提供低压电源。DC-DC 控制模块在高压（500V）输入端接触器吸合后便开始工作，输出电压标称为 13.5V。在特殊情况下，经过 DC 升压转换为 500V 直流电给电池包充电。

其线束插接件定义为 B21，与驱动电机控制模块公用，同时还有 A40 用于低压直流电输出，与前机舱正极熔丝盒相连，如图 2-7-2 所示。DC-DC 控制模块有关的端子定义见表 2-7-1。

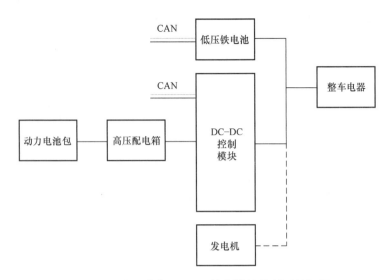

图 2-7-1　比亚迪秦 DC-DC 控制模块控制系统框图

表 2-7-1　比亚迪秦 DC-DC 控制模块有关端子定义

端子	连接点	端子	连接点
B21-1	DC CAN-H	B21-17	DC VCC GND 直流电源地
B21-2	DC VCC GND 直流电源地	B21-18	DC VCC 直流电源
B21-3	DC VCC 直流电源	A40-1	12V 输出正极
B21-16	DC CAN-L		

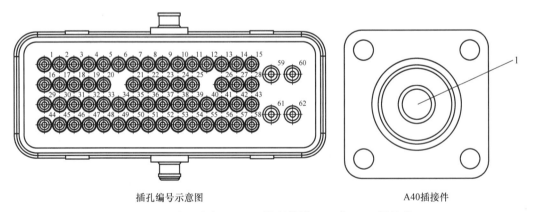

插孔编号示意图　　　　　　　　A40 插接件

图 2-7-2　比亚迪秦 DC-DC 控制模块 B21 与 A40 插接件

三、新能源汽车逆变器控制模块的检修

1. 读取和清除逆变器控制模块相关故障码并读取数据流

以比亚迪秦混合动力车型为例，逆变器控制模块诊断仪诊断一般遵循如下步骤：

1）将诊断测试设备连接至诊断接口，接通诊断测试设备；上至 OK 档电；在诊断仪上进入诊断功能选择界面，选择车型诊断；进入诊断车型选择界面，选择需要诊断的车型；再进入诊断系统选择界面。

2）在系统选择界面选择动力网模块选项，进入后选择 DC-DC 总成，选择读取故障码选项，读取故障相关信息（故障码、冻结帧等）。

3）在 DC-DC 控制模块选择界面选择读取数据流选项，读取模块数据流，部分数据流如图 2-7-3 所示。

4）清除故障存储器；适当运行车辆，运行方式须满足相应故障诊断的条件；读取故障信息，确认故障已经排除。

图 2-7-3 DC-DC 控制模块部分数据流截图

2. 检测逆变器控制模块插头端子的电阻

检测逆变器控制模块端子电阻。断开蓄电池负极，断开逆变器控制模块线束插头，查询维修手册中控制单元端子的定义，表 2-7-2 为端子电阻的标准值。万用表校零后，测量对应孔之间的电阻值，测量值与标准值对比可以判断模块或线束是否故障。

表 2-7-2 比亚迪秦逆变器控制模块端子电阻标准值

连接端子	端子名称/功能	条件	正常值
B21-2～车身地	DC VCC GND 直流电源地	OFF 档	小于 1Ω
B21-1～B21-16	CAN 总线内阻	OFF 档	54～69Ω
B21-45～B21-30	驱动电机正弦信号	OFF 档	15～19Ω
B21-46～B21-31	驱动电机余弦信号	OFF 档	15～19Ω
B21-44～车身地	EXCOUT 励磁＋	OFF 档	7～10Ω
B21-17～车身地	DC VCC GND 直流电源地	OFF 档	小于 1Ω

3. 检测逆变器控制模块电源和搭铁端子电压

逆变器控制模块的供电与搭铁是保证控制模块能够正常工作的基础，检测控制模块供电端子和搭铁端子的电压，可以分析控制模块供电线路是否正常、控制模块本身是否正常。以比亚迪秦逆变器控制模块为例，首先要查询维修手册中控制单元端子的定义，电源输入端子为 B21-3 与 B21-18 号端子，接地端子为 B21-2 与 B21-17 号端子。上至 ON、OK 档电或充电时，使用背插法，用万用表探针测量 B21-3 与 B21-18 号端子和车身搭铁之间的电压，电压值为额定电压时,代表供电线路正常,否则反向检查供电线路;测量 B21-2 与 B21-17 号接地端子和车身搭铁之间的电压,电压值小于 1V 为正常。

4. 检测逆变器控制模块与电子元件或控制模块之间线束的导通性

以比亚迪秦逆变器中驱动电机控制模块为例,首先要断开蓄电池负极,断开驱动电机控制模块线束插头 B-21,查询维修手册中控制单元端子的定义,选择线束两端的端子进行电阻测试,电阻值小于 1Ω 即代表该段线束导通。表 2-7-3 为比亚迪秦驱动电机控制模块与电子元件之间部分信号线束的端子定义。

表 2-7-3　比亚迪秦驱动电机控制模块与电子元件之间部分信号线束端子定义

线束名称	驱动电机控制模块端子	对应电子元件端子	对应电子元件名称
直流电源供电线	B21-3	F4-2	驱动电机控制模块熔丝
直流电源供电线	B21-18	F4-2	驱动电机控制模块熔丝
直流电源接地线	B21-2	B50	接地搭铁点
直流电源接地线	B21-17	B50	接地搭铁点

5. 检测逆变器控制模块与电子元件之间供电电压

以比亚迪秦 12V 输出电源供电线为例,首先要查询维修手册中控制单元端子的定义,控制模块的 12V 输出电源供电端子为 A40-1,操作车辆至 EV 模式或 ON 档,使用万用表电压档对端子进行测试,再对比维修手册的额定工作电压,从而判断线路和模块是否正常。供电标准电压:13.5 ~ 14.5V。

6. 检测读取逆变器控制模块的 CAN 总线 High 和 Low 的电压与波形

1)使用万用表检测动力系统 CAN 总线。使用万用表测量 DC-DC 控制模块 CAN 总线的电压。查询维修手册中控制单元端子的定义,DC-DC 控制模块 CAN-H 端子为 B21-1 号端子,CAN-L 端子为 B21-16 号端子。使用万用表电压档测量两端子,红表笔接端子针脚,黑表笔接车身搭铁,CAN-H 线标准整车通信电压为 2.5 ~ 3.5V,CAN-L 线标准整车通信电压为 1.5 ~ 2.5V。万用表的显示值只能反映被测信号的主体信号电压值,不能反映被测信号的每个细节。

2)使用示波器功能进行 DC-DC 控制模块 CAN 总线的波形测量。比亚迪秦车型中 DC-DC 控制模块总线属于 ECM 网,通道 CH1 测量 CAN-H 线,通道 CH2 测量 CAN-L 线。CAN-H 线的高电平是 3.6V,低电平是 2.5V,电压差为 1.1V。CAN-L 线的高电平是 2.5V,低电平是 1.4V,电压差为 1.1V。逆变器控制模块 CAN-H 线信号在总线空闲时电压为 2.5V,有信号传输时电压值在 2.5V 和 3.6V 之间变换,控制模块 CAN-L 线信号在总线空闲时电压为 2.5V,有信号传输时电压值在 2.5V 和 1.4V 之间变换。正常情况下,高压上电后,CAN-H、CAN-L 的波形应该在额定电压范围对称性显示信号波形。

实操任务

对照逆变器控制模块的检修要求与步骤，完成工作页"逆变器控制模块电路检测"任务。

逆变器控制模块电路检测

任务练习

一、选择题

1. 电动汽车中下面关于电动压缩机高压供电电源说法正确的是（　　）。
   A. 由 DC-DC 供电　　　B. 由低压配电盒供电
   C. 由动力电池供电　　　D. 由低压电池供电

2. 一般的三相电源，通常都联成（　　）。
   A. 三角形　　　　　　B. 星形
   C. V 形　　　　　　　D. 以上选项都不正确

二、填空题

1. DC-DC 变换器有_____，比亚迪车型中负责将动力电池的高压电转换成 12V 电源。

2. 逆变器接收动力电池输出的_____，逆变成三相交流电提供给电机工作，在电动汽车制动过程中又起到_____的作用。

3. DC-DC 控制模块与驱动电机控制模块集成在一起，电池包_____与_____相互转换的装置。

三、简答题

请简述逆变器的作用。

任务八　充电控制模块检修

车载充电机是新能源汽车的核心部件之一。车载充电机是指固定安装在新能源汽车上的充电机，具有为纯电动汽车或混合动力汽车的动力电池安全、自动充满电的能力。充电机依据电池管理系统（BMS）提供的数据，能动态调节充电电流或电压参数，并执行相应的动作，完成充电过程。

本任务主要介绍新能源汽车车载充电系统的原理，并以比亚迪混动或纯电动车型为例介绍车载充电系统的功能、主要元件，以及充电控制模块电路的检测与维修方法。

教学目标

知识目标

1）掌握充电控制模块插头端子的电阻、电压、线束导通性的检测方法。
2）掌握充电控制模块相关数据流标准范围。
3）掌握充电控制模块总线标准波形图。
4）掌握充电控制模块插头的断开和插接方法、线束的检查与修复方法。

技能目标

1）能检查充电控制模块插头端子的电阻、电压、线束导通性。
2）能使用诊断仪读取充电控制模块故障码、数据流，并执行动作测试。
3）能使用示波器检测并分析充电控制模块的总线波形。

德育目标

1）培养团队意识、质量意识、环保意识、安全意识。
2）培养工匠精神和创新思维。
3）培养广泛学习、勤于思考的良好习惯。

知识储备

一、新能源汽车车载充电系统的工作原理

新能源汽车充电系统有许多分类方法。按照充电系统与公共电网是否直接接触，分为接触式充电系统和感应式充电系统。接触式充电系统具有结构简单、成本较低、电能传输效率高等特点，是目前主流的充电系统。感应式充电系统需要电源插座或充电电缆，电能通过埋在路面内的充电板无线传送给车内的动力电池实现充电。感应式充电系统具有通用性强、操作简单、节约人力成本、节省土地资源等优点，但结构复杂、效率较低、成本较高，目前小范围应用于公交车等公共充电领域。

充电机按照充电系统是否安装在车上，分为车载充电系统和非车载充电系统。车载充电系统安装在车辆内部，具有体积小、冷却和封闭性好、重量轻等优点，但功率普遍较小，充电所耗时间长。非车载充电系统安装在新能源汽车外部，具有规模大、使用范围广、功率大等优点，但体积大、重量大、不易移动，主要适用于新能源汽车的快速充电。

充电机按照充电所耗时间，分为慢充系统和快充系统，分别对应交流供电和直流供电两种充电模式。充电系统主要由车辆外部至供电端线缆、充电接口及线缆、车载充电器、高压线束、高压配电设备、动力电池及其控制器等构成，充电桩或家用交流电源通过车辆接口及线束与车载充电机连接，将交流 220V 电源转换为直流电，给动力电池进行充电。充电过程由车载充电机与 BMS 之间进行 CAN 通信交互，保证充电过程的安全。相较慢充系统，快充系统架构较为简单，涉及的车端零部件仅为充电接口、快充线束、动力电池及其控制器。快充系统供电设备为充电桩，充电桩内部包含电源模块、计费系统、通信及控制系统、读卡及授权系统等。快充系统将三相 380V 工业电直接转成直流电给动力电池进行充电，充电过程由充电系统的通信模块与 BMS 进行通信以保证安全。

以比亚迪秦混合动力新能源汽车为例，其交流车载充电系统的工作原理是交流充电连接装置与车载充电器总成连接无误后，车载充电器总成控制交流充电连接装置输出 220V 交流电，并控制交流充电及 OFF 档充电继电器吸合，通过交流充电及 OFF 档充电继电器给电池管理控制模块及高压配电箱提供低压电源；同时，车载充电器总成与电池管理控制模块进行通信，在充电允许的情况下，电池管理控制模块控制交流充电接触器及负极接触器吸合，车载充电器检测到动力电池包的反灌电压后输出充电电压进行充电。

二、新能源汽车车载充电系统的功能与元件

比亚迪秦充电系统主要是通过家用插头和交流充电桩接入交流充电口，通过车载充电器将家用 220V 交流电转为直流高压电给动力电池进行充电，同时在充电过程中给低压铁电池进行补充电。主要组成部分：交流充电口、车载充电器（集成车载充电控制模块）、电池管理控制模块、动力电池。

1. 交流充电口

高压交流充电分为交流 220V 充电、交流 380V 充电。交流 380V 比 220V 充电快。交流电需要经过车载充电机转换成直流电后，再输入汽车动力电池。目前国内新能源汽车的快慢充均为国标插口，插口如图 2-8-1 所示，端子定义为：

① CC：车辆控制装置连接确认。

② CP：充电桩连接确认。

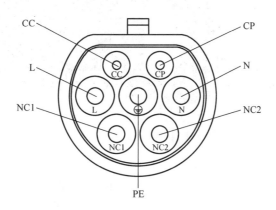

图 2-8-1 交流充电口

③ PE：接地（搭铁）。
④ L：三相交流电"U"。
⑤ N：三相交流电"中性"。
⑥ NC1：三相交流电"V"。
⑦ NC2：三相交流电"W"。

通常 NC1 与 NC2 是空脚，L、N 连接的是家用 220V 的电源线、零线。充电枪上 CC 与 PE 之间（手柄按键未按下时）的阻值约为 670Ω；当插上充电枪时，不管另一端是否已连接 220V 电源，车载充电器即可通信，即可使用诊断设备诊断或更新程序。

2. 车载充电控制模块（OBC）

车载充电控制模块集成于车载充电器中，如图 2-8-2 所示，位于行李舱右部。

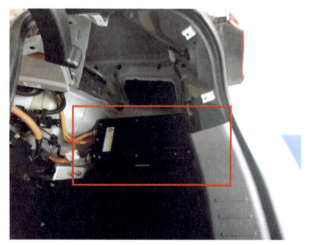

图 2-8-2 车载充电控制模块位置

如图 2-8-3 所示，车载充电器有 3 个插接件：1 为 220V 交流输入，2 为低压插接件，3 为高压直流输出。

图 2-8-3 车载充电控制模块外观与插接件

仪表上充电连接指示灯的点亮是由高压 BMS 直接控制的，如果该灯点亮，说明 220V 电已输入到车载充电器且已将充电感应信号线拉低，对应图 2-8-4 中 K55-5 针脚。车载充电器是在检测到电池包的反灌电压后，才会输出高压直流电，即充电接触器和负极接触器吸合之后，电池包的电压才会加在车载充电器上。

项目二 新能源汽车动力网关控制系统检修

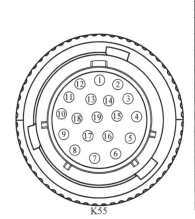

车载充电器插接件(K55)端子定义	
端子	端子定义
1	充电控制确认CP
2	放电允许信号
3	充电感应信号
4	充电连接信号
5	充电连接确认CC
7	接地
8	常电(持续10A电流)
9	动力网CAN-H
10	动力网CAN-L
12	IG1
13	高压互锁输入
17	预配电
其余	空脚

图 2-8-4　车载充电控制模块低压插接件 K55

三、新能源汽车充电控制模块的检修

1. 读取和清除车载充电控制模块相关故障码并读取数据流

以比亚迪秦混合动力车型为例,车载充电控制模块诊断仪诊断一般遵循如下步骤:

1)将诊断测试设备连接至诊断接口,接通诊断测试设备;上至 OK 档电;在诊断仪上进入诊断功能选择界面,选择车型诊断;进入诊断车型选择界面,选择需要诊断的车型;再进入诊断系统选择界面。

2)在系统选择界面可以选择动力网模块 - 车载充电器模块 - 读取故障码选项,读取故障相关信息(故障码、冻结帧等)。

3)在车载充电控制模块选择界面选择读取数据流选项,读取模块数据流。

4)清除故障存储器;适当运行车辆,运行方式须满足相应故障诊断的条件;再读取故障信息,确认故障已经排除。

2. 检测充电控制模块插头端子的电阻

检测充电控制模块总线端子终端电阻。断开蓄电池负极,断开充电控制模块低压线束插头,查询维修手册中控制单元端子的定义,充电控制模块 CAN-H 端子为 K55-9 号端子,模块 CAN-L 端子为 K55-10 号端子。万用表校零后,测量对应孔之间的电阻值,将测量值与标准值对比可以判断模块或线束是否有故障。单个 CAN 模块终端标准电阻:120Ω,整个网络终端电阻:60Ω。

3. 检测充电控制模块电源和搭铁端子电压

充电控制模块的供电与搭铁是保证控制模块能够正常工作的基础,检测控制模块供电端子和搭铁端子的电压,可以分析控制模块供电线路是否正常、控制模块本身是否正常。以比亚迪秦车载充电控制模块为例,首先要查询维修手册中控制单元端子的定义,电源输入端子为 K55-12 号端子,接地端子为 K55-7 号端子。上至 ON、OK 档电或充电时,使用背插法,用万用表探针测量 K55-12 号端子与车身搭铁之间的电压,电压值为额定电压时代表供电线路正常,否则反向检查供电线路;测量 K55-7 号接地端子与车身搭铁之间的电阻,电阻值为标准电阻时代表控制模块搭铁线正常,接地端对搭铁的电阻值应小于 1Ω。

4. 检测充电控制模块与电子元件或控制模块之间线束的导通性

以比亚迪秦车载充电控制模块为例,首先要断开蓄电池负极,断开充电控制模块线束插头 K55,查询维修手册中控制单元端子的定义,选择线束两端的端子进行电阻测试,电阻小于 1Ω 即代表该段线束导通。表 2-8-1 为车载充电控制模块与电子元件之间部分信号线束的端子定义。

表 2-8-1　比亚迪车载充电控制模块与电子元件之间部分信号线束的端子定义

线束名称	车载充电控制模块端子	对应电子元件端子	对应电子元件名称
高压互锁输入信号线	K55-13	K65-11	高压互锁开关
预配电信号线	K55-17	G2R-6	配电盒
充电控制确认信号线	K55-1	K88-2	交流充电口总成
充电连接确认信号线	K55-5	K88-1	交流充电口总成

5. 检测充电控制模块与电子元件之间供电电压

以比亚迪秦充电指示灯输出信号线为例,首先要查询维修手册中控制单元端子的定义,控制模块的充电连接信号端子为 K55-4,连接充电器进行充电作业,使用万用表电压档对端子进行测试,再对比维修手册的额定工作电压,从而判断线路和模块是否正常。

6. 检测读取充电控制模块的 CAN 总线 High 和 Low 的电压与波形

1)使用万用表检测动力系统 CAN 总线。使用万用表测量车载充电控制模块 CAN 总线的电压。查询维修手册中控制单元端子的定义,充电控制模块 CAN-H 端子为 K55-9 号端子,CAN-L 端子为 K55-10 号端子。使用万用表电压档测量两端子,红表笔接端子针脚,黑表笔接车身搭铁,CAN-H 线标准整车通信电压为 2.5～3.5V,CAN-L 线标准整车通信电压为 1.5～2.5V。万用表的显示值只能反映被测信号的主体信号电压值,不能反映被测信号的每个细节。

2)使用示波器功能进行充电控制模块 CAN 总线的波形测量。比亚迪秦车型中充电控制模块总线属于动力网,通道 CH1 测量 CAN-H 线,通道 CH2 测量 CAN-L 线。CAN-H 线的高电平是 3.6V,低电平是 2.5V,电压差为 1.1V。CAN-L 线的高电平是 2.5V,低电平是 1.4V,电压差为 1.1V。充电控制模块 CAN-H 线信号在总线空闲时电压为 2.5V,有信号传输时电压值在 2.5V 和 3.6V 之间变换,控制模块 CAN-L 线信号在总线空闲时电压为 2.5V,有信号传输时电压值在 2.5V 和 1.4V 之间变换。正常情况下,高压上电后,CAN-H、CAN-L 的波形应该在额定电压范围对称地显示信号波形。

实操任务

1)设备及工具:比亚迪秦汽车、车辆防护设备、高压防护装备、警示装置、绝缘工具车、白板、白板笔、示波器、插针、绝缘胶带、诊断仪、万用表、计算机。

2)资料及耗材:电子版比亚迪秦网关控制器维修手册与自学手册、比亚迪秦电路图、任务书。

实操步骤

一、读取和清除充电控制模块相关故障码并读取数据流

操作步骤1)、2)、5)参照项目二任务一实操步骤1中的1)、2)、6)。

3)上至OK档电启动发动机,进入诊断仪诊断系统-动力网模块-车载充电模块,读取故障码,并在任务书上记录。

4)读取数据流,记录车载充电控制模块的各项数据状态,并在任务书上记录。

二、检测充电控制模块插头端子的电阻

操作步骤1)、3)、4)参照项目二任务一实操步骤2中的1)、4)、5)。

2)查询维修手册中控制单元端子的定义以及车载充电控制模块位置,按照维修手册上要求拆卸车身或车内内饰附件,查询端子信息与标准阻值,按照维修要求拆卸控制模块插接件(注:本次操作拆卸低压线束插接件)。

三、检测充电控制模块电源和搭铁端子电压

具体操作步骤参考项目二任务四,实操步骤3中的内容。

四、检测充电控制模块与电子元件或控制模块之间线束的导通性

具体操作步骤参考项目二任务三,实操步骤4中的内容。

五、检测充电控制模块与电子元件之间供电电压

具体操作步骤参考项目二任务三,实操步骤5中的内容。

六、检测充电控制模块的CAN总线High和Low的波形

1)做好车辆准备及个人防护,安装警示装置,安装车内车外保护件。

2)查询维修手册中控制单元端子的定义,查询CAN总线端子信息;按照维修手册上要求拆卸车身或车内内饰附件,查找控制模块插接件。

3)打开示波器,调整示波器测量参数,总线端子与示波器接通,上至ON档电,使用示波器读取车载充电控制模块总线CAN-H和CAN-L的波形与波形对应电压区间,并在任务书上画出波形图。

4)将测试的波形图与标准信号波形图比较,判断线路是否正常。

七、整理清洁

按照7S管理标准,整理工具和场地。

任务练习

一、选择题

1. 充电系统中，发电机发电调节电压范围是（　　）。
   A. 4.7V 左右　　　B. 13.5V 左右　　　C. 2.9V 左右　　　D. 15.2V 左右
2. 超过规定的充电截止电压而继续充电的过程是（　　）。
   A. 过充电　　　B. 恒流充电　　　C. 放电　　　D. 恒压充电
3. 车载充电系统安装在车辆内部，具有体积小、冷却和封闭性好、重量轻等优点，但功率普遍较（　　），充电所耗时间（　　）。
   A. 大　短　　　B. 小　短　　　C. 小　长　　　D. 大　长
4. 在跨接启动车辆时，下面的哪一项是不可能发生的危险（　　）。
   A. 爆炸　　　B. 蓄电池产生气泡　　　C. 损坏充电系统　　　D. 发动机意外启动
5. 再充电所需的时间长短可能会因为（　　）而变化。
   A. 蓄电池的大小　　　B. 环境的温度　　　C. 充电器的容量　　　D. 上述各项

二、判断题

1. 充电系统主要由车辆外部至供电端线缆、充电接口及线缆、车载充电器、高压线束、高压配电设备、动力电池及其控制模块等构成。（　　）
2. 快充系统将三相 380V 工业电直接转成交流电给动力电池进行充电，充电过程由充电系统的通信模块与 BMS 进行通信以保证安全。（　　）
3. 在充电允许的情况下，电池管理控制模块控制交流充电接触器及正极接触器吸合。（　　）
4. 车载充电器检测到动力电池包的反灌电压后输出充电电压进行充电。（　　）
5. 交流 380V 充电时间会比 220V 充电慢。（　　）

三、简答题

请简述交流车载充电系统的工作原理。

任务九 整车控制模块检修

整车控制模块是新能源汽车的神经中枢，承担了各系统的数据交换、信息传递、故障诊断、安全监控、驾驶员意图解析、动力电池能量管理等作用，对电动汽车的动力性、经济性、安全性和舒适性等都有很大的影响。

本任务主要介绍新能源汽车整车控制模块的原理，以比亚迪混动与纯电动车型为例介绍其功能与元件，以及整车控制模块电路的检测与维修方法。

教学目标

知识目标

1）掌握整车控制模块插头端子的电阻、电压、线束导通性的检测方法。
2）掌握整车控制模块相关数据流标准范围。
3）掌握整车控制模块总线标准波形图。
4）掌握整车控制模块插头的断开和插接方法、线束的检查与修复方法。

技能目标

1）能检查整车控制模块插头端子的电阻、电压、线束导通性。
2）能使用诊断仪读取整车控制模块故障码、数据流，并执行动作测试。
3）能使用示波器检测并分析整车控制模块的总线波形。

德育目标

1）培养团队意识、质量意识、环保意识、安全意识。
2）培养工匠精神和创新思维。
3）培养广泛学习、勤于思考的良好习惯。

知识储备

一、新能源汽车整车控制模块的工作原理

整车控制模块（VCU）有时也被称为主控制器，是整车控制系统的核心，承担车辆各系统的数据交换与管理、故障诊断、安全监控、驾驶员意图解析等作用，其结构如图2-9-1所示。

其主要功能如下：

（1）控制模式的判断

整车控制模块通过采集钥匙信号、充电信号、加速/制动踏板位置信号等来判断当前需要的工作模式，同时根据当前的参数和前段时间工作时的记忆参数，计算出合理的输出。

（2）整车能量管理

正常能量管理的作用是对能量进行优化从而提高续驶里程，如电量低时，指令关闭部分辅助舒适电气设备（空调、暖风、座椅加热等），使电量优先用于保证车辆的安全行驶。

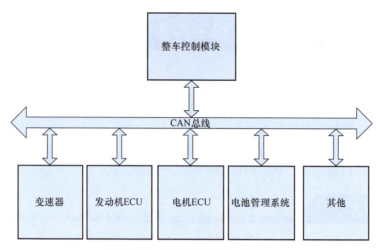

图 2-9-1　整车控制模块（VCU）

（3）通信网络管理

整车控制模块是信息控制中心，负责信息的组织与管理、网络状态监控、网络结点管理、信息优先权的动态分配、网络故障的诊断与处理。

（4）制动能量回收

整车控制模块根据行车速度、驾驶员制动意图、动力电池组的荷电状态进行综合判断，若达到回收制动能量的条件，整车控制模块即会向电机控制器发出控制指令，使驱动电机工作在发电状态，将制动能量转变成电能存储到动力电池中。注：制动能量回收时不干预 ABS 的工作，优先级低于 ABS。

（5）故障诊断与处理

整车控制模块连续检测各控制系统，并进行故障诊断和相应的安全保护处理，同时还对故障进行等级分类、报警显示、存储故障码等处理。大多数新能源汽车整车控制模块将故障分为 4 级：一级，致命故障，需紧急断开高压电；二级，严重故障，电机 0 转矩输出，动力电池限流 20A 输出；三级，一般故障，跛行，降低功率，限速 15～20km/h；四级，轻微故障，停止能量回收，仪表进行故障显示，行驶不受影响。

（6）车辆状态监测

整车控制模块能够对车辆进行实时检测，并将各子系统的信息发给车载信息显示系统，将状态信息和故障诊断信息通过数字仪表显示出来。显示内容包括车速、里程、电机转速、温度、电池电量、电压、电流、故障信息等。

二、新能源汽车整车控制系统的功能与元件

VCU 通过采集驾驶员操控信息、车辆行驶信息、发动机、电机、电池、变速器数据及各个子系统的反馈信息，经过计算向各个子系统发送控制命令，从而实现 VCU 对整车的控制。整车控制模块的策略是在不同工况下结合电机、电池和发动机驱动汽车，使得效率最佳。以比亚迪车型为例，VCU 总成常位于副仪表台下方，如图 2-9-2 所示。

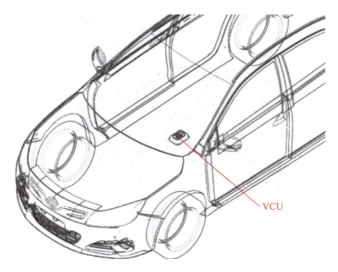

图 2-9-2 整车控制模块（VCU）位置

1. 传感器

新能源汽车整车控制系统为完成其核心任务，需要实时接收多个传感器传递的信息，以比亚迪 E5 车型为例，与控制模块相关的传感器信号有点火开关信号、加速踏板位置信号、制动踏板位置信号、档位信号、车速信号、充电开关信号、冷却液温度信号等。

2. 执行器

当整车控制模块完成对信息的采集与处理后，将控制信号传递给各执行器，从而实现整车的控制，由控制模块控制的执行器主要有制动真空助力泵、动力转向泵、空调压缩机及 PTC 加热器、冷却风扇、冷却水泵、电源管理系统等。

3. 整车控制模块

比亚迪 E5 不同年款其插接件略有不同，如图 2-9-3 所示。2018 年款有两个低压插接件 K49（A）和 K49（B），如图 2-9-4 所示，2019 年款则为一个插接件 BK49，对其插接件进行检测时需拆卸副仪表板总成，拆卸方法详见比亚迪 E5 内外饰维修手册。以两个低压插接件的 2018 年款为例，其端子定义如表 2-9-1 所示。

表 2-9-1　整车控制模块插接件端子定义

端子	连接点	端子	连接点
K49（A）-2	制动信号输入	K49（A）-26	车速传感器输入
K49（A）-4	真空助力泵继电器检测信号	K49（A）-30	电源地
K49（A）-11	冷却液温度传感器信号输入	K49（B）-1	CAN-L
K49（A）-12	冷却液温度传感器信号地	K49（B）-2	真空泵启动控制 2
K49（A）-13	真空压力传感器电源	K49（B）-4	冷却风机低速继电器控制输出
K49（A）-14	真空压力传感器信号	K49（B）-5	冷却风机高速继电器控制输出
K49（A）-15	真空压力传感器电源地	K49（B）-9	CAN-H
K49（A）-16	12V 电源	K49（B）-12	真空泵启动控制 1

图 2-9-3 2019 年款比亚迪 E5 整车控制模块插接件 BK49

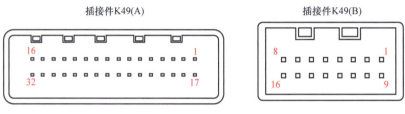

图 2-9-4 2018 年款比亚迪 E5 整车控制模块插接件 K49（A）与 K49（B）

三、新能源汽车整车控制模块的检修

1. 读取和清除整车控制模块相关故障码并读取数据流

以比亚迪 E5 纯电动汽车为例，整车控制模块诊断仪诊断一般遵循如下步骤：

1）将诊断测试设备连接至诊断接口，接通诊断测试设备；上至 OK 档电；在诊断仪上进入诊断功能选择界面，选择车型诊断；进入诊断车型选择界面，选择需要诊断的车型；再进入诊断系统选择界面。

2）在系统选择界面可以选择动力模块选项，进入后选择主控制器模块，选择读取故障码选项，读取故障相关信息（故障码、冻结帧等）。

3）在整车控制模块选择界面选择读取数据流选项，读取模块数据流。

4）在整车控制模块选择界面选择动作测试选项，选择元件动作测试对元件进行检测。

5）清除故障存储器；适当运行车辆，运行方式须满足相应故障诊断的条件；再读取故障信息，确认故障已经排除。

2. 检测整车控制模块插头端子终端电阻

检测整车控制模块总线端子终端电阻。以 2018 年款比亚迪 E5 为例，断开蓄电池负极，拆卸副仪表台，断开整车控制模块低压线束插头，查询维修手册中控制单元端子的定义，整车控制模块 CAN-H 端子为 K49（B）-9 号端子，CAN-L 端子为 K49（B）-1 号端子。万用表校零后，测量对应孔之间的电阻值，测量值与标准值对比可以判断模块或线束是否有故障。单个 CAN 模块终端标准电阻：120Ω，整个网络终端电阻：60Ω。

3. 检测整车控制模块电源和搭铁端子电压

整车控制模块的供电与搭铁是保证控制模块能够正常工作的基础，检测控制模块供电端子和搭铁端子的电压，可以分析控制模块供电线路是否正常、搭铁线路是否正常。以 2018 年款比亚迪 E5 整车控制模块为例，首先要查询维修手册中控制单元端子的定义，电源输入端子为 K49（A）-16 号端子，接地端子为 K49（A）-30 号端子。上至 ON、OK 档电或充电时，使用背插法，用万用表探针测量 K49（A）-16 号端子与车身搭铁之间的电压，电压值为额定电压时代表供电线路正常，否则反向检查供电线路；测量 K49（A）-30 号接地端子与车身搭铁之间的电阻，电阻值为标准电阻时代表控制模块搭铁线正常，接地端对搭铁的电阻值应小于 1Ω。

4. 检测整车控制模块与电子元件或控制模块之间线束的导通性

以 2018 年款比亚迪 E5 为例，首先要断开蓄电池负极，拆卸副仪表台，断开整车控制模块低压线束插头，查询维修手册中控制单元端子的定义，选择线束两端的端子进行电阻测试，电阻值小于 1Ω 即代表该段线束导通。表 2-9-2 为整车控制模块与电子元件之间部分信号线束的端子定义。

表 2-9-2 比亚迪 E5 整车控制模块与电子元件之间部分信号线束的端子定义

线束名称	整车控制模块端子	对应电子元件端子	对应电子元件名称
低速风扇继电器控制线	K49（B）-4	B44（A）-10	风扇系统
高速风扇继电器控制线	K49（B）-5	B44（A）-20 B44（A）-5	风扇系统
冷却液温度信号线	K49（A）-11	B29-1	冷却液温度传感器
制动信号线	K49（A）-2	G28-1	制动灯开关
真空泵压力传感器信号线	K49（A）-14	BA31-3	真空泵压力传感器

5. 检测整车控制模块与电子元件之间供电电压

以 2018 年款比亚迪 E5 真空泵压力传感器供电线为例，首先要查询维修手册中控制单元端子的定义，控制模块的真空泵压力传感器供电端子为 K49（A）-13，上至 ON、OK 档电，使用万用表电压档对端子进行测试，再对比维修手册的额定工作电压，从而判断线路和模块是否正常。

6. 检测读取整车控制模块的 CAN 总线 High 和 Low 的电压与波形

1）使用万用表检测动力系统 CAN 总线。使用万用表测量整车控制模块 CAN 总线的电压。查询维修手册中控制单元端子的定义，整车控制模块 CAN-H 端子为 K49（B）-9 号端子，CAN-L 端子为 K49（B）-1 号端子。使用万用表电压档测量两端子，红表笔接端子针脚，黑表笔接车身搭铁，CAN-H 线标准整车通信电压为 2.5～3.5V，CAN-L 低线标准整车通信电压为 1.5～2.5V。万用表的显示值只能反映被测信号的主体信号电压值，不能反映被测信号的每个细节。

2）使用示波器功能进行整车控制模块 CAN 总线的波形测量。2018 年款比亚迪 E5 车型中整车控制模块总线属于动力网，通道 CH1 测量 CAN-H 线，通道 CH2 测量 CAN-L 线。CAN-H 线的高电平是 3.6V，低电平是 2.5V，电压差为 1.1V。CAN-L 线的高电平是 2.5V，低电平是 1.4V，电压差为 1.1V。整车控制模块 CAN-H 线信号在总线空闲时电压为 2.5V，有信号传输时电压值在 2.5V 和 3.6V 之间变换，控制模块 CAN-L 线信号在总线空闲时电压为 2.5V，有信号传输时电压值在 2.5V 和 1.4V 之间变换。正常情况下，整车上电后，CAN-H、CAN-L 的波形应该在额定电压范围对称地显示信号波形。

实操任务

对照整车控制模块的检修要求与步骤，完成工作页"整车控制模块电路检测"和"整车控制模块 CAN 电路及波形检测"任务。

整车控制模块电路检测

整车控制模块 CAN 电路及波形检测

任务练习

一、判断题

1. 整车控制模块是新能源汽车的神经中枢。（   ）
2. 整车控制模块通过采集钥匙信号、充电信号、加速/制动踏板位置信号等来判断当前需要的工作模式。（   ）
3. 整车控制模块连续检测各控制系统，并进行故障诊断和相应的安全保护处理，同时还对故障进行等级分类、报警显示、存储故障码等处理。（   ）
4. 整车控制模块能够对车辆进行实时检测，并将各子系统的信息发给车载信息显示系统，将状态信息和故障诊断信息通过数字仪表显示出来。（   ）
5. 具有 OBD 系统的车辆，维修人员不可以通过诊断仪迅速而准确地定位发生故障的部件。（   ）
6. 当整车控制模块完成对信息的采集与处理后，将控制信号传递给各执行器，从而实现整车的控制。（   ）
7. 制动能量回收时会干预 ABS 的工作，优先级高于 ABS。（   ）

8. 整车控制模块承担了各系统的数据交换、信息传递、故障诊断、安全监控、驾驶员意图解析、动力电池能量管理等作用。（   ）

9. 电池的 SOC 指的是电池的寿命。（   ）

10. 接触高压系统的任何橙色线束、执行任何电阻检查、断开或重新连接任何连接器前，都需断开低压电池负极。（   ）

二、简答题

简述 VCU 怎样进行对整车的控制。

任务十　主动泄放模块检修

新能源汽车高压安全是新能源汽车运用与维修过程中的重中之重，当新能源车辆检测到车辆发生较大碰撞，或高压回路中某处插接件处于拔开状态或存在有高压电的情况，将激活主动泄放功能，使新能源车辆在短时间内将高压回路直流母线电压泄放到低压状态，迅速释放危险电能，最大限度保证人员安全。

本任务主要介绍新能源汽车主动泄放模块的原理，并以比亚迪混动与纯电动车型为例介绍其功能与元件，以及主动泄放模块电路的检测与维修方法。

教学目标

知识目标

1）掌握主动泄放模块插头端子的电阻、电压、线束导通性检测方法。
2）掌握主动泄放模块相关数据流标准范围。
3）掌握主动泄放模块总线标准波形图。
4）掌握主动泄放模块插头的断开和插接方法、线束的检查方法。

技能目标

1）能检测主动泄放模块插头端子的电阻、电压、线束导通性。
2）能使用诊断仪读取主动泄放模块故障码、数据流，并执行动作测试。

德育目标

1）培养团队意识、质量意识、环保意识、安全意识。
2）培养工匠精神和创新思维。
3）培养广泛学习、勤于思考的良好习惯。

知识储备

一、新能源汽车主动泄放模块的工作原理

为保证新能源汽车高压安全，当新能源汽车发生碰撞、短路等紧急情况时，或新能源车辆高压下电时，电机控制器中由于有电容等可储能装置，BMS 控制下电后，内部仍存在高压，为防止人员伤害，设计了主动泄放功能，即将驱动电机控制器等高压部件中的电压降低到 A 级电压以下。按照 GB/T 18488.1—2015 关于主被动放电的描述，主动放电是指当驱动电机控制器被切断电源，切入专门的放电回路后，控制器支撑电容快速放电的过程；被动放电是指当驱动电机控制器被切断后，不切入专门的放电回路，控制器支撑电容自然放电的过程；驱动电机控制器支撑电容放电时间是指当对驱动电机控制器有被动放电要求时，驱动电机控制器支撑电容放电时间应不大于 5min；当驱动电机控制器有主动放电要求时，驱动电机控制器支撑电容放电时间应不超过 3s。

常用的主动放电法有以下几种：

1）通过电机绕组放电，方法是控制 Q 轴（交轴）电流为零，加 D 轴（直轴）电流，该方法放电速度快，但是会出现扭矩抖动，影响驾乘体验。

2）通过外加放电回路，利用电阻放电，风险小，但是需要另外增加电路，增加成本，电阻在多次放电后也可能会损坏，目前该方案应用较多。

3）桥臂直通放电。该方式成本低，放电速度快，但瞬间电流很大，由于高压回路上存在杂散电感，导致 IGBT（绝缘栅双极型晶体管）关断时的电压应力较大，控制的难度比较高，目前该方案应用较少。

二、新能源汽车主动泄放系统的功能与元件

以比亚迪秦为例，当发生高压系统漏电、高压互锁故障、车辆碰撞事故时会激活主动泄放功能，从而防止人员伤害，保证用车安全。

1. 高压系统漏电

整车所有高压模块、高压橙色线束、漏电传感器及连接线束出现故障时，均有可能报漏电故障码。当高压系统漏电时，漏电传感器发出一个信号给高压电池管理控制器（图 2-10-1），电池管理控制器检测到漏电信号后，禁止充、放电并报警。相关元件的介绍可参见项目二任务四"新能源汽车电池管理控制模块的功能与元件"中高压互锁、检测开关漏电传感器和碰撞传感器部分。

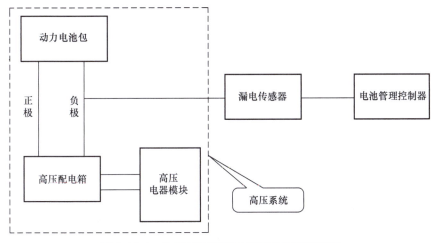

图 2-10-1　比亚迪秦高压系统漏电监测原理图

2. 高压互锁

比亚迪秦的主要高压插接件,如 BMS、高压配电箱、维修开关、驱动电机控制器及 DC 总成均带有互锁回路,当其中某个插接件被带电断开时,动力电池管理器便会检测到高压互锁回路存在断路,为保护人员安全,将立即进行报警并断开主高压回路电气连接,同时激活主动泄放(图 2-10-2)。

高压配电箱上有 7 个互锁插头,包括动力电池包输入正、动力电池包输入负、驱动电机控制器与 DC 正、驱动电机控制器与 DC 负、车载充电器输入、输出至空调配电盒、高压配电箱开盖检测,这些插接件插上后互锁端子是串联状态,测量串联线路上互锁端子导通性即可确认高压配电箱的互锁是否正常。

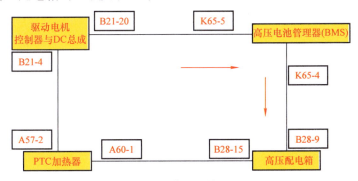

图 2-10-2　高压互锁流程图

3. 碰撞事故

比亚迪秦的碰撞信号源于安全气囊控制模块中的碰撞传感器,碰撞信号线与驱动电机控制模块以及动力电池管理控制模块相连(表 2-10-1)。当驱动电机控制模块获取到碰撞信号后激活主动泄放功能,快速释放驱动电机控制模块内高压电;当动力电池管理控制模块获取到碰撞信号后,将立即进行报警并断开主高压回路电气连接,同时激活主动泄放。

表 2-10-1　比亚迪秦碰撞信号端子定义

端子	连接点	端子	连接点
K65-3	动力电池管理控制模块碰撞信号	B21-09	驱动电机控制模块碰撞信号

三、新能源汽车主动泄放模块的检修

1. 读取和清除主动泄放模块相关故障码并读取数据流

以比亚迪秦混合动力车型为例，主动泄放模块诊断仪诊断一般遵循如下步骤：

1）将诊断测试设备连接至诊断接口，接通诊断测试设备；上至 OK 档电启动发动机；在诊断仪上进入诊断功能选择界面，选择车型诊断；进入诊断车型选择界面，选择需要诊断的车型；再进入诊断系统选择界面。

2）在系统选择界面可以选择动力网模块选项，进入后选择主动泄放选项，选择读取故障码选项，读取故障相关信息（故障码、冻结帧等）。

3）在主动泄放模块选择界面选择读取数据流选项，读取模块数据流。

4）清除故障存储器；适当运行车辆，运行方式须满足相应故障诊断的条件；再读取故障信息，确认故障已经排除。

2. 检测主动泄放模块插头端子的电阻

检测主动泄放模块动力电池管理器高压互锁线束电阻。以比亚迪秦为例，断开蓄电池负极，断开动力电池管理控制模块低压线束插头，查询维修手册中控制单元端子的定义，K65-4 与 K65-5 之间为动力电池管理控制模块的高压互锁回路线束。万用表校零后，测量对应孔之间的电阻值，测量值与标准值对比可以判断线束是否有故障。电阻应小于 1Ω。

3. 检测主动泄放模块与电子元件或控制模块之间线束的导通性

检测主动泄放模块动力电池管理器高压互锁线束的导通性。以比亚迪秦为例，首先要断开蓄电池负极，断开动力电池管理控制模块低压线束插头，查询维修手册中控制单元端子的定义，选择线束两端的端子进行电阻测试，电阻值小于 1Ω 即代表该段线束导通。

4. 检测主动泄放模块与电子元件之间信号电压

以比亚迪秦动力电池管理控制模块碰撞信号线为例，首先要查询维修手册中控制单元端子的定义，控制模块的碰撞信号线端子为 K65-3，上至 ON、OK 档电，使用万用表电压档对端子进行测试，再对比维修手册的额定工作电压，从而判断线路和模块是否正常。

实 操 任 务

1）工具及设备：白板、白板笔、插针、绝缘胶带、诊断仪、万用表、计算机。比亚迪秦汽车、车辆防护设备、高压防护装备、警示装置、绝缘工具车。

2）资料及耗材：电子版比亚迪秦网关控制器维修手册与自学手册、比亚迪秦电路图、任务书。

实操步骤

一、读取和清除主动泄放模块相关故障码并读取数据流

操作步骤1）、2）、5）参照项目二任务一实操步骤1中的1）、2）、6）。

操作步骤3）上至OK档电，进入诊断仪诊断系统 - 动力网模块 - 主动泄放模块，读取故障码，并在任务书上记录。

操作步骤4）读取数据流，记录主动泄放模块的各项数据状态，并在任务书上记录。

二、检测主动泄放模块插头端子的电阻

1）做好车辆准备及个人防护，安装警示装置，安装车内车外保护件。

2）查询维修手册中模块端子的定义，按照维修手册上要求拆卸车身或车内内饰附件，查询端子信息与标准阻值，按照维修要求拆卸相关模块插接件（注：本次操作拆卸低压线束插接件）。

3）使用万用表测量插头端子电阻：测量前应对万用表进行校零操作；万用表使用电阻档，红黑表笔对应插头端子，读取数值在任务书上记录。

4）将测试值与标准值比较，判断线路是否正常。

三、检测主动泄放模块与电子元件或控制模块之间线束的导通性

1）做好车辆准备及个人防护，安装警示装置，安装车内车外保护件。

2）查询维修手册中模块相关端子的定义以及相关电子元件的端子定义，查询端子信息，以及电子元件位置与其线束插接件端子信息。按照维修要求拆卸控制模块插接件以及断开对应电子元件插接件。

3）使用万用表测量模块与电子元件线束的通断：测量前应对万用表进行校零操作；万用表使用导通档，红黑表笔对应插头端子，接通后在任务书上记录是否产生表示导通的蜂鸣声。

4）通过蜂鸣声，判断线路是否通断。

四、检测主动泄放模块与电子元件之间信号电压

1）做好车辆准备及个人防护，安装警示装置，安装车内车外保护件。

2）查询维修手册中模块相关端子的定义，查询端子信息与标准供电电压；按照维修手册上要求拆卸车身或车内内饰附件，查找模块相关插接件。

3）上至ON档电，使用万用表背插测量模块信号供电电源电压：测量前应对万用表进行校零操作；万用表使用电压档，红黑表笔对应插头端子，读取数值在任务书上记录。

4）将测试值与标准值比较，判断线路是否正常。

五、整理清洁

按照 7S 管理标准，整理工具和场地。

> **课程育人 案例 2**
>
> 汽车网关是汽车内部通信局域网的核心，承担着数据传输、安全防控、远程诊断等功能，对于汽车来说，它就好比是一个中央枢纽，其重要性不言而喻。
>
> 2022 年 1 月，国家质检总局在检查中发现，部分国产奥迪 Q5L 及进口奥迪 SQ5 由于网关控制模块位于后排座椅下方的较低位置，特殊情况下会进水导致模块内部短路，存在安全隐患，随后，一汽 - 大众汽车有限公司决定召回相关车辆。
>
> 此次召回的车辆的网关控制模块均位于后排座椅下方的较低位置，一旦有液体洒落后排座椅，意外渗入网关控制模块，就很有可能导致网关控制模块内部发生短路。网关控制模块一般都有安全保护设计，在检测到不可信的信号，会引导发动机、变速器、转向系统等进入保护模式，进而导致变速器离合器断开，车辆行驶过程中动力中断，由此增大事故发生的概率。
>
> 在智能网联时代，汽车网关对于汽车技术的发展尤为重要。随着市场需求的多元化发展和汽车功能的不断扩展，汽车网关技术必须经受更为严苛的考验，对于设计和研发者来说，汽车安全应当始终摆在第一位，只有让客户真正放心、安心的产品才能恒久流传。

任务练习

一、选择题

1. 电池 $0.2C$ 放电时全过程的平均电压是（　　）。
   A. 开路电压　　　B. 终止电压　　　C. 工作电压　　　D. 标称电压
2. 动力电池功率大小影响到汽车的（　　）。
   A. 启动与加速　　B. 内部布置　　　C. 续驶里程　　　D. 安全及舒适
3. 以下不属于电动汽车高压器件的是（　　）。
   A. 电池　　　　　B. 电机　　　　　C. 电机控制　　　D. 整车控制

二、判断题

1. 纯电动汽车除了在动力源、驱动方式上与普通汽车不同外，其他系统部件完全相同。（　　）
2. 接触高压系统的任何橙色线束、执行任何电阻检查、断开或重新连接任何连接器前，均需断开低压电池负极。（　　）
3. 发生高压系统漏电、高压互锁故障、车辆碰撞事故时会激活主动泄放功能，从而防止人员伤害，保证用车安全。（　　）
4. 碰撞信号线与驱动电机控制器以及动力电池管理控制模块相连。（　　）

三、简答题

简述检测主动泄放模块与电子元件之间信号电压的过程。

项目三 新能源汽车底盘网关控制系统检修

底盘系统包含悬架、制动、转向等子系统,在传统意义上它影响着整车的舒适性、安全性与操控性,而对于新能源汽车而言,它的影响更加深远。新能源汽车的底盘系统需要适应车载能源的多样性、适用于高度集成的系统模块,同时不会限制汽车内部空间与外部造型的设计。随着各种汽车电子辅助功能在底盘上的应用,明显提高了汽车的主动安全性和驾驶舒适性,这些系统包括 ABS、ASR、ESP 集成控制系统,自适应巡航控制系统(ACC),泊车辅助系统(PLA),车道偏离和驾驶员警示系统,胎压监测系统(TPMS),可调阻尼控制系统(ADC)等。新能源汽车底盘电子控制系统越来越向电子化、智能化、网络化方向发展。

新能源汽车底盘网关控制系统作为新能源汽车主要的舒适系统的管理系统,主要包含电控悬架模块、转向控制模块、制动系统控制模块、电动真空助力泵控制模块等几部分。掌握新能源汽车底盘网关控制系统的总线系统网络、各控制单元的功能与执行元件、信号及部件检测诊断等对新能源汽车底盘网关控制系统的检修至关重要。

本项目主要从新能源汽车底盘网关控制系统的 CAN 总线系统网络、各控制单元功能及组成、各控制单元对应接插件位置及端子定义,系统内各控制单元 CAN 总线、传感器及其线束、执行器及其线束检测等方面进行讲解,通过以某一重点车型为例进行详细、形象的讲解,让学生能够举一反三地掌握新能源汽车底盘网关控制系统的网络结构、相关元件与功能,以及新能源汽车底盘网关控制系统的检测诊断方法与维修方法。

任务一 电动转向控制模块检修

电动转向系统利用电子控制装置使电机产生相应大小和方向的辅助动力，协助驾驶员进行转向操作。汽车的动力转向系统普遍采用的是液压助力转向系统，随着人们对汽车环保、节能和安全性要求的进一步提高，电动助力转向（EPS）已然成为新的趋势。

本任务主要对新能源汽车电动转向系统进行概述，以比亚迪混动车型为例介绍其功能与元件，以及电动转向控制模块电路的检测与维修方法。

教学目标

知识目标
1）掌握电动转向控制模块插头端子的电阻、电压、线束导通性检测方法。
2）掌握电动转向控制模块相关数据流标准范围。
3）掌握电动转向控制模块总线标准波形图。
4）掌握电动转向控制模块插头的断开和插接方法、线束的检查与修复方法。

技能目标
1）能检测电动转向控制模块插头端子的电阻、电压、线束导通性。
2）能使用诊断仪读取电动转向控制模块故障码、数据流，并执行动作测试。
3）能使用示波器检测并分析电动转向控制模块的总线波形。

德育目标
1）培养团队意识、质量意识、环保意识、安全意识。
2）培养工匠精神和创新思维。
3）培养广泛学习、勤于思考的良好习惯。

知识储备

一、新能源汽车动力转向系统概述

用来改变或保持汽车行驶或者倒退方向的一系列装置称为汽车转向系统。汽车转向系统的功能就是按照驾驶员的意愿控制汽车的行驶方向。转向系统包括转向操纵机构、转向器、转向传动机构。转向系统有机械助力转向、液压助力转向、电控液压助力转向、电动助力转向等类型。

1. 液压助力转向系统

液压助力转向系统的主要组成有液压泵、油管、压力流体控制阀、V型传动带、储油罐等。这种助力方式是将一部分发动机动力输出转化成液压泵压力，对转向系统施加辅助作用力，从而使轮胎转向。

根据系统内液流方式的不同可以分为常压式液压助力和常流式液压助力。常压式液压助力系统的特点是无论转向盘处于正中位置还是转向位置、转向盘保持静止还是在转动，系统管路中的油液总是保持高压状态；而常流式液压转向助力系统的转向油泵虽然始终工作，但液压助力系统不工作时，油泵处于空转状态，管路的负荷要比常压式小，现在大多数液压转向助力系统都采用常流式。

2. 电控液压助力转向系统

电控液压助力转向系统主要构件包括储油罐、助力转向控制单元、电动泵、转向机、助力转向传感器等，其中助力转向控制单元和电动泵是一个整体结构。它所采用的液压泵不再靠发动机胶带直接驱动，而是采用一个电动泵，由助力转向控制单元根据车辆的行驶速度、转向角度等信号计算出最理想的助力。

3. 电动助力转向系统

电动助力转向是用电机直接提供助力，助力大小由电子控制单元（ECU）控制的动力转向系统。EPS 主要由扭矩及转角传感器、车速传感器、电机、减速机构和电子控制单元（ECU）等组成，转动转向盘带动转向轴旋转，ECU 根据安装在转向轴上的扭矩传感器信号结合转向角传感器等运行参数控制电机转动的方向和助力的大小。

二、新能源汽车电动转向控制模块的功能与元件

以比亚迪秦为例，该车使用的是齿轮齿条式电动助力转向系统，简称 R-EPS。R-EPS 是在机械转向系统的基础上，将电子技术和高性能的电机控制技术应用于新能源汽车转向系统。R-EPS 在原有汽车转向系统的基础上，改造并且增加了 R-EPS 电子控制模块、扭矩及转角传感器、R-EPS 电机等。系统采用电机驱动，取代了传统的机械液压机构。

1. R-EPS 的功能

R-EPS 通常由扭矩及转角传感器、R-EPS 电子控制模块、R-EPS 电机、相关机械结构。R-EPS 由 R-EPS 电机提供助力，助力大小由 R-EPS 电子控制模块实时调节与控制。根据车速的不同提供不同的助力，以改善汽车的转向特性，减轻停车泊位和低速行驶时的操纵力，提高高速行驶时的转向操纵稳定性，进而提高了汽车的主动安全性。

R-EPS 主要有以下几个功能：

1）助力控制功能。R-EPS 的助力特性属于车速感应型，即在同一转向盘力矩输入下，电机的目标电流随车速的变化而变化，能较好地兼顾轻便性与路感的要求。R-EPS 的助力特性为分段型助力。R-EPS 电机根据转向盘偏离方向施加助力转矩，以保证低速时转向轻便，高速时操作稳定并获得较好的路感。

2）回正控制功能。转向时，由于转向轮主销后倾角和主销内倾角的存在，使得转向轮具有自动回正的作用。R-EPS 在机械转向机构的基础上，增加了 R-EPS 电机和减速机构。R-EPS 通过 R-EPS 电子控制模块对 R-EPS 电机进行转向回正控制，与前轮定位产生的回正力矩一起进行车辆的转向回正动作，使转向盘迅速回正，并抑制转向盘振荡，保持路感，提高转向灵敏性和稳定性。回正控制通过调整回正补偿电流，进而产生回正作用转矩，该转矩沿某一方向使转向轮返回到中间位置。

3）阻尼控制功能。车辆高速行驶时，通过控制阻尼补偿电流进行阻尼控制，增强驾驶员的路感，改善车辆高速行驶情况下转向的稳定性。

2. R-EPS 工作原理

汽车转向时,扭矩及转角传感器把检测到的扭矩及角度信号的大小、方向经处理后传给 R-EPS 电子控制模块,R-EPS 电子控制模块同时接收车速信号,然后根据车速信号、转角和扭矩信号决定电机的旋转方向和助力扭矩的大小。同时,电流传感器检测电路的电流,对驱动电路实施监控,最后由驱动电路驱动电机工作,实施助力转向,其工作原理如图 3-1-1 所示。

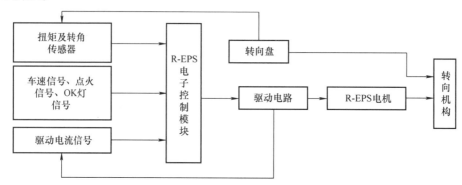

图 3-1-1　R-EPS 工作原理

3. 电动转向控制模块插接件与端子

如图 3-1-2 所示,比亚迪秦电动转向控制模块(R-EPS 电子控制模块)位于副仪表板下方,相关部件的线束插接件为 G85(B)、G47(A)、G95(C)。插接件端子定义见表 3-1-1。

表 3-1-1　电动转向控制模块插接件端子定义

端子	端子定义	端子	端子定义
D1	接地	D8	扭矩辅助信号
D2	接地	C4	IG1 电源
D3	扭矩主信号	C5	IG1 电源
D4	电源正	A1	接地
D5	电源正	A2	正极
D6	转角 S 信号	C7(B32-7)	ESC CAN-H
D7	转角 P 信号	C8(B32-8)	ESC CAN-L

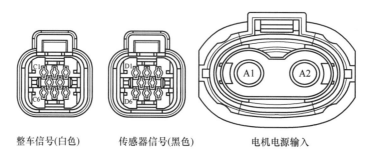

整车信号(白色)　　传感器信号(黑色)　　电机电源输入

图 3-1-2　电动转向控制模块与整车配线电气插接件

三、新能源汽车电动转向控制模块的检修

1. 读取和清除电动转向控制模块相关故障码并读取数据流

以比亚迪秦混合动力车型为例,电动转向控制模块诊断仪诊断一般遵循如下步骤:

1)将诊断测试设备连接至诊断接口,接通诊断测试设备;上至 OK 档电;在诊断仪上进入诊断功能选择界面,选择车型诊断;进入诊断车型选择界面,选择需要诊断的车型;再进入诊断系统选择界面。

2)在系统选择界面选择电动助力转向系统(比亚迪 R-EPS)选项,进入后选择读取故障码选项,读取故障相关信息(故障码、冻结帧等)。

3)在电动助力转向系统(比亚迪 R-EPS)选择界面选择读取数据流选项,读取模块数据流,部分数据流如图 3-1-3 所示。

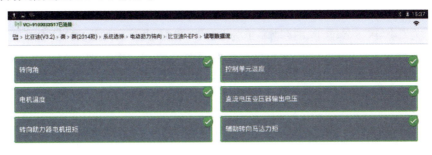

图 3-1-3　电动转向控制模块数据流截图

4)清除故障存储器;适当运行车辆,运行方式须满足相应故障诊断的条件;再读取故障信息,确认故障已经排除。

2. 检测电动转向控制模块插头端子的电阻

以比亚迪秦检测电动转向控制模块终端电阻为例。断开蓄电池负极,断开电动转向控制模块插接件 B23。查询维修手册中控制单元端子的定义,电动转向控制模块 CAN-H 端子为 C-7 号端子,CAN-L 端子为 C-8 号端子。万用表校零后,测量控制模块端子 C-7 与 C-8 之间电阻值。

3. 检测电动转向控制模块电源和搭铁端子电压

电动转向控制模块的供电与搭铁是保证控制模块能够正常工作的基础,检测控制模块供电端子和搭铁端子的电压,可以分析控制模块供电线路是否正常、搭铁线路是否正常。以比亚迪秦电动转向控制模块为例,首先要查询维修手册中控制单元端子的定义,IG1 电源输入端子为 C4 与 C5 号端子,接地端子为 D1 与 D2 号端子。上至 ON 档电,使用背插法,用万用表探针测量 C4 与 C5 号端子和车身搭铁之间的电压,电压值为额定电压时代表供电线路正常,否则反向检查供电线路;测量 D1 与 D2 号接地端子和车身搭铁之间的电阻,电阻值为额定值时代表搭铁线路正常,接地端电阻值应小于 1Ω。

4. 检测电动转向控制模块与电子元件或控制模块之间线束的导通性

以比亚迪秦为例,首先要断开蓄电池负极,断开电动转向控制模块相关低压线束插头,查询维修手册中控制单元端子的定义,选择线束两端的端子进行电阻测试,电阻值小于 1Ω 即代表该段线束导通。表 3-1-2 为电动转向控制模块与电子元件之间部分信号线束端子定义。

表 3-1-2 比亚迪秦电动转向控制模块与电子元件之间部分信号线束端子定义

线束名称	电动转向控制模块端子	对应电子元件端子	对应电子元件名称
电动转向控制模块总线	C-7	G35B-20	3#CAN 转接头
电动转向控制模块总线	C-8	G35B-10	3#CAN 转接头
电动转向控制模块搭铁线	D1	车身地	车身地
电动转向控制模块搭铁线	D2	车身地	车身地

5. 检测电动转向控制模块与电子元件之间供电电压

以比亚迪秦扭矩/转角传感器供电线为例,首先要查询维修手册中控制单元端子的定义,控制模块的扭矩转角传感器 VCC1 供电端子为 D4,VCC2 供电端子为 D5,上至 ON 档电,使用万用表电压档对端子进行测试,再对比维修手册的额定工作电压,从而判断线路和模块是否正常。标准电压值约为 5V。

6. 检测读取电动转向控制模块的 CAN 总线 HIGH 和 LOW 的电压与波形

1)使用万用表测量电动转向控制模块 CAN 总线的电压。查询维修手册中控制单元端子的定义，电动转向控制模块 ESC 网 CAN-H 端子为 C7 号端子，CAN-L 端子为 C8 号端子。使用万用表电压档测量两端子，红表笔接端子针脚，黑表笔接车身搭铁，CAN-H 线标准整车通信电压为 2.5~3.5V，CAN-L 线标准整车通信电压为 1.5~2.5V。万用表的显示值只能反映被测信号的主体信号电压值，不能反映被测信号的每个细节。

2）使用示波器功能进行电动转向控制模块 CAN 总线的波形测量。比亚迪秦车型电动转向控制模块总线属于 ESC 网，通道 CH1 测量 CAN-H 线，通道 CH2 测量 CAN-L 线。CAN-H 线的高电平是 3.6V，低电平是 2.5V，电压差为 1.1V。CAN-L 线的高电平是 2.5V，低电平是 1.4V，电压差为 1.1V。电动转向控制模块 CAN-H 线信号在总线空闲时电压为 2.5V，有信号传输时电压值在 2.5V 和 3.6V 之间变换；控制模块 CAN-L 线信号在总线空闲时电压为 2.5V，有信号传输时电压值在 2.5V 和 1.4V 之间变换。正常情况下，整车上电后，CAN-H、CAN-L 的波形应该在额定电压范围对称地显示信号波形。

实操任务

对照电动转向控制模块的检修要求与步骤，完成工作页"电动转向控制模块电路检测"任务。

电动转向控制模块电路检测

任务练习

一、选择题

1.机械液压助力系统的主要组成部分有液压泵、油管、压力流体控制阀、（　　）、储油罐等。

　　A. V 型传动带　　　　B. W 型传动带　　　　C. O 型传动带　　　　D. S 型传动带

2.以比亚迪秦扭矩/转角传感器供电线为例，使用万用表电压档对端子进行测试，其标准值约为（　　）。

　　A. 2V　　　　　　　　B. 5V　　　　　　　　C. 6V　　　　　　　　D. 10V

3.转向盘转角传感器不可测得（　　）。

　　A. 转动方向　　　　　B. 转动角度　　　　　C. 转动速度　　　　　D. 转弯半径

4.下列不属于电控液压助力转向系统控制方式的是（　　）。

　　A. 反力控制式　　　　B. 流量控制式

　　C. 回转阀控制式　　　D. 阀灵敏度控制式

二、判断题

1. 电动转向系统是用电机直接提供助力，助力大小由电子控制单元（ECU）控制的动力转向系统。（　　）

2. 常压式液压助力系统的特点是无论转向盘处于正中位置还是转向位置、转向盘保持静止还是在转动，系统管路中的油液总是保持高压状态。（　　）

3. 常压式液压助力系统的转向油泵虽然始终工作，但常压式液压助力系统不工作时，油泵处于空转状态，管路的负荷要比常流式小，现在大多数液压转向助力系统都采用常压式。（　　）

4. 电控液压助力转向系统采用的液压泵靠发动机胶带直接驱动，并采用一个电动泵，由电子控制单元根据车辆的行驶速度、转向角度等信号计算出最理想状态。（　　）

三、简答题

以比亚迪秦检测电动转向控制模块终端电阻为例，简述如何检测电动转向控制模块插头端子的电阻。

任务二　制动系统控制模块检修

汽车制动系统是指对汽车某些部分（主要是车轮）施加一定的力，从而对其进行一定程度的强制制动的一系列专门装置。汽车制动系统主要部件有制动主缸、制动助力器、制动管路、制动轮缸、制动器、制动摩擦片、驻车制动器、制动液。

本任务主要对新能源汽车制动系统进行概述，以比亚迪混动车型为例介绍其功能与元件，以及制动系统控制模块电路的检测与维修方法。

教学目标

知识目标

1）掌握制动系统控制模块插头端子的电阻、电压、线束导通性检测方法。
2）掌握制动系统控制模块相关数据流标准范围。
3）掌握制动系统控制模块总线标准波形图。

4）掌握制动系统控制模块插头的断开和插接方法、线束的检查与修复方法。

技能目标

1）能检测制动系统控制模块插头端子的电阻、电压、线束导通性。
2）能使用诊断仪读取制动系统控制模块故障码、数据流，并执行动作测试。
3）能使用示波器检测并分析制动系统控制模块的总线波形。

德育目标

1）培养团队意识、质量意识、环保意识、安全意识。
2）培养工匠精神和创新思维。
3）培养广泛学习、勤于思考的良好习惯。

知识储备

一、新能源汽车制动系统概述

一般来说汽车制动系统包括行车制动装置和驻车制动装置两套独立的装置。其中行车制动装置是由驾驶员用脚来操纵的，故又称为脚制动装置。驻车制动装置是由驾驶员用手操纵的，故又称为手制动装置。

行车制动装置的功用是使正在行驶中的汽车减速或在最短的距离内停车，而驻车制动装置的功用是使已经停在各种路面上的汽车保持不动。但是，有时在紧急情况下，两种制动装置可同时使用而增加汽车制动的效果。有些特殊用途的汽车和经常在山区行驶的汽车，长期而又频繁地制动将导致行车制动装置过热，因此在这些汽车上往往增设各种不同形式的辅助制动装置，以便在下坡时稳定车速。

按照制动能源来源情况，制动系统还可分为人力制动系统、动力制动系统和伺服制动系统3种。人力制动系统以驾驶员的体力作为制动能源；动力制动系统以发动机动力所转化的气压或液压作为制动能源；而伺服制动系统则是兼用人力和发动机动力作为制动能源。此外，按照制动能量的传递方式，制动系统又可分为机械式、液压式、气压式和电磁式等几种。

二、新能源汽车制动系统控制模块的功能与元件

以比亚迪秦为例，其制动系统的组成部件与传统汽车大致相同。本任务将以比亚迪秦搭载的车身电子稳定系统（ESP）与电子驻车制动（EPB）两个模块介绍该车型制动系统的行车与驻车控制模块。

1. ESP

ESP 通过对从各传感器传来的车辆行驶状态信息进行分析，然后向 ABS、EBD 等发出纠偏指令，来帮助车辆维持动态平衡。ESP 可以使车辆在各种状况下保持最佳的稳定性，在转向过度或转向不足的情形下效果更加明显。如图 3-2-1 所示，比亚迪秦 ESP 由电控单元的 ESP 液压调节模块、各传感器以及制动执行系统组成。

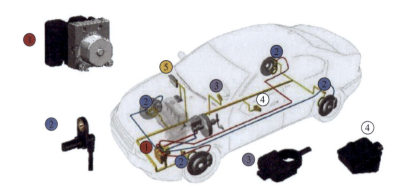

图 3-2-1 比亚迪秦 ESP 系统组成

①—电控单元的 ESP 液压调节模块　②—轮速传感器　③—转向盘转角传感器
④—偏航率传感器（集成于 ESP 模块中）　⑤—发动机控制模块

（1）传感器

比亚迪秦 ESP 包括转向盘转角传感器、压力传感器、轮速传感器、偏航率传感器（含横向加速度、纵向加速度、横摆角速度 3 个信号）、加速/制动踏板传感器等，这些传感器负责采集车身状态的数据。

（2）ESP 控制模块

ESP 控制模块位于副仪表板下，它对传感器采集到的数据进行计算，算出车身状态后同存储器里面预先设定的数据进行比对。当计算数据超出存储器预存的数值，即车身临近失控或者已经失控的时候，则命令执行器工作，以保证车身行驶状态能够尽量满足驾驶员的意图。

（3）执行器

比亚迪秦制动系统采用 X 形布置，执行器是 4 个车轮的制动系统。ESP 的执行器是一个能单独对车轮进行制动的制动系统。与没有装备 ESP 的车不同的是，装备有 ESP 的车制动系统具有蓄压功能，控制模块可以根据需要，在驾驶员没踩制动的时候替驾驶员向车轮的制动油管加压，对各个车轮单独施加精确的制动力，使车辆保持稳定行驶。完成蓄压功能的是液压调节器（图 3-2-2），比亚迪秦液压调节器包含 1 个电机、2 个回流泵、2 个蓄能器、1 个压力传感器与 12 个电磁阀。另外，ESP 还能控制发动机的动力输出和干预变速器的档位。

图 3-2-2 比亚迪秦液压调节器

2. EPB

比亚迪秦 EPB 通过简单的电子驻车开关操作取代传统的手动拉杆，通过 ECU 控制电机实现驻车功能，同时此系统还可以辅助安全驾驶。

电子驻车系统主要功能：①自动驻车，整车熄火至 OFF 档，系统会自动启动驻车。②手动驻车，手动操作电子驻车开关向上抬起，系统驻车启动。③自动释放驻车，驻车系统已启动，此时启动车辆，当档位处于 D/R 等行车档位时，轻踩加速踏板，驻车系统会自动释放；或是驾驶员进行换档操作，将档位由 P/N 档换到 D/R 等行车档位时，驻车系统会自动释放。④手动释放驻车，驻车系统已启动，在非 P 档位并踩下制动踏板时，手动操作电子驻车开关向下压，系统取消驻车。⑤应急制动功能，行驶过程中，在制动踏板失效的情况下，可以通过拉起驻车开关的操作，使用电子驻车系统强制制动。

比亚迪秦 EPB 主要由电子驻车开关、电子驻车模块、左右电机组成。电子驻车模块如图 3-2-3 所示，位于后排座椅下方。

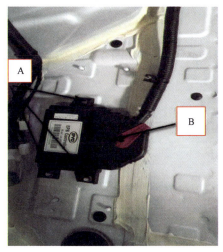

图 3-2-3 比亚迪秦 EPB 电子驻车模块位置

3. 制动系统控制模块插接件与端子

1）ESP：如图 3-2-4 所示，比亚迪秦 ESP 控制模块的线束插接件为 B05，插接件端子定义见表 3-2-1。

表 3-2-1 ESP 控制模块接插件端子定义

端子	端子描述	端子	端子描述
B05-1	电机的电源端（正）	B05-19	轮速传感器的信号端（左前）
B05-4	轮速传感器的信号端（右前）	B05-25	阀继电器的电源端
B05-8	轮速传感器的信号端（左前）	B05-26	CAN-H
B05-12	EPS 禁用开关	B05-28	ECU 的电源端（点火电源线）
B05-13	电机接地端	B05-29	轮速传感器的信号端（右后）
B05-14	CAN-L	B05-30	制动灯开关
B05-16	轮速传感器的电源端（右前）	B05-31	轮速传感器的电源端（左后）
B05-17	轮速传感器的电源端（右后）	B05-38	ECU 接地端
B05-18	轮速传感器的信号端（左后）		

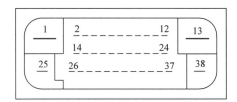

图 3-2-4　比亚迪秦 ESP 控制模块的线束插接件 B05

2）EPB：如图 3-2-5 所示，比亚迪 E5 EPB 控制模块的线束插接件为 K31，插接件端子定义见表 3-2-2。

表 3-2-2　EPB 控制模块插接件端子定义

端子	端子描述	端子	端子描述
K31-1	常电电源	K31-23	开关信号
K31-2	接地	K31-24	开关信号
K31-3	右侧电机 −	K31-25	开关信号
K31-5	常电电源	K31-27	CAN-L
K31-15	右侧电机 +	K31-28	开关信号
K31-16	左侧电机 −	K31-29	开关信号
K31-17	左侧电机 +	K31-30	开关信号
K31-21	IG1 电源	K31-32	CAN-H

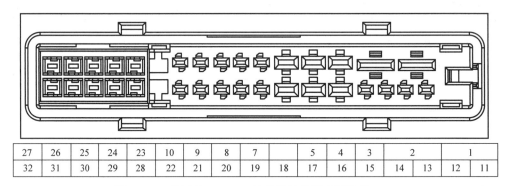

图 3-2-5　比亚迪 E5 EPB 控制模块的线束插接件 K31

三、新能源汽车制动系统控制模块的检修

1. 读取和清除制动控制模块相关故障码并读取数据流

以比亚迪秦混合动力车型为例，制动系统诊断一般遵循如下步骤：

1）将诊断测试设备连接至诊断接口，接通诊断测试设备；上至 OK 档电；在诊断仪上进入诊断功能选择界面，选择车型诊断；进入诊断车型选择界面，选择需要诊断的车型；再进入诊断系统选择界面。

2）在系统选择界面可以选择电子稳定系统（系统显示为"电子稳定系统"）选项及制动系统另一个组成电子驻车系统，进入相关模块后，可选择读取故障码选项，读取故障相关信息（故障码、冻结帧等）。

3）在车身电子稳定系统中系统选择界面或电子驻车系统选择界面，选择读取数据流选项，读取模块数据流，如图 3-2-6、图 3-2-7 所示。

图 3-2-6　车身电子稳定系统模块数据流截图

图 3-2-7 电子驻车系统模块数据流截图

4)在系统选择界面可以选择动作测试,选择元件动作测试对元件进行检测。

5)清除故障存储器;适当运行车辆,运行方式须满足相应故障诊断的条件;读取故障信息,确认故障已经排除。

2. 检测制动系统控制模块插头端子的电阻

以比亚迪 E5 检测 EPB 控制模块终端电阻为例。断开蓄电池负极,断开电动助力控制模块插接件 K31。查询维修手册中控制单元端子的定义,EPB 控制模块 CAN-H 端子为 K31-32 号端子,CAN-L 端子为 K31-27 号端子。万用表校零后,测量控制模块端子 K31-32 与 K31-27 之间电阻值。

3. 检测制动系统控制模块电源和搭铁端子电压

制动系统控制模块的供电与搭铁是保证控制模块能够正常工作的基础,检测控制模块供电端子和搭铁端子的电压,可以分析控制模块供电线路及铁线路是否正常。以比亚迪秦混合动力和 E5 车型制动系统控制模块为例,首先要查询维修手册中控制单元端子的定义,ESP 电源输入端子为 B05-28 号端子,EPB 电源输入端子为 K31-1 与 K31-5 号端子,ESP 接地端子为 B05-38 号端子,EPB 接地端子为 K31-2 号端子。上至 ON 档电,使用背插法,用万用表探针测量 B05-28、K31-1、K31-5 号端子和车身搭铁端子之间的电压,电压值为额定电压时代表供电线路正常,否则反向检查供电线路;测量 B05-38 与 K31-2 号接地端子和车身搭铁之间的电阻,电阻值为额定值时,代表搭铁线路正常,接地端电阻值应小于 1Ω。

4. 检测制动系统控制模块与电子元件或控制模块之间线束的导通性

以比亚迪 E5 为例,首先要断开蓄电池负极,断开制动系统控制模块相关低压线束插头,查询维修手册中控制单元端子的定义,选择线束两端的端子进行电阻测试,电阻值小于 1Ω 即代表该段线束导通。表 3-2-3 为制动系统控制模块与电子元件之间部分信号线束端子定义。

表 3-2-3 比亚迪 E5 制动系统控制模块与电子元件之间部分信号线束端子定义

线束名称	制动系统控制模块端子	对应电子元件端子	对应电子元件名称
EPB 开关信号线	K31-25	K32-4	EPB 开关
	K31-29	K32-2	
	K31-28	K32-3	
	K31-30	K32-1	
	K31-24	K32-5	
	K31-23	K32-6	
EPB 电机信号线	K31-3	K57(B)-2	EPB 电机
	K31-15	K57(B)-1	
	K31-16	K57(A)-2	
	K31-17	K57(A)-1	

5. 检测制动系统控制模块与电子元件之间供电电压

以比亚迪 E5 EPB 开关信号线为例,首先要查询维修手册中控制单元端子的定义,控制模块的 EPB 开关信号端子之一为 K31-25,上至 OK 档电,使用万用表电压档对端子进行测试,再对比维修手册的额定工作电压,从而判断线路和模块是否正常。标准值为 11~14V。

6. 检测读取制动系统控制模块的 CAN 总线 High 和 Low 的电压与波形

1）使用万用表测量制动系统控制模块 CAN 总线的电压。查询维修手册中控制单元端子的定义，制动系统控制模块 ESP 模块 CAN-H 端子为 B05-26 号端子，CAN-L 端子为 B05-14 号端子；EPB 模块 CAN-H 端子为 K31-32 号端子，CAN-L 端子为 K31-27 号端子。使用万用表电压档测量两端子，红表笔接端子针脚，黑表笔接车身搭铁，CAN-H 线标准整车通信电压为 2.5~3.5V，CAN-L 线标准整车通信电压为 1.5~2.5V。万用表的显示值只能反映被测信号的主体信号电压值，不能反映被测信号的每个细节。

2）使用示波器功能进行制动系统控制模块 CAN 总线的波形测量。比亚迪秦车型中制动系统控制模块总线属于 ESC 网。通道 CH1 测量 CAN-H 线，通道 CH2 测量 CAN-L 线。CAN-H 线的高电平是 3.6V，低电平是 2.5V，电压差为 1.1V。CAN-L 线的高电平是 2.5V，低电平是 1.4V，电压差为 1.1V。控制模块 CAN-H 线信号在总线空闲时电压为 2.5V，有信号传输时电压值在 2.5V 和 3.6V 之间变换，控制模块 CAN-L 线信号在总线空闲时电压为 2.5V，有信号传输时电压值在 2.5V 和 1.4V 之间变换。正常情况下，整车上电后，CAN-H、CAN-L 的波形应该在额定电压范围对称地显示信号波形。

实操任务

对照制动系统控制模块的检修要求与步骤，完成工作页"制动系统控制模块电路检测"和"制动系统控制模块 CAN 电路及波形检测"任务。

制动系统控制模块电路检测

制动系统控制模块 CAN 电路及波形检测

任务练习

一、选择题

1. 防抱死制动系统的缩写为（　　）。
   A. ABS　　　　　　B. ASRC　　　　　C. TCS　　　　　D. CVT

2. 装备 ABS 的车辆容易出现一些特殊现象，下列叙述不正确的是（　　）。
   A. 制动时，转动转向盘，会感到转向盘有轻微的振动
   B. 制动时，有时会感到制动踏板会轻微下沉
   C. 制动时，ABS 继电器不断动作，这也是 ABS 起作用的正常现象
   D. 装有 ABS 的汽车，在制动后期，不会出现车轮抱死现象

3. 循环式制动压力调节器是在制动总缸与轮缸之间（　　）两个电磁阀，直接控制轮缸的制动压力。

A. 串联 B. 并联 C. 旁通 D. 都可以

4. 关于装有 ABS 的汽车的制动过程，下列哪个说法是正确的（　　）。
   A. 在制动过程中，只有当车轮趋于抱死时，ABS 才工作
   B. 只要驾驶员制动，ABS 就工作
   C. 在汽车加速时，ABS 才工作
   D. 在汽车起步时，ABS 工作

二、判断题

1. 汽车制动系统是指为了在技术上保证汽车的安全行驶，提高汽车的平均速度等，而在汽车上安装制动装置专门的制动机构。（　　）
2. 行车制动装置的功用是使已经停在各种路面上的汽车保持不动，而驻车制动装置的功用是使正在行驶中的汽车减速或在最短的距离内停车。（　　）
3. 按照制动能量的传递方式，制动系统可分为机械式、液压式两种。（　　）
4. 比亚迪秦的 ESP 控制模块位于副仪表板下，它能将传感器采集到的数据进行计算，算出车身状态然后与存储器里面预先设定的数据进行比对。（　　）

三、简答题

简述如何检测电动真空助力泵控制模块与电子元件之间的供电电压。

任务三　电动真空助力泵控制模块检修

汽车的制动性能是汽车的主要性能之一，是汽车高速行驶的重要保障，关系到人们的生命及财产安全。对于大多数新能源汽车而言，制动系统主要采用液压作为传动媒介，但它无法为驾驶员提供制动助力。因此，为了提高新能源汽车的制动性能，减轻驾驶员的劳动强度，新能源汽车的制动系统普遍加装助力装置，即采用具有助力功能的伺服制动系统。伺服制动系统是指在人力液压制动的基础上加设一套由其他能源提供制动力的助力装置，即兼用人力和机械动力作为制动能源的制动系统。真空助力泵是伺服制动系统中最常用的助力装置，因此，伺服制动系统也称作真空助力制动系统。

本任务主要对新能源汽车电动真空助力泵进行概述，以比亚迪车型为例介绍其功能与元件，以及电动真空泵控制模块电路的检测与维修方法。

教学目标

知识目标

1）掌握电动真空助力泵控制模块插头端子的电阻、电压、线束导通性检测方法。
2）掌握电动真空助力泵控制模块相关数据流标准范围。
3）掌握电动真空助力泵控制模块总线标准波形图。
4）掌握电动真空助力泵控制模块插头的断开和插接方法、线束的检查与修复方法。

技能目标

1）能检测电动真空助力泵控制模块插头端子的电阻、电压、线束导通性。
2）能使用诊断仪读取电动真空助力泵控制模块故障码、数据流,并执行动作测试。

德育目标

1）培养团队意识、质量意识、环保意识、安全意识。
2）培养工匠精神和创新思维。
3）培养广泛学习、勤于思考的良好习惯。

知识储备

一、新能源汽车电动真空助力泵概述

真空泵又称助力泵,它是制动系统的助力装置。一般的小轿车都是液压助力制动,而通常货车或大客车都是气动助力制动。真空泵的作用就是产生负压,从而增加制动力。汽车制动系统的真空增压效果非常重要,这与汽车的行驶安全性有关。在汽车制动辅助系统中,如果真空助力器获得的真空度不足或无法获得真空,则制动系统的助力效果将大大降低。

电动真空泵可以通过真空传感器监测增压器中真空的变化,从而确保在各种驾驶条件下的充分增压效果。它通常用于新能源电动汽车,以及涡轮增压汽油发动机和柴油发动机车型。在真空泵内部,电机作为动力源产生局部真空。真空助力器依靠其内部真空腔与大气压的压力差来提供助力,因此真空腔必须保持一定的真空度,才能对外输出制动助力。传统的汽油发动机在工作时,其进气歧管处产生较高的真空度,可以为真空助力器不断地提供真空源,保证伺服制动系统的正常运行。但现在为满足环保要求而开发的汽油直喷发动机,其进气歧管处真空度较低,无法提供足够的真空来源。另外,在混合动力汽车上,由于发动机不能全时工作,也无法保证足够的真空度;而对于新能源纯电动车,更是完全需要外部真空源来保证制动性能。因此,运用电动真空助力泵来解决汽车制动系统的助力问题,是保证汽车的制动性能不因发动机结构的改变或动力装置变化而降低的一种有效方案。目前比较成熟的真空获得设备类型有液环式真空泵、往复式真空泵、旋片式真空泵、滑阀式真空泵、罗茨式真空泵、爪式真空泵、涡旋式真空泵、螺杆式真空泵和分子式真空泵。

二、新能源汽车电动真空助力泵控制模块的功能与元件

以比亚迪 E5 为例，其搭载的就是电动真空助力泵，比亚迪 E5 电动真空助力泵由电机驱动，其控制模块集成于主控制模块中，由两条控制线控制电动真空助力泵继电器，并配有电动真空助力泵继电器检测。

比亚迪 E5 电动真空助力泵控制模块的线束插接件为 K49，接插件端子定义见表 3-3-1。

表 3-3-1　电动真空助力泵控制模块插接件端子定义

端子	端子定义	端子	端子定义
K49（A）-4	电动真空助力泵继电器检测信号	B44（B）-13	电动真空助力泵供电线 2
K49（B）-2	电动真空助力泵控制信号 2	B44（B）-9	电动真空助力泵供电线 1
K49（B）-12	电动真空助力泵控制信号 1		

三、新能源汽车真空助力泵控制模块的检修

1. 读取和清除真空助力泵控制模块相关故障码并读取数据流

以比亚迪 E5 纯电动汽车为例，真空助力泵控制模块诊断仪诊断一般遵循如下步骤：

1）将诊断测试设备连接至诊断接口，接通诊断测试设备；上至 OK 档电；在诊断仪上进入诊断功能选择界面，选择车型诊断；进入诊断车型选择界面，选择需要诊断的车型；再进入诊断系统选择界面。

2）在系统选择界面选择动力模块选项，进入后选择主控制器模块（电动真空助力泵控制模块集成在整车控制模块中），选择读取故障码选项，读取故障相关信息（故障码、冻结帧等）。

3）在主控制器选择界面选择读取数据流选项，读取模块数据流。

4）在主控制器选择界面选择动作测试选项，选择元件动作测试对元件进行检测。

5）清除故障存储器；适当运行车辆，运行方式须满足相应故障诊断的条件；再读取故障信息，确认故障已经排除。

2. 检测真空助力泵控制模块插头端子的电阻

以比亚迪 E5 检测继电器检测信号线电阻为例。断开蓄电池负极，断开电动真空助力泵控制模块插接件 K49（A）。查询维修手册中控制单元端子的定义，电动真空助力泵控制模块继电器检测信号线端子为 K49（A）-4 号端子，另一端为 B44（B）-24。万用表校零后，测量控制模块端子 K49（A）-4 与 B44（B）-24 之间电阻值。测量值为继电器检测信号线电阻。标准电阻应小于 1Ω。

3. 检测真空助力泵控制模块电源和搭铁端子电压，读取 CAN 总线 High 和 Low 的电压与波形

比亚迪 E5 真空助力泵控制模块集成于主控制器中，相关检测请参照项目二任务九整车控制器的检修内容。

4. 检测电动真空助力泵控制模块与电子元件或控制模块之间线束的导通性

首先要断开蓄电池负极，断开电动真空助力泵系统控制模块相关低压线束插头，查询维修手册中控制单元端子的定义，选择线束两端的端子进行电阻测试，电阻值小于 1Ω 即代表该段线束导通。表 3-3-2 为电动真空助力泵控制模块与电子元件之间部分信号线束端子定义。

表 3-3-2　比亚迪 E5 电动真空助力泵控制模块与电子元件之间部分信号线束端子定义

线束名称	电动真空助力泵控制模块端子	对应电子元件端子	对应电子元件名称
检测继电器检测信号线	K49（A）-4	B44（B）-24	电机
电动真空助力泵控制线	K49（B）-12	B44（B）-9	电机
电动真空助力泵控制线	K49（B）-2	B44（B）-13	电机

5. 检测电动真空助力泵控制模块与电子元件之间供电电压

以比亚迪 E5 电动真空助力泵控制线为例，首先要查询维修手册中控制单元端子的定义，控制模块的电动真空助力泵控制线端子为 K49（B）-12，上至 OK 档电，使用万用表电压档对端子进行测试，再对比维修手册的额定工作电压，从而判断线路和模块是否正常。

实操任务

对照真空助力泵控制模块的检修要求与步骤，完成工作页"真空助力泵控制模块电路检测"任务。

真空助力泵控制模块电路检测

课程育人　案例 3

近几年，随着智能网联汽车的快速发展，网络攻击、黑客入侵等安全问题频发，加之自动驾驶系统尚不完善，进而引发的道路交通安全问题日益凸显。目前，汽车网络安全和数据安全已经引起了全球各个国家和地区的高度重视。

汽车智能化是大势所趋，由此也带来了汽车功能安全与信息安全相互融合的新需求。车载网关是车内外网络的通信枢纽，也是汽车网络安全的"防火墙"。智能网联汽车一旦遭遇攻击，不仅车内敏感信息会被泄露或篡改，车辆被恶意控制，严重者还可能会危及生命财产安全。

2021 年 8 月，北京云池未来科技有限公司（以下简称"云驰未来"）在北京发布了国内首款车规级 5G 自动驾驶车载安全网关 L3000。这款车载网关采用了国产芯片企业芯驰科技的 G9 系列中央网关处理器，同时集成了车规级以太网、5G/C-V2X、Wi-Fi/BT、高精度 GNSS/IMU 等模块，可以支持 C-V2X、5G 等高实时性数据的传输，引领了全新一代汽车智能中央网关的变革。据介绍，这款功能强大的汽车网关内部构建了主动免疫安全框架、双核锁步的安全核，能够为车辆提供全方位的安全监控，为车主持续保驾护航。

任务练习

一、选择题

1. 真空泵又称助力泵,它是( )的助力装置。
   A. 转向系统　　　　B. 冷却系统　　　　C. 驱动系统　　　　D. 制动系统
2. 以比亚迪 E5 检测继电器检测信号线电阻为例,其标准电阻值应小于( )。
   A. 1Ω　　　　　　B. 2Ω　　　　　　C. 3Ω　　　　　　D. 4Ω
3. 一般的小轿车都是( )制动,而通常货车或大客车都是气动助力制动。
   A. 气动助力　　　　B. 电动助力　　　　C. 液压助力　　　　D. 燃气助力

二、判断题

1. 真空泵就是产生空气用的,一般的小轿车都是液压助力制动,而通常货车或大客车都是气动助力制动。　　　　　　　　　　　　　　　　　　　　　　　　　　　( )
2. 真空泵的作用就是产生负压,从而增加制动力。汽车制动系统的真空增压效果非常重要,这与汽车的行驶安全性有关。在汽车制动辅助系统中,如果真空助力器获得的真空度不足或无法获得真空,则制动系统的助力效果将大大降低。　　　　　　　　　　( )
3. 电动真空泵不可以通过真空传感器监测增压器中真空的变化,所以不能确保在各种驾驶条件下的充分增压效果。　　　　　　　　　　　　　　　　　　　　　　　( )
4. 真空助力器依靠其内部真空腔与大气压的压力差来提供助力,因此真空腔必须保持一定的真空度,才能对外输出制动助力。　　　　　　　　　　　　　　　　　　( )
5. 目前比较成熟的真空获得设备类型有液环式真空泵、往复式真空泵、旋片式真空泵、滑阀式真空泵、罗茨式真空泵、爪式真空泵、涡旋式真空泵、螺杆式真空泵和分子式真空泵。　　　　　　　　　　　　　　　　　　　　　　　　　　　　　　　　　　( )

三、简答题

简述什么是真空泵。

项目四 新能源汽车车身网关控制系统检修

在当今社会，汽车已然成为经济发展和生活中最重要的交通工具之一。随着计算机技术和汽车技术的发展，电子控制技术已广泛应用于现代汽车工业，用于提高车辆的安全性、经济性和舒适性等，并成为现代汽车行业的发展趋势和重要标志，这在新能源汽车领域尤为明显。新能源汽车车身的很多部件都得益于电子控制系统，其中车身电子控制系统是指为驾乘人员提供舒适性控制的装置，包括车内外照明控制、中央门锁、电动窗机、智能刮水器、无钥匙系统、电动转向柱、电动座椅、辅助加热系统、智能空调器等。

新能源汽车车身网关控制系统作为新能源汽车主要的舒适系统管理系统，主要包含车身控制模块、电动车窗控制模块、自动前照灯控制模块、电动座椅控制模块等几个组成部分。掌握新能源汽车车身网关控制系统的总线系统网络、各控制单元的功能与执行元件、信号及部件检测诊断等对新能源汽车车身网关控制系统检修至关重要。

本项目主要从新能源汽车车身网关控制系统的CAN总线系统网络、各控制单元功能及组成、各控制单元对应插接件位置及端子定义，系统内各控制单元CAN总线、传感器及其线束、执行器及其线束检测等内容进行讲解，通过以某一重点车型为例进行详细、形象的讲解，让学生能够举一反三地掌握新能源汽车车身网关控制系统的网络结构、相关元件与功能以及新能源汽车车身网关控制系统的检测诊断方法与维修方法。

任务一　车身控制模块检修

车身控制模块简称 BCM，指用于控制车身电器系统的电子控制单元（ECU），是新能源汽车的重要组成部分之一。车身控制模块常见的功能包括控制电动车窗、电动后视镜、空调、前照灯、转向灯、防盗锁止系统、中控锁、除霜装置等。车身控制模块可以通过总线与其他车载 ECU 相连。

本任务主要介绍新能源汽车车身控制模块概述，以比亚迪车型为例介绍其功能与元件，以及车身控制模块电路的检测与维修。

教学目标

知识目标
1）掌握车身控制模块插头端子的电阻、电压、线束导通性检测方法。
2）掌握车身控制模块相关数据流标准范围。
3）掌握车身控制模块总线标准波形图。
4）掌握车身控制模块插头的断开和插接方法、线束的检查与修复方法。

技能目标
1）能检测车身控制模块插头端子的电阻、电压、线束导通性。
2）能使用诊断仪读取车身控制模块故障码、数据流，并执行动作测试。
3）能使用示波器检测并分析车身控制模块的总线波形。

德育目标
1）培养团队意识、质量意识、环保意识、安全意识。
2）培养工匠精神和创新思维。
3）培养广泛学习、勤于思考的良好习惯。

知识储备

一、新能源汽车车身控制模块概述

车身控制模块（BCM）用来控制不需专用控制器的常用"车身"功能，包括车窗、车镜、车门锁和车灯控制，以及接收发自车钥匙的 RF 信号等功能。此外，车身控制模块还具有通过网络总线在不同模块间传输数据的网关作用。因为车身控制模块连接多个汽车总线，所以它是为汽车增加新功能的理想平台。新能源汽车车身控制模块的重要任务是简化操作，减少乘员的手动操作，以免分散乘员的注意力。新能源汽车车身控制模块主要是用于增强汽车的安全性、舒适性和方便性。增强汽车安全性主要包括控制安全气囊、安全带、中央防盗门锁；增强汽车舒适性主要包括控制自适应空调、座椅；增强汽车方便性主要包括控制自动车窗、电动门锁、电动后视镜、电动车顶（天窗）等和满足多种用电设备需求的电源管理系统等；还有用于和车外联系，以及协调整车各部分电子控制单元的功能，将大量计算机、传感器与交通管理服务系统连接在一起的综合显示系统、驾驶员信息系统、

导航系统、计算机网络系统、状态监测与故障诊断系统等。BCM 的工作可大致分为两部分：控制部分，包括 MCU、传感器输入和车内网络；电源部分，包括可提供大功率信号以驱动各种负载的功率器件。

作为车身部件最重要的网关控制系统之一，车身控制模块随着汽车电子技术的发展，其功能也在不断扩展和增加。归纳起来主要有以下几类功能：

1）低压电源管理。BCM 具有电源管理功能，把车上低压用电设备电源集成在 BCM 内，节约了线束，也便于后期维修。

2）灯光控制。除对灯光进行控制以外，BCM 检测到小灯电路对地短路或电路电流过大时，会启动保护功能，防止线束因电流过大烧结。

3）刮水器控制。新能源汽车雨刮电路如果用普通控制需要大量线束，使用 BCM 控制后，就能节约线束，增加雨刮的功能，如可以增加调节雨刮间歇档的快慢功能。

4）中控门锁、遥控接收控制。BCM 可检测车速实现自动落锁功能，另外，遥控器向 BCM 发送一个信号，可以对门锁进行控制，如上锁、开锁、开启尾门、寻车等功能。

5）防盗。车辆设置有车身防盗系统，若车辆被非法侵入时，车辆会出现喇叭蜂鸣、报警灯闪烁情况。

6）故障模式自诊断控制。当 BCM 检测到内部有故障时，会启动自诊断功能，在仪表上显示故障指示灯提醒驾驶人员，也可以使用专用设备读取 BCM 数据来帮助维修。

除了传统的灯光控制、刮水（洗涤）控制、门锁控制等基本功能外，近年来逐渐集成了自动刮水、发动机防盗（IMMO）、胎压监测（TPMS）等功能，以满足人们不断增加的安全性、舒适性等方面的要求。

二、新能源汽车车身控制模块的功能与元件

以比亚迪 E5 为例，其车身控制模块位于中控仪表板下方仪表板配电盒中，是比亚迪 E5 重要的控制模块。作为控制部分，其主要控制室外灯光系统、室内灯光系统、制动系统、启动系统、交流充电口、转向轴锁与门锁等系统或部件；作为电源部分，其主要为转向轴锁、电动后视镜电机、门锁电机、行李舱盖开启电机等功率器件或传感器供电。

比亚迪 E5 车身控制模块的线束插接件有 G2A、G2R、K2B、K2G、G2Q、G2K、G2P、G2L 等，插接件位置及外形可查询比亚迪 E5 维修手册中电器原理图。插接件端子定义见表 4-1-1。

表 4-1-1 车身控制模块插接件端子定义

端子	端子定义	端子	端子定义
G2R-11	前碰撞信号采集	G2Q-24	外后视镜展开驱动信号采集
K2B-14	倒车灯电源	G2R-12	外后视镜折叠驱动信号采集
K2B-1	后雾灯电源	G2P-3	光照强度传感器 5V 供电
G2L-13	门锁电机接地	G2R-7	启动按键指示灯驱动（橙色）
G2Q-1	MICU 常电电源	G2R-18	启动按键指示灯驱动（绿色）
G2P-1	转向轴锁解锁驱动	G2R-5	启动按键指示灯驱动（白色）

（续）

端子	端子定义	端子	端子定义
G2A-10	室内灯光控制	G2P-14	充电口盖照明驱动
G2P-18	BCM 接地	G2Q-8	充电口闭锁控制
G2R-20	门锁总开关信号 LOCK	G2Q-18	充电口解锁控制
G2R-29	门锁总开关信号 UNLOCK	G2Q-6	充电器闭锁器位置信号
K2G-10	行李舱盖开启电机电源	G2L-4	左后门锁电机电源
G2R-4	行李舱灯开关信号采集	K2G-5	右后门锁电机电源
G2Q-9	门锁状态指示灯	G2L-8	右前门锁电机电源
G2R-8	启动网 CAN-H	G2L-14	左前门锁电机电源
G2R-9	启动网 CAN-L		

三、新能源汽车车身控制模块的检修

1. 读取和清除车身控制模块相关故障码并读取数据流

以比亚迪秦混合动力车型为例，车身控制模块诊断仪诊断一般遵循如下步骤：

1）将诊断测试设备连接至诊断接口，接通诊断测试设备；上至 OK 档电；在诊断仪上进入诊断功能选择界面，选择车型诊断；进入诊断车型选择界面，选择需要诊断的车型；再进入诊断系统选择界面。

2）在系统选择界面选择车身网模块选项，进入后选择车身控制模块选项，选择读取故障码选项，读取故障相关信息（故障码、冻结帧等）。

3）在车身控制模块选择界面选择读取故障码选项，读取模块数据流，部分数据流如图 4-1-1 所示。

图 4-1-1　车身控制模块数据流截图

4）在车身控制模块选择界面选择动作测试选项，选择元件动作测试对元件进行检测。

5）清除故障存储器；适当运行车辆，运行方式须满足相应故障诊断的条件；再读取故障信息，确认故障已经排除。

2. 检测车身控制模块插头端子的电阻

以比亚迪 E5 检测车身控制模块终端电阻为例。断开蓄电池负极，断开车身控制模块插接件 G2R。查询维修手册中控制单元端子的定义，车身控制模块启动网 CAN-H 端子为 G2R-8 号端子，启动网 CAN-L 端子为 G2R-9 号端子。万用表校零后，测量控制模块端子 G2R-8 与 G2R-9 之间电阻值。测量值为车身控制模块的终端电阻。单个 CAN 模块终端标准电阻：120Ω，整个网络终端电阻：60Ω。

3. 检测车身控制模块电源和搭铁端子电压

车身控制模块的供电与搭铁是保证控制模块能够正常工作的基础，检测控制模块供电端子和搭铁端子的电压，可以分析控制模块供电线路是否正常、搭铁线路是否正常。以比亚迪 E5 车身控制模块为例，首先要查询维修手册中控制单元端子的定义，常电电源输入端子为 G2Q-1 号端子，接地端子为 G2P-18 号端子。上至 ON 档电，使用背插法，用万用表探针测量 G2Q-1 号端子与车身搭铁之间的电压，电压值为额定电压时，代表供电线路正常，否则反向检查供电线路；测量 G2P-18 接地端子与车身搭铁之间的电阻，电阻值为额定电阻时代表搭铁线路正常，接地端电阻值应小于 1Ω。

4. 检测车身控制模块与电子元件或控制模块之间线束的导通性

以比亚迪 E5 为例，首先要断开蓄电池负极，断开车身控制模块相关低压线束插头，查询维修手册中控制单元端子的定义，选择线束两端的端子进行电阻测试，电阻值小于 1Ω 即代表该段线束导通。表 4-1-2 为车身控制模块与电子元件之间部分信号线束端子定义。

表 4-1-2 比亚迪 E5 车身控制模块与电子元件之间部分信号线束端子定义

线束名称	车身控制模块端子	对应电子元件端子	对应电子元件名称
左前门锁电机控制线	G2L-14	T06-3	左前门锁电机
左后门锁电机控制线	G2L-4	V04-3	左后门锁电机
右前门锁电机控制线	G2L-8	U06-4	右前门锁电机
右后门锁电机控制线	K2G-5	W04-4	右后门锁电机
充电口闭锁控制信号线	G2Q-8	B53（B）-3	交流充电口
充电口解锁控制信号线	G2Q-18	B53（B）-4	交流充电口
充电器闭锁位置信号线	G2Q-6	B53（B）-5	交流充电口
行李舱盖开启电机供电线	K2G-10	K24-1	行李舱盖开启电机
行李舱灯开关信号采集线	G2R-4	K24-3	行李舱盖开启电机
外后视镜折叠驱动信号采集线	G2R-12	G15-11	电动外后视镜开关
外后视镜展开驱动信号采集线	G2R-24	G15-12	电动外后视镜开关

5. 检测车身控制模块与电子元件之间供电电压

以比亚迪 E5 制动信号输入线端子为例，首先要查询维修手册中控制单元端子的定义，车身控制模块制动信号输入线端子为 G2I-13，上至 ON 档电，踩下制动踏板，使用万用表电压档对端子进行测试，再对比维修手册的额定工作电压，从而判断线路和模块是否正常。标准值约为 12V。

6. 检测读取车身控制模块的 CAN 总线 High 和 Low 的电压与波形

1）使用万用表测量车身控制模块 CAN 总线的电压。查询维修手册中控制单元端子的定义，车身控制模块 CAN-H 端子为 G2R-8 号端子，CAN-L 端子为 G2R-9 号端子。使用万用表电压档测量两端子，红表笔接端子针脚，黑表笔接车身搭铁，CAN-H 线标准整车通信电压为 2.5～3.5V，CAN-L 线标准整车通信电压为 1.5～2.5V。万用表的显示值只能反映被测信号的主体信号电压值，不能反映被测信号的每个细节。

2）使用示波器功能进行车身控制模块 CAN 总线的波形测量。比亚迪 E5 车型中车身控制模块总线属于启动网。通道 CH1 测量 CAN-L 线，通道 CH2 测量 CAN-L 线。CAN-H 线的高电平是 3.6V，低电平是 2.5V，电压差为 1.1V。CAN-L 线的高电平是 2.5V，低电平是 1.4V，电压差为 1.1V。控制模块 CAN-H 线信号在总线空闲时电压为 2.5V，有信号传输时电压值在 2.5V 和 3.6V 之间变换，控制模块 CAN-L 线信号在总线空闲时电压为 2.5V，有信号传输时电压值在 2.5V 和 1.4V 之间变换。正常情况下，整车上电后，CAN-H、CAN-L 的波形应该在额定电压范围对称地显示信号波形。

实操任务

对照车身控制模块的检修要求与步骤，完成工作页"车身控制模块电路检测"和"车身控制模块 CAN 电路及波形检测"任务。

车身控制模块电路检测

车身控制模块 CAN 电路及波形检测

任务练习

一、选择题

1. 车身控制模块常见的功能包括控制（　　）、前照灯、转向灯、防盗锁止系统、中控锁、除霜装置等。

A. 电动车窗　　　　　　B. 电动后视镜　　　C. 空调　　　　　　D. 以上都是

2. 车身控制模块用来控制不需专用（　　）的常用"车身"功能，包括车窗、车镜、车门锁和车灯。

A. 发动机　　　　　　　B. 控制器　　　　　C. 传感器　　　　　D. 温控器

二、判断题

1. 具有ESP系统的车辆，维修人员可以通过诊断仪迅速而准确地定位发生故障的部件，大大提高维修的效率和质量。（　　）

2. 因为车身控制模块连接多个汽车总线，所以它是为汽车增加新功能的理想平台。（　　）

3. 新能源汽车车身控制模块的重要任务是简化操作，但是不能减少乘员的手动操作，会分散乘员的注意力。（　　）

三、简答题

简述车身控制模块的功能。

任务二　电动车窗控制模块检修

现代汽车对车窗的舒适性和便捷性要求越来越高，电动车窗已经越来越多地成为汽车尤其是新能源汽车的通用配置。电动车窗可使驾驶员或者乘员坐在座位上，利用开关使车门玻璃自动升降，操作简便并有利于行车安全。

本任务主要对新能源汽车电动车窗控制系统进行概述，以比亚迪混动车型为例介绍其功能与元件，以及电动车窗控制模块电路的检测与维修方法。

教学目标

知识目标

1）掌握电动车窗控制模块插头端子的电阻、电压、线束导通性检测方法。

2）掌握电动车窗控制模块相关数据流标准范围。

3）掌握电动车窗控制模块总线标准波形图。
4）掌握电动车窗控制模块插头的断开和插接方法、线束的检查与修复方法。

技能目标

1）能检测电动车窗控制模块插头端子的电阻、电压、线束导通性。
2）能使用诊断仪读取电动车窗控制模块故障码、数据流，并执行动作测试。
3）能使用示波器检测并分析电动车窗控制模块的总线波形。

德育目标

1）培养团队意识、质量意识、环保意识、安全意识。
2）培养工匠精神和创新思维。
3）培养广泛学习、勤于思考的良好习惯。

知识储备

一、新能源汽车电动车窗控制系统概述

电动车窗，用伺服电机驱动玻璃的升降，它取代了传统的转动摇柄升降玻璃，使得玻璃的升降更加轻便化、舒适化、自动化。同样，电动天窗也是利用电机驱动，按下开关按钮天窗就会自动打开或关闭。

装有这种电动车窗的车辆，在各个车门都装有玻璃升降开关的按钮。在驾驶员侧的车门上有一个总开关，可以遥控各个车门玻璃的升降，还可关闭全车的玻璃升降机构。电动天窗的按键常布置于车顶，在天窗前部有一个天窗开关。

电动车窗系统由车窗、车窗玻璃升降器、电机、继电器、开关和 ECU 等装置组成。其中，玻璃升降器是电动车窗的主要部件，根据机械升降机构的不同工作原理，玻璃升降器可分为三种形式：绳轮式、叉臂式和软轴式。

1）电机：车窗一般使用双向永磁或绕组串联式电机，每个车窗安装有一个电机通过开关控制其电流方向，从而实现车窗的升降。另外，为了防止电机过载，在电路或电机内装有一个或多个热敏电路开关，用来控制电流，当车窗玻璃上升到极限位置或由于结冰而使车窗玻璃不能自由移动时，即使操纵控制开关，热敏开关也会自动断路，避免电机通电时间过长而烧坏。

2）车窗玻璃升降器：绳轮式玻璃升降器由滑轮、钢丝绳、张力器和张力滑轮等组成，它通过驱动电机拉动钢丝绳来控制门窗玻璃的升降，可用于各种圆弧玻璃的车型中，但由于安装空间要求较大，主要用于玻璃圆弧较小的中高档轿车和高档面包车。

叉臂式玻璃升降器主要由扇形齿板、玻璃导轨和调节器等组成，扇形齿板利用驱动电机的棘轮进行转动，使玻璃沿导轨作上下移动，主要用于玻璃圆弧较大的载货汽车、面包车及中低档轿车。软轴式玻璃升降器可用于各种玻璃圆弧的车型中，但运行噪声较大，主要用于玻璃圆弧适中的面包车和中低档轿车。

3）开关：开关由主控开关、分控开关等组成。电动车窗控制系统中的主控开关用于驾驶员对电动车窗系统进行总的操纵，一般安装在左前车门把手上或变速杆附近；分控开关安装在每个车门的中间或车门把手上，用于乘客对车窗进行操纵。

4)控制模块:部分车辆电动车窗的控制模块集成在 BCM 中,也有车辆拥有独立的电动车窗控制模块。控制模块直接控制车窗开关和车窗电机,来实现一键升降和防夹控制。驾驶员侧的开关除了可以控制自己的车窗升降外,还可以控制其他 3 个车窗的升降,并可以锁定电动车窗的升降,这样便于驾驶员对车辆的整体控制。其他 3 个车窗的开关都只具有控制自身车窗玻璃升降的功能。

二、新能源汽车电动车窗控制模块的功能与元件

以比亚迪秦为例,电动车窗系统通过操作车门饰板和车顶饰板上的开关来使车窗升降或天窗开闭、上倾、下倾。电动车窗闭锁开关位于驾驶员侧前门饰板上,它可以使驾驶员禁用所有乘客车窗开关。自动降窗功能可以使驾驶员侧车窗自动降到底,操作时必须向降窗方向按下驾驶员侧车窗开关,再次沿任意方向按下开关,车窗停止运动,并且取消自动降窗动作。自动上升及防夹功能可以使驾驶员侧车窗自动升到关闭位置,并且在上升的过程中自动检测障碍物,以避免造成意外伤害。退电延时功能为当未打开任一前门,电源模式退至 OFF 后 10min 内仍可开启和关闭车窗;当打开任一前门时,电源模式退至 OFF 档后 30s 内仍可开启和关闭车窗。门把手微动开关联动功能可以在 OFF 档下长按微动开关来控制 4 个门车窗同时下降。电动车窗系统的某些功能和特性依赖于其电子模块的控制,这些电子模块是集成于左前门玻璃升降器开关组件内的。

如图 4-2-1 所示,比亚迪秦电动车窗控制模块集成于左前门玻璃升降器开关组件内,线束插接件为 T03(A)与 T16。插接件端子定义见表 4-2-1。

表 4-2-1 电动车窗控制模块插接件端子定义

端子	端子定义	端子	端子定义
T03(A)-3	左前门开锁开关	T03(A)-19	常电
T03(A)-9	常电	T16-1	左前门玻璃降电源
T03(A)-10	接地	T16-2	左前门玻璃升电源
T03(A)-14	IG1 电	T16-4	LIN 通信脚
T03(A)-17	CAN-L	T16-5	门锁 LOCK 指示灯
T03(A)-18	CAN-H		

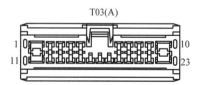

图 4-2-1 比亚迪秦电动车窗控制模块的线束插接件

三、新能源汽车电动天窗控制模块的检修

1. 读取和清除电动车窗控制模块相关故障码并读取数据流

以比亚迪秦混合动力车型为例,电动车窗控制模块诊断仪诊断一般遵循如下步骤:

1)将诊断测试设备连接至诊断接口,接通诊断测试设备;上至 OK 档电;在诊断仪上进入诊断功能选择界面,选择车型诊断;进入诊断车型选择界面,选择需要诊断的车型;再进入诊断系统选择界面。

2)在系统选择界面可以选择车身网模块选项,进入后选择车窗控制模块选项,选择读取故障码选项,读取故障相关信息(故障码、冻结帧等)。

3)在车窗控制模块选择界面选择读取数据流选项,读取模块数据流,如图 4-2-2 所示。

4)在车窗控制模块选择界面选择动作测试,选择元件动作测试对元件进行检测。

图 4-2-2　车窗控制模块数据流截图

5)清除故障存储器;适当运行车辆,运行方式须满足相应故障诊断的条件;再读取故障信息,确认故障已经排除。

2. 检测电动车窗控制模块插头端子的电阻

以比亚迪秦检测电动车窗控制模块终端电阻为例。断开蓄电池负极,断开电动车窗控制模块插接件 T03(A)。查询维修手册中控制单元端子的定义,电动车窗控制模块 CAN-H 端子为 T03(A)-18 号端子,CAN-L 端子为 T03(A)-17 号端子。万用表校零后,测量控制模块端子 T03(A)-17 与 T03(A)-18 之间电阻值。

3. 检测电动车窗控制模块电源和搭铁端子电压

电动车窗控制模块的供电与搭铁是保证控制模块能够正常工作的基础，检测控制模块供电端子和搭铁端子的电压，可以分析控制模块供电线路是否正常、搭铁线路是否正常。以比亚迪秦电动车窗控制模块为例，首先要查询维修手册中控制单元端子的定义，常电电源输入端子为T03（A）-9与T03（A）-19号端子，IG1电源输入端子为T03（A）-14号端子，接地端子为T03（A）-10号端子。上至ON档电，使用背插法，用万用表探针测量T03（A）-9、T03（A）-19、T03（A）-14号端子与车身搭铁之间的电压，电压值为额定电压时代表供电线路正常，否则反向检查供电线路，正常电压为11～14V；测量T03（A）-10号接地端子与车身搭铁之间的电压，电压值小于1V为正常。

4. 检测电动车窗控制模块与电子元件或控制模块之间线束的导通性

以比亚迪秦为例，首先要断开蓄电池负极，断开电动车窗控制模块相关低压线束插头，查询维修手册中控制单元端子的定义，选择线束两端的端子进行电阻测试，电阻值小于1Ω即代表该段线束导通。表4-2-2为电动车窗控制模块与电子元件之间部分信号线束端子定义。

表4-2-2　比亚迪秦电动车窗控制模块与电子元件之间部分信号线束端子定义

线束名称	电动车窗控制模块端子	对应电子元件端子	对应电子元件名称
左前玻璃升降器控制开关信号线	T16-1	T06-1	左前玻璃升降器电机
左前玻璃升降器控制开关信号线	T16-2	T06-6	左前玻璃升降器电机
右前玻璃升降器LIN通信线	T16-4	U01-2	右前玻璃升降器
右后玻璃升降器LIN通信线	T16-4	W01-2	右后玻璃升降器
左后玻璃升降器LIN通信线	T16-4	V04-2	左后玻璃升降器

5. 检测电动车窗控制模块与电子元件之间供电电压

以比亚迪秦左前门玻璃升降开关电源线为例，首先要查询维修手册中控制单元端子的定义，控制模块的左前门玻璃升降开关电源线端子为T16-2，上至ON档电，左前门玻璃升降开关向上拉起，使用万用表电压档对端子进行测试，再对比维修手册的额定工作电压，从而判断线路和模块是否正常。标准值为11～14V。

6. 检测读取电动车窗控制模块的CAN总线High和Low的电压与波形

1）使用万用表测量电动车窗控制模块CAN总线的电压。查询维修手册中控制单元端子的定义，电动车窗控制模块CAN-H端子为T03（A）-18号端子，CAN-L端子为T03（A）-17号端子。使用万用表电压档测量两端子，红表笔接端子针脚，黑表笔接车身搭铁，CAN-H

线标准整车通信电压为 2.5~3.5V，CAN-L 线标准整车通信电压为 1.5~2.5V。万用表的显示值只能反映被测信号的主体信号电压值，不能反映被测信号的每个细节。

2）使用示波器功能进行电动车窗控制模块 CAN 总线的波形测量。通道 CH1 测量 CAN-H 线，通道 CH2 测量 CAN-L 线。CAN-H 线的高电平是 3.6V，低电平是 2.5V，电压差为 1.1V。CAN-L 线的高电平是 2.5V，低电平是 1.4V，电压差为 1.1V。控制模块 CAN-H 线信号在总线空闲时电压为 2.5V，有信号传输时电压值在 2.5V 和 3.6V 之间变换，控制模块 CAN-L 线信号在总线空闲时电压为 2.5V，有信号传输时电压值在 2.5V 和 1.4V 之间变换。正常情况下，整车上电后，CAN-H、CAN-L 的波形应该在额定电压范围对称地显示信号波形。

实操任务

对照电动车窗控制模块的检修要求与步骤，完成工作页"电动车窗控制模块电路检测"任务。

电动车窗控制模块电路检测

任务练习

一、选择题

1. 电动天窗是利用（　　），按下开关按钮天窗就会自动打开或关闭。
   A. 发动机驱动　　　B. 电机驱动　　　C. 传感器驱动　　　D. 手动开关
2. 电动车窗系统由车窗、（　　）、开关和 ECU 等装置组成。
   A. 车窗玻璃升降器　B. 电机　　　　　C. 继电器　　　　　D. 以上都是

二、判断题

1. 车窗一般使用双向永磁或绕组串联式电机，每个车窗安装有 10 个电机通过开关控制其电流方向，从而实现车窗的升降。（　　）
2. 当车窗玻璃上升到极限位置或由于结冰而使车窗玻璃不能自由移动时，即使操纵控制开关，热敏开关也不会自动断路，会让电机通电时间过长而烧坏。（　　）
3. 软轴式玻璃升降器可用于各种圆弧玻璃的车型中，运行中基本没有噪声，主要用于玻璃圆弧适中的面包车和中低档轿车。（　　）

三、简答题

以比亚迪秦检测电动车窗控制模块终端电阻为例简述如何检测电动车窗控制模块插头端子的电阻。

任务三　自动前照灯控制模块检修

汽车前照灯俗称汽车大灯,作为汽车的眼睛,不仅关系到车辆的外在形象,更与夜间开车或恶劣天气条件下的安全驾驶紧密联系,它可以为驾驶员照亮前方的道路。当汽车行驶中光线变暗时,尤其是在天刚刚黑的时候,很多驾驶员都忽略了前照灯的开启,常常在视线非常不好的情况下才想到要开启前照灯,而这一举动存在着严重的安全隐患。为消除这类安全隐患,提高行车的安全性和舒适性,自动前照灯应运而生。

本任务主要对新能源汽车自动前照灯控制系统进行概述,以比亚迪混动车型为例介绍其功能与元件,以及自动前照灯控制模块电路检测与维修方法。

教学目标

知识目标
1)掌握自动前照灯控制模块插头端子的电阻、电压、线束导通性检测方法。
2)掌握自动前照灯控制模块相关数据流标准范围。
3)掌握自动前照灯控制模块总线标准波形图。
4)掌握自动前照灯控制模块插头的断开和插接方法、线束的检查与修复方法。

技能目标
1)能检测自动前照灯控制模块插头端子的电阻、电压、线束导通性。
2)能使用诊断仪读取自动前照灯控制模块故障码、数据流,并执行动作测试。
3)能使用示波器检测并分析自动前照灯控制模块的总线波形。

德育目标
1)培养团队意识、质量意识、环保意识、安全意识。
2)培养工匠精神和创新思维。
3)培养广泛学习、勤于思考的良好习惯。

知识储备

一、新能源汽车自动前照灯控制系统概述

自动前照灯也叫自动感应式前照灯,自动前照灯是为前照灯安装了感光控制系统,自动前照灯控制模块根据光线传感器来判断光线亮度变化,从而控制自动点亮或熄灭前照灯。前照灯的主要作用是照亮前方路面情况,还有就是提醒行人或车辆注意到自己车辆的存在及位置,所以自动前照灯可以在环境光不足时开启,以确保行车安全。自动前照灯只有在灯光控制调到自动档(AUTO)时有效,当汽车行驶中光线变暗时,前照灯会自动亮起,当光线变亮时会自动熄灭。光敏电阻等电子元件作为传感器,向自动前照灯控制模块发出电子信号,光线传感器常装在车内视镜背面等位置。

二、新能源汽车自动前照灯控制模块的功能与元件

以比亚迪车型为例,其照明系统为汽车夜间行驶提供照明,车外照明灯具主要有前照灯、倒车灯、牌照灯、雾灯等,车内照明灯具主要有室内灯、门灯、各开关背光灯等。各种灯具装在各自所需照明的位置,并配以各自的控制开关和线路以及熔断器等,组成照明系统。照明系统同时带有信号提示功能,产生光信号,向其他车辆的驾驶员和行人发出警告,以引起注意,确保车辆行驶的安全。照明信号包括转向信号、制动信号、危险警告信号及示廓信号、倒车信号等。比亚迪秦除了具有传统灯光照明功能外,还配有自动灯光及前照灯延时退电功能,使灯光的使用更便利及人性化。比亚迪秦自动前照灯控制模块集成于 BCM 中。

自动灯光:将组合开关调到 AUTO 档,BCM 会根据光照强度传感器采集的外界光照强度进行判定,自动控制灯光开启和关闭,并根据光强不同开启示宽灯或前照灯。

前照灯延时退电:当前照灯打开,车辆电源从 ON 档退电到 OFF 时,前照灯不会立即熄灭,前机舱配电盒自动计时让前照灯再亮 10s 后断开灯光继电器,熄灭前照灯。

如图 4-3-1 所示,比亚迪 E5 自动前照灯控制模块线束插接件主要位于仪表板配电盒与前机舱配电盒,为 B1I、B1H、G2I、G2R、G2P、K2B。插接件端子定义见表 4-3-1。

表 4-3-1 比亚迪 E5 自动前照灯控制模块线束插接件端子定义

端子	端子定义	端子	端子定义
G2P-19	光照传感器供电	B1H-5	右远光灯电源
G2R-3	光照传感器信号	B1H-11	右近光灯电源
G2R-8	启动网 CAN-H	B1H-12	日间行车灯继电器控制信号
G2R-9	启动网 CAN-L	B1H-13	左近光灯电源
B1I-7	前照灯信号	B1H-14	左远光灯电源

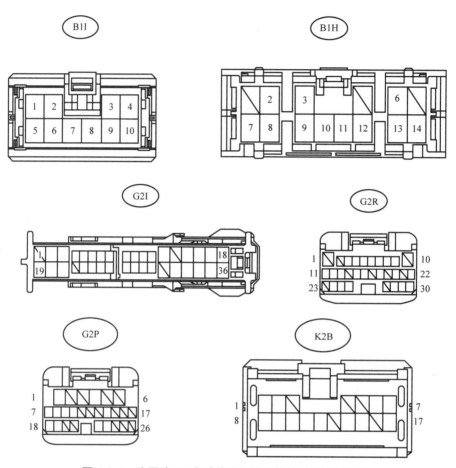

图 4-3-1　比亚迪 E5 自动前照灯控制模块的线束插接件

三、新能源汽车自动前照灯控制模块的检修

1. 读取和清除自动前照灯控制模块相关故障码并读取数据流

以比亚迪秦混合动力车型为例,自动前照灯控制模块诊断仪诊断一般遵循如下步骤:

1)将诊断测试设备连接至诊断接口,接通诊断测试设备;上至 OK 档电;在诊断仪上进入诊断功能选择界面,选择车型诊断;进入诊断车型选择界面,选择需要诊断的车型;再进入诊断系统选择界面。

2)在系统选择界面选择车身网模块选项,进入后选择继电器控制模块选项(自动前照灯控制模块集成于继电器控制模块中),选择读取数据流选项,读取故障相关信息(故障码、冻结帧等)。

3)在继电器控制模块选择界面选择动作测试选项对元件进行检测。

4)清除故障存储器;适当运行车辆,运行方式须满足相应故障诊断的条件;再读取故障信息,确认故障已经排除。

2. 检测自动前照灯控制模块插头端子的电阻

以比亚迪 E5 检测自动前照灯控制模块终端电阻为例。断开蓄电池负极，断开自动前照灯控制模块插接件 G2R。查询维修手册中控制单元端子的定义，自动前照灯控制模块即车身控制模块 CAN-H 端子为 G2R-8 号端子，CAN-L 端子为 G2R-9 号端子。万用表校零后，测量控制模块端子 G2R-8 与 G2R-9 之间电阻值，测量值为 EPB 控制模块的终端电阻。单个 CAN 模块终端标准电阻：120Ω，整个网络终端电阻：60Ω。

3. 检测自动前照灯控制模块电源和搭铁端子电压

比亚迪 E5 自动前照灯控制模块集成于 BCM 中，相关检测请参照项目四任务一车身控制模块的检修内容。

4. 检测自动前照灯控制模块与电子元件或控制模块之间线束的导通性

首先要断开蓄电池负极，断开自动前照灯控制模块相关低压线束插头，查询维修手册中控制单元端子的定义，选择线束两端的端子进行电阻测试，电阻值小于 1Ω 即代表该段线束导通。表 4-3-2 为自动前照灯控制模块与电子元件之间部分信号线束的端子定义。

表 4-3-2　比亚迪 E5 自动前照灯控制模块与电子元件之间部分信号线束端子定义

线束名称	自动前照灯控制模块端子	对应电子元件端子	对应电子元件名称
灯光控制信号线	B1I-7	G02-4	组合开关
左近光灯供电线	B1H-13	B05（D）-2	左近光灯
右近光灯供电线	B1H-11	B06（D）-2	右近光灯
BCM 启动总线	G2R-8	G08（B）-4	网关启动总线
BCM 启动总线	G2R-9	G08（B）-14	网关启动总线
光照强度传感器供电线	G2P-19	GaG04-1	光照强度传感器
光照强度传感器信号线	G2R-3	GaG04-3	光照强度传感器

5. 检测自动前照灯控制模块与电子元件之间供电电压

以比亚迪 E5 自动前照灯控制模块光照传感器供电线为例，首先要查询维修手册中控制单元端子的定义，车身控制模块光照传感器供电线供电端子为 G2P-19，上至 ON 档电，使用万用表电压档对端子进行测试，再对比维修手册的额定工作电压，从而判断线路和模块是否正常。标准值约为 5V。

6. 检测读取自动前照灯控制模块的 CAN 总线 High 和 Low 的电压与波形

1）使用万用表测量自动前照灯控制模块 CAN 总线的电压。查询维修手册中控制单元端子的定义，自动前照灯控制模块 CAN-H 端子为 G2R-8 号端子，CAN-L 端子为 G2R-9 号端子。使用万用表电压档测量两端子，红表笔接端子针脚，黑表笔接车身搭铁，CAN-H 线标准整车通信电压为 2.5～3.5V，CAN-L 线标准整车通信电压为 1.5～2.5V。万用表的显示值只能反映被测信号的主体信号电压值，不能反映被测信号的每个细节。

2）使用示波器功能进行电动车窗控制模块 CAN 总线的波形测量。通道 CH1 测量 CAN-H 线，通道 CH2 测量 CAN-L 线。CAN-H 线的高电平是 3.6V，低电平是 2.5V，电压差为 1.1V。CAN-L 线的高电平是 2.5V，低电平是 1.4V，电压差为 1.1V。控制模块 CAN-H 线信号在总线空闲时电压为 2.5V，有信号传输时电压值在 2.5V 和 3.6V 之间变换，控制模块 CAN-L 线信号在总线空闲时电压为 2.5V，有信号传输时电压值在 2.5V 和 1.4V 之间变换。正常情况下，整车上电后，CAN-H、CAN-L 的波形应该在额定电压范围对称地显示信号波形。

实操任务

对照自动前照灯控制模块的检修要求与步骤，完成工作页"自动前照灯控制模块电路检测"任务。

自动前照灯控制模块电路检测

任务练习

一、选择题

1. 自动前照灯只有在灯光控制调到（　　）时有效。
   A. 手动档　　　　　B. 自动档　　　　　C. 半自动档　　　　D. 人工智能模式

2. 自动前照灯也叫自动感应式自动前照灯，自动前照灯是为前照灯安装了（　　）系统，自动前照灯控制模块根据光线传感器来判断光线亮度变化，从而控制自动点亮或熄灭头灯。
   A. 传感器　　　　　B. 电动机　　　　　C. 感光控制　　　　D. 电流表

二、判断题

1. 自动前照灯只有在灯光控制调到自动档（AUTO）时有效。（　　）

2. 前照灯的主要作用是照亮前方路面情况，还有就是提醒行人或车辆注意到自己车辆的存在及位置，所以自动前照灯可以在环境光不足时开启，以确保行车安全。（　　）

3. 当汽车行驶中光线变暗时，前照灯不会自动亮起，当光线变亮时不会自动熄灭。
（　　）

任务四 电动座椅控制模块检修

电动调节座椅是相对于手动调节座椅而言。手动调节方式需要乘员先通过手柄放松座椅的锁止机构,之后通过改变身体的坐姿和位置来带动座椅移动,最后将锁止机构的手柄复位,将座椅固定在所选择的位置上。这种调节方式的主动施力方是座椅上的乘客,座椅调节起来也不是十分方便。电动座椅是指以电机为动力,通过传动装置和执行机构来调节座椅的各种位置,使驾驶员或乘员乘坐舒适。

本任务主要对新能源汽车电动座椅进行概述,以比亚迪混动车型为例介绍电动座椅控制模块的功能与元件,以及电动座椅控制模块电路的检测与维修方法。

教学目标

知识目标
1)掌握电动座椅控制模块插头端子的电阻、电压、线束导通性检测方法。
2)掌握电动座椅控制模块相关数据流标准范围。
3)掌握电动座椅控制模块总线标准波形图。
4)掌握电动座椅控制模块插头的断开和插接方法、线束的检查与修复方法。

技能目标
1)能检测电动座椅控制模块插头端子的电阻、电压、线束导通性。
2)能使用诊断仪读取电动座椅控制模块故障码、数据流,并执行动作测试。
3)能使用示波器检测并分析电动座椅控制模块的总线波形。

德育目标
1)培养团队意识、质量意识、环保意识、安全意识。
2)培养工匠精神和创新思维。
3)培养广泛学习、勤于思考的良好习惯。

知识储备

一、新能源汽车电动座椅概述

电动座椅为驾驶者提供便于操作、舒适而又安全的驾驶位置;为乘员提供不易疲劳、舒适而又安全的乘坐位置。电动座椅的形式有带电子控制调节系统的电动座椅和不带电子控制调节系统的电动座椅。按座椅调节方式可分为手动调节和动力调节。其中,动力调节按照动力源的不同又分为真空式、液压式和电动式3种;按照座椅电机的数量和调节方式的不同,电动座椅一般有四向、六向、八向和多向调节等。

电动座椅一般由调节开关、双向直流电机、传动和执行机构等组成。

1. 调节开关

控制装置接受驾驶员或乘员输入的命令,控制执行机构完成电动座椅的调整。电动座椅组合开关包括前倾开关、后倾开关和四向开关（即上下和前后）。电动座椅组合开关位置有的汽车安装在车门上，有的汽车安装在座椅旁边，方便驾驶员或乘员操纵。

2. 电机

电动座椅多采用直流双向电机。直流双向电机的作用是为电动座椅的调节机构提供动力。此类电机多采用双向电机，即电枢的旋转方向随电流的方向改变而改变，使电机按不同的电流方向进行正转或反转，以达到座椅调节的目的。电机的数量取决于电动座椅的类型，通常六向调节的电动座椅装有 3 个电机。为防止电机过载，电机内装有熔断丝，以确保电器设备的安全。由于座椅的类型不同，一般一个座椅可装 2 个、3 个、4 个或 6 个电机。

3. 传动和执行机构

传动装置的作用是将电机的动力传给座椅调节装置，使其完成座椅的调整，它把电机的旋转运动转变成座椅的上下、前后移动或靠背的倾斜摆动。蜗轮蜗杆机构是其核心部件，它具有较大的传动比，且自锁性能良好。主要由联轴器、软轴、减速器与螺纹千斤顶或齿轮传动机构等组成。传动机构中包含高度调整机构和纵向调整机构。

1）高度调整机构由蜗杆轴、蜗轮、心轴等组成，调整时蜗杆轴在电机的驱动下，带动蜗轮转动，从而保证心轴旋进或旋出，实现座椅的上升与下降。

2）纵向调整机构由蜗杆、蜗轮、齿条、导轨等组成，齿条装在导轨上。调整时，电机转矩经蜗杆传至蜗轮上，经导轨上的齿条，带动座椅前后移动。

二、新能源汽车电动座椅控制模块的功能与元件

以比亚迪秦为例，该车型电动座椅系统可以实现驾驶员座椅的电动调节，同时还具有通风加热的功能，此外还有记忆功能。如图 4-4-1 所示，比亚迪秦电动座椅控制模块位于

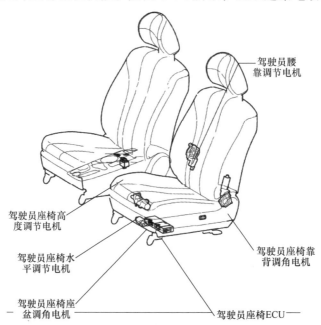

图 4-4-1 比亚迪秦电动座椅控制模块与执行器位置

驾驶员与前排乘客座椅下方，由驾座椅上的座椅调节开关控制高度调节电机、水平调节电机、靠背调节电机、腰靠调节电机完成八向电动调节。

如图 4-4-2 所示，比亚迪秦电动座椅控制模块的线束插接件为驾驶员处的 KJ28 与前排乘客处的 KJ29。插接件端子定义见表 4-4-1。

表 4-4-1 电动座椅控制模块插接件端子定义

端子	端子定义	端子	端子定义
KJ28-1	常电	KJ28-13	接地
KJ28-2	接地	KJ29-1	常电
KJ28-3	CAN-H	KJ29-3	CAN-H
KJ28-4	CAN-L	KJ29-4	CAN-L
KJ28-6	接地	KJ29-6	接地
KJ28-7	接地	KJ29-7	接地
KJ28-8	ON 档电	KJ29-8	ON 档电
KJ28-9	驾驶员安全带和开关信号	KJ29-9	前排乘客安全带和开关信号
KJ28-10	接地	KJ29-10	接地
KJ28-11	ON 档电	KJ29-11	ON 档电
KJ28-12	接地		

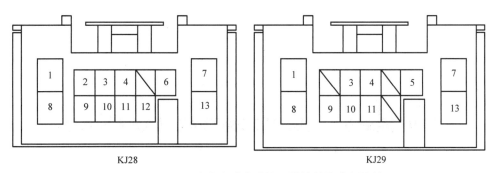

图 4-4-2 比亚迪秦电动座椅控制模块的线束插接件

三、新能源汽车电动座椅控制模块的检修

1. 读取和清除电动座椅控制模块相关故障码并读取数据流

以比亚迪秦混合动力车型为例，电动座椅控制模块诊断仪诊断一般遵循如下步骤：

1）将诊断测试设备连接至诊断接口，接通诊断测试设备；上至 OK 档电；在诊断仪上进入诊断功能选择界面，选择车型诊断；进入诊断车型选择界面，选择需要诊断的车型；再进入诊断系统选择界面。

2）在系统选择界面选择记忆系统选项，进入后选择座椅记忆系统选项，选择读取故障选项，读取故障相关信息（故障码、冻结帧等）。

3）在座椅记忆系统选择界面选择读取数据流选项，读取模块数据流，如图4-4-3所示。

图4-4-3 座椅记忆系统模块数据流截图

4）在座椅记忆系统选择界面选择动作测试选项，选择元件动作测试对元件进行检测。

5）清除故障存储器；适当运行车辆，运行方式须满足相应故障诊断的条件；再读取故障信息，确认故障已经排除。

2. 检测电动座椅控制模块插头端子的电阻

以比亚迪秦检测驾驶员侧电动座椅控制模块终端电阻为例。断开蓄电池负极，断开驾驶员侧电动座椅控制模块插接件KJ28。查询维修手册中控制单元端子的定义，驾驶员侧电动座椅控制模块CAN-H端子为KJ28-3号端子，CAN-L端子为KJ28-4号端子。万用表校零后，测量控制模块端子KJ28-3与KJ28-4之间电阻值。

3. 检测电动座椅控制模块电源和搭铁端子电压

电动座椅控制模块的供电与搭铁是保证控制模块能够正常工作的基础，检测控制模块供电端子和搭铁端子的电压，可以分析控制模块供电线路是否正常、搭铁线路是否正常。

以比亚迪秦驾驶员侧电动座椅控制模块为例,首先要查询维修手册中控制单元端子的定义,常电电源输入端子为 KJ28-1 号端子,ON 档电源输入端子为 KJ28-8 与 KJ28-11 号端子,接地端子为 KJ28-2、KJ28-6、KJ28-7、KJ28-10、KJ28-12、KJ28-13 号端子。上至 ON 档电,使用背插法,用万用表探针测量 KJ28-1、KJ28-8 与 KJ28-11 号端子和车身搭铁之间的电压,电压值为额定电压时代表供电线路正常,否则反向检查供电线路,标准值为 11~14V;测量 KJ28-2、KJ28-6、KJ28-7、KJ28-10、KJ28-12、KJ28-13 号接地端子与车身搭铁之间的电压,电压值小于 1V 为正常。

4. 检测电动座椅控制模块与电子元件或控制模块之间线束的导通性

首先要断开蓄电池负极,断开电动座椅控制模块相关低压线束插头,查询维修手册中控制单元端子的定义,选择线束两端的端子进行电阻测试,电阻值小于 1Ω 即代表该段线束导通。表 4-4-2 为电动座椅控制模块与电子元件之间部分信号线束的端子定义。

表 4-4-2　比亚迪秦电动座椅控制模块与电子元件之间部分信号线束端子定义

线束名称	电动座椅控制模块端子	对应电子元件端子	对应电子元件名称
驾驶员侧常电供电线	KJ28-1	K2G-1	供电
驾驶员侧接地线	KJ28-2	K3	车身地
驾驶员侧接地线	KJ28-6	K3	车身地
驾驶员侧接地线	KJ28-7	K3	车身地
驾驶员侧接地线	KJ28-12	K3	车身地
驾驶员侧接地线	KJ28-13	K3	车身地

5. 检测读取电动座椅控制模块的 CAN 总线 High 和 Low 的电压与波形

1)使用万用表测量电动座椅控制模块 CAN 总线的电压。查询维修手册中控制单元端子的定义,电动座椅控制模块 CAN-H 端子为 KJ28-3 号端子,CAN-L 端子为 KJ28-4 号端子。使用万用表电压档测量两端子,红表笔接端子针脚,黑表笔接车身搭铁,CAN-H 线标准整车通信电压为 2.5~3.5V,CAN-L 线标准整车通信电压为 1.5~2.5V。万用表的显示值只能反映被测信号的主体信号电压值,不能反映被测信号的每个细节。

2)使用示波器功能进行电动座椅控制模块 CAN 总线的波形测量。通道 CH1 测量 CAN-H 线,通道 CH2 测量 CAN-L 线。CAN-H 线的高电平是 3.6V,低电平是 2.5V,电压差为 1.1V。CAN-L 线的高电平是 2.5V,低电平是 1.4V,电压差为 1.1V。控制模块 CAN-H 线信号在总线空闲时电压为 2.5V,有信号传输时电压值在 2.5V 和 3.6V 之间变换;控制模块 CAN-L 线信号在总线空闲时电压为 2.5V,有信号传输时电压值在 2.5V 和 1.4V 之间变换。正常情况下,整车上电后,CAN-H、CAN-L 的波形应该在额定电压范围对称地显示信号波形。

实操任务

对照电动座椅控制模块的检修要求与步骤,完成工作页"电动座椅控制模块电路检测"任务。

电动座椅控制模块电路检测

任务练习

一、选择题

1. 电动座椅为驾驶员提供（　　）的驾驶位置；为乘员提供不易疲劳、舒适而又安全的乘坐位置。
   A. 便于操作　　　　B. 舒适　　　　C. 安全　　　　D. 以上都是
2. 电动座椅的形式有带电子控制调节系统的电动座椅和不带电子控制的调节系统的电动座椅。座椅按调节方式可分为手动调节和（　　）。
   A. 电子调节　　　　B. 动力调节　　　C. 手机调节　　　D. 电脑调节
3. 电动座椅一般由（　　）、执行机构等组成。
   A. 调节开关　　　　B. 双向直流电机　C. 传动机构　　　D. 以上都是

二、判断题

1. 座椅按调节方式可分为手动调节和动力调节以及键盘调节。（　　）
2. 电动座椅一般由调节开关、双向直流电机、传动和执行机构等组成。（　　）
3. 电动座椅组合开关有的汽车安装在车门上，有的汽车安装在座椅旁边，方便驾驶员或乘员操纵。（　　）
4. 直流双向电机的作用是为电动座椅的调节机构提供压力。此类电机多采用双向电机，即电枢的旋转方向随电流的方向改变而改变，使电机按不同的电流方向进行正转或反转，以达到座椅调节的目的。（　　）
5. 电机的数量取决于电动座椅的类型，通常六向调节的电动座椅装有 3 个电机。
（　　）

任务五　仪表板控制模块检修

仪表板是驾驶室中安装各种指示仪表和点火开关等的一个总成。它装在仪表嵌板上，或者作为附件装在转向管柱上。仪表板总成好似一扇窗户，随时反映车辆内部的运行状态。同时，它又是部分设备的控制中心和被装饰的对象，是驾驶室内最引人注目的部件。

本任务主要介绍新能源汽车仪表板控制模块的组成、作用等内容，并以比亚迪秦混动车型为例介绍其功能、元件及检修方法。

教学目标

知识目标

1）掌握仪表板控制模块插头端子的电阻、电压、线束导通性检测方法。
2）掌握仪表板控制模块相关数据流标准范围。
3）掌握仪表板控制模块总线标准波形图。
4）掌握仪表板控制模块插头的断开和插接方法、线束的检查与修复方法。

技能目标

1）能检测仪表板控制模块插头端子的电阻、电压、线束导通性。
2）能使用诊断仪读取仪表板控制模块故障码、数据流，并执行动作测试。
3）能使用示波器检测并分析仪表板控制模块的总线波形。

德育目标

1）培养团队意识、质量意识、环保意识、安全意识。
2）培养工匠精神和创新思维。
3）培养广泛学习、勤于思考的良好习惯。

知识储备

一、新能源汽车仪表板控制模块概述

汽车仪表由各种仪表、指示器及警告灯等组成，为驾驶员提供所需的汽车运行参数信息。按工作原理不同，汽车仪表可大致分为三代。第一代汽车仪表是机械机芯表，第二代汽车仪表为电气式仪表，第三代为全数字汽车仪表，是一种网络化、智能化仪表，其功能更加强大，显示内容更加丰富，线束连接更加简单。现在汽车仪表多为第三代仪表，它可以通过步进电机来驱动基表指针，也可以利用 LCD 液晶屏直接显示图形或文字信息，同时，还具有智能处理单元，可以与汽车其他控制单元交互信息。

汽车仪表的功能就是获取需要的数据并采用合适的方式显示出来。不同汽车仪表板的仪表不尽相同，但是普遍具有的常规仪表有车速里程表、转速表、机油压力表、冷却液温度表、燃油表、充电表等。现代汽车上，汽车仪表还需要装置稳压器，专门用来稳定仪表电源的电压，抑制波动幅度，以保证汽车仪表的精确性。另外，大部分仪表显示的依据来自传感器，传感器根据被监测对象的状态变化而改变其电阻值，通过仪表表述出来。以前传统汽车的仪表一般限制在三四个量的显示和四五个警告功能，现在新式仪表则具有约 15 个量显示和约 40 个警告监测功能。不同的信息有不同的获取方式和显示方式，目前新式仪表信息获取方式主要有 3 种：通过车身总线传输，通过 A/D 采样转化，通过 IO 状态变化获取。

二、新能源汽车仪表板控制模块的功能与元件

以比亚迪秦混动车型为例,其组合仪表是一种机电组合仪表,位于驾驶员正前方、转向管柱的上部,包括安装件和电气连接等部分,如图 4-5-1 所示。所有组合仪表的电路组成单一线束,用插接件在组合仪表壳体背面连接。组合仪表的表盘和指示灯保护在一整块透明面罩后面。透明面罩采用遮光板,使仪表的表面免受环境光照和反射的影响,以达到减轻眩光的效果。组合仪表的照明是通过背后的可调节发光二极管来实现的,这种照明方式可使仪表具有必需的能见度。组合仪表的每一个指示灯都是通过专门的发光二极管点亮的。每一个发光二极管都采用整体式焊接到组合仪表壳体背后的电路板上。连接电路将组合仪表连接到整车的电气系统上,这些连接电路被集成在汽车线束内按不同位置进行走向,并按许多不同方式固定。

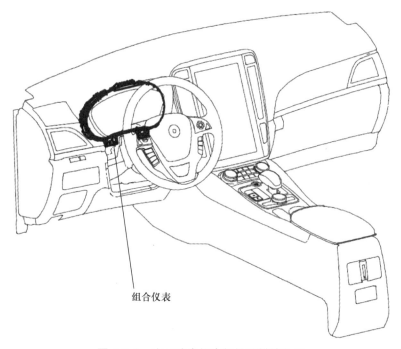

图 4-5-1 比亚迪秦仪表板控制模块位置

仪表板上显示计量表类以及警告和指示器类信息。计量表类有车速表、转速表、燃油表、发动机冷却液温度表。警告和指示器类有各类指示灯、警告灯、状态灯等约 30 个,其中大多数指示灯信号由总线传递,如车速信号、冷却液温度信号、近远光灯指示灯、车门指示灯、前后雾灯指示灯、示宽灯指示灯、驻车制动指示灯、安全带指示灯,部分指示灯直接与仪表板控制模块连接,如油位信号、机油压力信号等。

仪表板控制模块的插接件位于组合仪表后,对其插接件进行检测需拆卸仪表板。如图 4-5-2 所示,拆卸仪表板时先断开蓄电池负极,拔下转向盘调节杆,将转向盘从垂直方向上压下,拆卸组合仪表上护板胶垫,拆卸组合开关上护板,拆卸仪表罩内板,拆卸仪表罩,此时可见连接器插接件并进行检测操作。

如图 4-5-3 所示,比亚迪秦仪表板插接件为 G16,插接件端子定义见表 4-5-1。

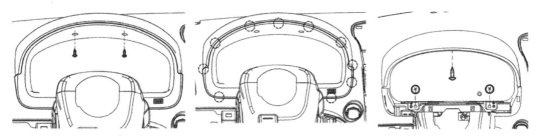

图 4-5-2 比亚迪秦组合仪表拆卸顺序

表 4-5-1 仪表板控制模块插接件端子定义

端子	端子定义	条件	规定状态
G16-04	B-CAN-H	始终	2.5~3.5V
G16-05	B-CAN-L	始终	1.5~2.5V
G16-08	燃油信号输入	ON 档电	阻值信号
G16-09	燃油信号地	始终	小于 1Ω
G16-11	搭铁	始终	小于 1Ω
G16-12	搭铁	始终	小于 1Ω
G16-15	冷却液液位信号	ON 档，正常	大于 100Ω
G16-18	背光调节按键 "+" 信号	按下此按键	小于 1Ω
G16-19	背光调节按键 "−" 信号	按下此按键	小于 1Ω
G16-20	里程切换按键 "−" 信号	按下此按键	小于 1Ω
G16-21	背光亮度调节输出	打示宽灯，调背光亮度	PWM 信号
G16-22	右转向状态信号	打右转向灯	11~14V
G16-23	驻车信号	驻车制动或制动液液位过低	小于 1Ω
G16-24	制动液液位信号	浮标沉下（制动液液位过低）	小于 1Ω
G16-26	充电指示灯信号	动力电池充电线连接时	电压值≤ 1V
G16-27	前排乘客安全带信号采集	坐下，且扣好安全带	
		无人坐	小于 200Ω
G16-28	信息切换按钮信号地	始终	小于 1V
G16-33	左转向状态信号	打左转向灯	11~14V
G16-34	机油压力信号	熄火	小于 1Ω
		启动发动机	大于 10kΩ
G16-37	信息切换按钮输入	按下 "确认"	小于 8.2kΩ
		按下 "上"	约 23.2kΩ
		按下 "下"	约 50.2kΩ
G16-38	IG1 电	ON 档电	11~14V
G16-39	常电	始终	11~14V
G16-40	前排乘客安全带指示灯控制	坐下，且扣好安全带	小于 1V
		无人坐	

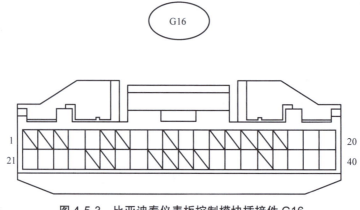

图 4-5-3　比亚迪秦仪表板控制模块插接件 G16

三、新能源汽车仪表板控制模块的检修

1. 读取和清除仪表板控制模块相关故障码并读取数据流

以比亚迪秦混合动力车型为例,仪表板控制模块诊断仪诊断一般遵循如下步骤:

1)将诊断测试设备连接至诊断接口,接通诊断测试设备;上至 OK 档电;在诊断仪上进入诊断功能选择界面,选择车型诊断;进入诊断车型选择界面,选择需要诊断的车型;再进入诊断系统选择界面。

2)在系统选择界面选择车身网模块选项,进入后选择组合仪表选项,选择读取控制码选项,读取故障相关信息(故障码、冻结帧等),如图 4-5-4 所示。

图 4-5-4　组合仪表模块诊断界面截图

3）在组合仪表模块选择界面选择动作测试选项，选择元件动作测试对元件进行检测。大多数车辆的保养指示灯控制都在组合仪表中，通过诊断仪进入组合仪表模块进行动作测试，可以完成保养周期指示灯复位操作。

4）清除故障存储器；适当运行车辆，运行方式须满足相应故障诊断的条件；再读取故障信息，确认故障已经排除。

2. 检测仪表板控制模块插头端子的电阻

检测仪表板控制模块机油压力信号端子电阻：断开蓄电池负极，拆卸组合仪表，断开仪表板控制模块低压线束插头，查询维修手册中控制单元端子的定义，仪表板控制模块机油压力信号端子为 G16-34 号端子。万用表校零后，启动发动机，测量 G16-34 号端子与车身搭铁之间电阻值，测量值与标准值对比可以确认信号线束及信号是否正常，标准值为大于 10kΩ；关闭发动机至熄火状态，测量 G16-34 号端子与车身搭铁之间电阻值，测量值与标准值对比可以确认信号线束及信号是否正常，标准值为小于 1Ω。

3. 检测仪表板控制模块电源和搭铁端子电压

仪表板控制模块的供电与搭铁是保证控制模块能够正常工作的基础，检测控制模块供电端子和搭铁端子的电压，可以分析控制模块供电线路是否正常、搭铁线路是否正常。以比亚迪秦仪表板控制模块为例，首先要查询维修手册中控制单元端子的定义，常电输入端子为 G16-39 号端子，IG1 电输入端子为 G16-38 号端子，接地端子为 G16-11 和 G16-12 号端子。上至 ON 档电时，使用背插法，用万用表探针测量 G16-39 和 G16-38 号端子与车身搭铁之间的电压，电压值为额定电压时代表供电线路正常，否则反向检查供电线路；测量 G16-11 和 G16-12 号接地端子与车身搭铁之间的电压，电压值小于 1V 为正常。

4. 检测仪表板控制模块与电子元件或控制模块之间线束的导通性

首先要断开蓄电池负极，拆卸组合仪表，断开仪表板控制模块低压线束插头，查询维修手册中控制单元端子的定义，选择线束两端的端子进行电阻测试，电阻值小于 1Ω 即代表该段线束导通。表 4-5-2 为仪表板控制模块与电子元件之间部分信号线束的端子定义。

表 4-5-2　比亚迪秦仪表板控制模块与电子元件之间部分信号线束端子定义

线束名称	仪表板控制模块端子	对应电子元件端子	对应电子元件名称
仪表板 CAN-H	G16-04	G07-09	网关
仪表板 CAN-L	G16-05	G07-10	网关
油位传感器信号线	G16-08	K11-03	油位传感器
	G16-09	K11-02	
机油压力信号线	G16-34	A49-1	机油压力传感器
左转向灯信号线	G16-33	G2I-18	左转向灯插接件
右转向灯信号线	G16-22	G2I-21	右转向灯插接件

5. 检测仪表板控制模块与电子元件之间供电电压

以比亚迪秦左右转向状态信号线为例，首先要查询维修手册中控制单元端子的定义，控制模块的左右转向状态信号端子为 G16-33 和 G16-22，上至 ON 档电，操作灯光组合开关左转向开关，使用万用表电压档对 G16-33 端子进行测试，操作灯光组合开关右转向开关，使用万用表电压档对 G16-22 端子进行测试，最后再对比维修手册的额定工作电压，从而判断线路和模块是否正常。

6. 检测读取仪表板控制模块的 CAN 总线 High 和 Low 的电压与波形

1）使用万用表测量仪表板控制模块 CAN 总线的电压。查询维修手册中控制单元端子的定义，仪表板控制模块 CAN-H 端子为 G16-4 号端子，CAN-L 端子为 G16-5 号端子。使用万用表电压档测量两端子，红表笔接端子针脚，黑表笔接车身搭铁，CAN-H 线标准整车通信电压为 2.5~3.5V，CAN-L 线标准整车通信电压为 1.5~2.5V。万用表的显示值只能反映被测信号的主体信号电压值，不能反映被测信号的每个细节。

2）使用示波器功能进行仪表板控制模块 CAN 总线的波形测量。比亚迪秦车型中仪表板控制模块总线属于动力网，通道 CH1 测量 CAN-H 线，通道 CH2 测量 CAN-L 线。CAN-H 线的高电平是 3.6V，低电平是 2.5V，电压差为 1.1V。CAN-L 线的高电平是 2.5V，低电平是 1.4V，电压差为 1.1V。仪表板控制模块 CAN-H 线信号在总线空闲时电压为 2.5V，有信号传输时电压值在 2.5V 和 3.6V 之间变换；控制模块 CAN-L 线信号在总线空闲时电压为 2.5V，有信号传输时电压值在 2.5V 和 1.4V 之间变换。正常情况下，整车上电后，CAN-H、CAN-L 的信号波形应该在额定电压范围对称地显示。

实操任务

对照仪表板控制模块的检修要求与步骤，完成工作页"仪表板控制模块电路检测"和"仪表板控制模块 CAN 电路及波形检测"任务。

仪表板控制模块电路检测

仪表板控制模块 CAN 电路及波形检测

任务练习

一、选择题

1. 比亚迪秦防盗控制模块相关部件的线束主要集中在（　　）。
   A. 传感器配电盒　　　　　　　　B. 发动机配电盒
   C. 蓄电池配电盒　　　　　　　　D. 仪表板配电盒

2. 汽车仪表显示的依据大部分来自（　　）。
   A. 传感器　　　　　B. 半导体　　　　C. 集成电路　　　D. 晶体管
3. 汽车仪表由各种（　　）等组成。
   A. 指示器，警告灯　　　　　　　　　B. 仪表，警告灯
   C. 仪表、指示器，警告灯　　　　　　D. 仪表、指示器
4. 按工作原理不同，汽车仪表可大致分为（　　）。
   A. 第一代汽车仪表是机械机芯表
   B. 第二代汽车仪表为电气式仪表
   C. 第三代为全数字汽车仪表
   D. 以上都是

二、判断题

1. 仪表板总成既有技术的功能又有艺术的功能，是整车风格的代表之一。　（　　）
2. 第二代汽车仪表是机械机芯表。　（　　）
3. 第三代汽车仪表称为电气式仪表。　（　　）
4. 汽车仪表由各种仪表、指示器、警告灯等组成。　（　　）
5. 按工作原理不同，汽车仪表可大致分为三代。　（　　）

三、简答题

简述拆卸仪表板步骤。

任务六　安全气囊控制模块检修

汽车安全系统分为主动安全系统和被动安全系统。汽车的主动安全，指一切能够使汽车主动采取措施，避免事故发生的安全技术；汽车的被动安全，指的是在交通事故发生后能尽量减小人身损伤的安全装置，包括对乘客和行人的保护。

本任务主要对新能源汽车安全气囊控制模块进行概述，以比亚迪混动与纯电动车型为例介绍其功能与元件，以及安全气囊控制模块电路的检测与维修方法。

教学目标

知识目标

1）掌握安全气囊控制模块插头端子的电阻、电压、线束导通性检测方法。
2）掌握安全气囊控制模块相关数据流标准范围。

3）掌握安全气囊控制模块总线标准波形图。
4）掌握安全气囊控制模块插头的断开和插接方法、线束的检查与修复方法。

技能目标

1）能检测安全气囊控制模块插头端子的电阻、电压、线束导通性。
2）能使用诊断仪读取安全气囊控制模块故障码、数据流，并执行动作测试。
3）能使用示波器检测并分析安全气囊控制模块的总线波形。

德育目标

1）培养团队意识、质量意识、环保意识、安全意识。
2）培养工匠精神和创新思维。
3）培养广泛学习、勤于思考的良好习惯。

知识储备

一、新能源汽车安全气囊控制模块概述

安全气囊作为车身被动安全的辅助配置，日渐受到人们的重视。当汽车与障碍物碰撞后，称为一次碰撞，一次碰撞后乘员与车内构件发生的碰撞，称为二次碰撞。气囊在一次碰撞后、二次碰撞前迅速打开一个充满气体的气垫，使乘员因惯性移动"扑在气垫上"，从而缓和乘员受到的冲击并吸收碰撞能量，减轻乘员的伤害程度。安全气囊是一种车辆乘员约束系统，它由气囊垫、柔性织物袋、充气模块和碰撞传感器组成。

安全气囊在车辆乘员和转向盘、仪表板以及车身支柱、顶篷衬里和风窗玻璃之间。现代车辆可能有多种配置的安全气囊模块，包括驾驶员、乘客、气帘、座椅侧面碰撞、膝垫、充气安全带、右前侧和左侧传感器以及行人安全气囊模块。

在碰撞过程中，车辆的碰撞传感器向安全气囊电子控制单元提供关键信息，包括碰撞类型、角度和碰撞严重程度。利用该信息，安全气囊控制单元的碰撞算法确定碰撞事件是否满足展开条件，并触发各种点火电路以在车辆内展开一个或多个安全气囊。安全气囊的展开是通过设计为一次性使用的烟火过程触发的。较新的侧面碰撞安全气囊由压缩空气气缸组成，在车辆侧面碰撞时触发。

1. 正面气囊

驾驶员侧安全气囊装在转向盘的中间位置，前排乘客侧安全气囊安装在仪表台内部，在意外发生的瞬间可以有效地保护驾驶员和乘员的头部和胸部，因为正面发生的猛烈碰撞会导致车辆前方大幅度变形，而车内乘员会因猛烈的惯性向前俯冲，造成同车内构件的相互撞击。另外，车内驾驶员侧安全气囊可以有效地防止在发生碰撞时转向盘顶到驾驶员的头部与胸部，避免致命的伤害。

2. 侧面气囊

侧面气囊系统可保护汽车遭受侧面碰撞以及车辆翻滚时乘员的安全，一般安装于车门上。在车辆遭到侧面碰撞时会导致车门严重变形，以至于无法开启车门，车内乘员被困于车内，侧面安全气囊可以有效地保护车内驾乘人员免受来自侧面撞击导致的腰部、腹部、

胸部外侧以及胳膊的伤害,保证身体上肢的活动能力和逃生能力。

3. 其他气囊

随着整车被动安全重要性逐渐深入人心,在部分车辆中出现了多达 30 几个气囊,从颈部、膝部,甚至是在车顶的两侧都配有两条管状气囊,在意外情况发生时能够有效地缓解来自车顶上方的下压力,配合侧面气帘能够有效地保护乘客的头部和颈部。膝盖部分的气囊位于前排座椅内,一旦打开能够有效保护后排乘客的腰下肢体部位,缓解来自正面碰撞的前冲力。

二、新能源汽车安全气囊控制模块的功能与元件

以比亚迪秦为例,驾驶员安全气囊标志铸压在转向盘中间的装饰盖上,而乘客安全气囊标志铸压在杂物箱上方仪表板上。配有安全气囊系统的车辆也可由组合仪表安全气囊故障指示灯来识别,每次将电源上到 ON 档电进行系统自检时,组合仪表的安全气囊故障指示灯点亮约 5s。

1. 安全气囊控制系统组成元件

如图 4-6-1、图 4-6-2 所示,比亚迪秦安全气囊控制系统主要组成部件有前碰传感器、安全气囊控制模块(SRS ECU)、SRS 警告灯、螺旋电缆、驾驶员安全气囊模块、侧碰传感器、前排座椅侧安全气囊模块、帘式安全气囊模块、前排乘员安全气囊模块、安全带报警传感器、后排座椅侧安全气囊模块、驾驶员膝部安全气囊模块、前排乘员膝部安全气囊模块、后碰撞传感器。

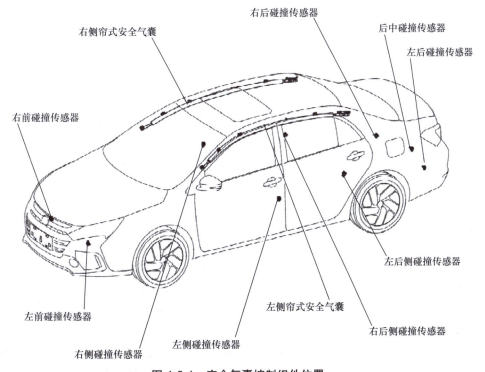

图 4-6-1 安全气囊控制组件位置一

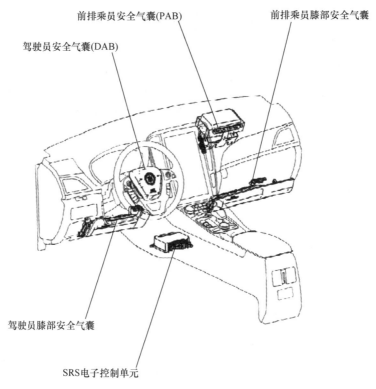

图 4-6-2 安全气囊控制组件位置二

1）安全气囊控制模块：安装在汽车中轴线，在中控面板下方的位置。如果由于碰撞而造成蓄电池电压过低或电源断开，安全气囊控制模块仍可持续工作 100ms 以上。

2）驾驶员安全气囊（DAB）：安装在转向盘中央饰盖内，不可分解。DAB 包括气体发生器、气袋、饰盖以及支架等辅件。DAB 的功用是接收来自安全气囊控制模块的点火信号，引燃气体发生器，产生大量气体，给气袋充气，形成气垫，保护乘员。

3）螺旋电缆：安装在组合开关之上，螺旋电缆由电缆、转子、壳体、线束及辅助结构件等组成。转动转向盘时，转子与转向盘整体旋转，有足够长度的电缆螺旋状盘绕在壳体内，因此当转子由中间位置顺/逆时针两个方向各转 2.5 圈时，也不会影响导线的可靠连接。

4）前排乘员安全气囊（PAB）：安装在仪表板杂物箱上方，PAB 的组成和功用与 DAB 相同。

5）前碰传感器：左前碰传感器安装在前舱左纵梁内侧，右前碰传感器安装在前舱右纵梁内侧。前碰传感器的功用是将碰撞信号传给安全气囊控制模块，作为安全气囊控制模块判断是否需要发出点火信号的依据。

6）后碰撞传感器：左/右后碰撞传感器安装于后纵梁两侧靠近后保险杠位置，中后碰撞传感器安装于后侧围板中间。后碰撞传感器的功用与前碰撞传感器相同，是将碰撞信号传给安全气囊控制模块，作为安全气囊控制模块判断是否需要发出点火信号的依据。

7）安全气囊线束：用于连接安全气囊控制模块、DAB、PAB、SAB、CAB、螺旋电缆和仪表板线束等。安全气囊线束包括安全气囊模块驱动线路、警告灯线路、碰撞解锁线路和整车通信总线等，安全气囊线束的功用是在安全气囊控制模块与安全气囊模块、整车之间传达信号,并保证可靠的通信。安全气囊电路线束可以其黄色电缆或插头来识别。

8)安全气囊故障指示灯:安全气囊故障指示灯位于组合仪表上,当安全气囊控制模块的自诊断电路发现故障时,安全气囊故障指示灯便点亮,通知驾驶员安全气囊系统存在故障。在正常情况下,当电源档位上至 ON 档电,指示灯先高亮约 5s,然后熄灭。

9)安全气囊系统辅助部件:对安全气囊系统起辅助作用的还有转向盘下护板、左右置物盒总成、座椅安全带、组合仪表安全带锁扣信号、儿童安全保护锁(CPLS)、前排可调式座椅头枕、防撞夹层式前风窗玻璃(LSG)、防撞吸能车身及附件等。

转向盘下护板:转向盘下护板是一个模塑结构件,位于转向管柱开口盖处后侧,与仪表板构成一体,对驾驶员膝盖进行碰撞保护。

左置物盒总成:左置物盒总成是一个结构加强体,对驾驶员膝盖进行碰撞保护。

右置物盒总成:右置物盒总成是一个结构加强件,隐藏在杂物箱门内,与杂物箱门成一体,对前排乘员膝盖进行碰撞保护。

座椅安全带:对乘客提供主要保护作用的仍是主动保护模式的座椅安全带,当车辆出现紧急制动、碰撞、翻车时,其将乘员牢牢束缚在座椅上,限制驾驶员或乘员的位置,避免或减轻因惯性力作用而发生的二次碰撞对乘员的伤害。为使乘员从安全气囊系统得到最大的保护,乘员必须戴上座椅安全带。

组合仪表安全带锁扣信号:监测驾驶员座椅安全带。

儿童安全保护锁(CPLS):CPLS 设定时,后排乘员无法由车内开启车门,必须由车外才能开启,由此避免儿童误开和车辆碰撞过程中突然打开的危险。

前排可调式座椅头枕:避免碰撞过程中乘员颈部的伤害。

防撞夹层式前风窗玻璃(LSG):避免碰撞过程玻璃碎片的误伤。

防撞吸能车身及附件:包括吸能保险杠、缓冲垫、车门防撞杠等。

2. 比亚迪秦安全气囊系统工作原理

比亚迪秦安全气囊工作取决于汽车碰撞的角度和严重程度。安全气囊系统设计的碰撞工作角度是以车身中心线前方各 30° 内的碰撞为准。安全气囊的引爆不取决于车速,而是取决于以重力测量的减速度比率,这个力由安全气囊控制模块中的碰撞传感器测得。当前撞击足够严重时,安全气囊控制模块中的微处理器向 2 个气囊模块的膨胀装置发送一个工作信号,以使气囊展开。转向管柱顶部的螺旋电缆允许在固定的转向管柱和驾驶员安全气囊膨胀器(DAB)之间维持一个连续的电路,还可以随转向盘转动。在车辆发生前碰撞展开气囊时,护膝板协同安全带一同工作,将驾驶员和前排座椅乘客约束在适当位置,护膝板也可以吸收并分散驾驶员和前排座椅乘客对仪表板结构的冲撞能量。当安全气囊控制模块监控到任何一个气囊部件和气囊系统电路上的问题时,它将故障码(DTC)存储在它的存储器中,并将信息送到组合仪表,以点亮气囊故障指示灯。正确测试气囊系统部件、读取或清除故障码、进行维修等,都需要使用故障诊断仪。

3. 比亚迪秦安全气囊系统维修安全规则

在比亚迪汽车安全气囊系统的检修中,如果没有执行正确的操作程序,可能会导致安全气囊的意外展开,从而造成严重事故。另外,如果维修操作有错误,有可能在需要气囊展开时却不能顺利展开。因此,在本任务涉及的检测项目开始操作之前,注意正确的操作程序并遵守以下操作规范。

按照维修手册说明使用电气测试设备对安全气囊系统的电路进行测试；在轻微碰撞之后，即使气囊并未展开，也应对空气囊系统进行检查；如果 DAB、PAB、SAB、CAB 和安全气囊控制模块等部件掉到地上、受到振动、敲击，或在外壳、支架或连接器上有裂纹、压痕或其他损伤，应更换新件；若在检修车辆其他系统或部件期间可能会使车辆受到振动，那么在检测修理操作之前应拆下安全气囊控制模块；在进行具体的检修作业之前，应先将电源档位退至 OFF 档，并拆下蓄电池负极搭铁线，然后再等待 90s 以上，方可进行检修操作，否则，可能导致气囊意外展开；拆下的负极线用绝缘胶带缠好以便绝缘，在拆下蓄电池负极搭铁线之前，做好其他系统的状态记录，因为在拆下蓄电池负极搭铁线的同时，会造成别的系统 DTC 丢失；检测时，不可使用检测灯、普通电压表和电阻表，电压表、电阻表应使用高阻抗的（最小 10kΩ/V），不要在 DAB、PAB、SAB、CAB 上使用电阻表；安全气囊控制模块连接器、螺旋电缆连接器、DAB 连接器、PAB 连接器、SAB 连接器、CAB 连接器均设有防止气囊意外展开的保护机构；安全气囊系统检修完成后，不要急于将安全气囊模块接入电路，应先进行电气检查，确认无误后再接入安全气囊模块。

4. 安全气囊控制模块插接件与端子

如图 4-6-3 所示，比亚迪秦安全气囊控制模块相关部件的线束插接件为 G36、K21、K71。插接件端子定义见表 4-6-1。

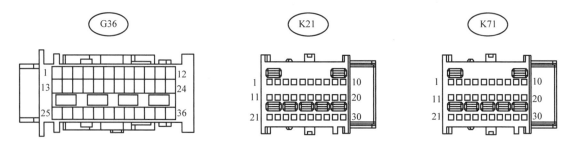

图 4-6-3　安全气囊控制模块插接件

表 4-6-1　安全气囊控制模块插接件端子定义

端子	端子定义	端子	端子定义
K21-13	左侧安全带预紧器 −	K21-22	左后碰撞传感器 +
K21-14	左侧安全带预紧器 +	K21-23	中后碰撞传感器 −
K21-15	左后侧安全带预紧器 −	K21-24	中后碰撞传感器 +
K21-16	左后侧安全带预紧器 +	K21-27	左侧碰撞传感器 −
K21-17	左前座椅侧安全气囊模块 −	K21-28	左侧碰撞传感器 +
K21-18	左前座椅侧安全气囊模块 +	K21-29	左后侧碰撞传感器 −
K21-19	左后座椅侧安全气囊模块 −	K21-30	左后侧碰撞传感器 +
K21-20	左后座椅侧安全气囊模块 +	G36-13	前排乘客膝部空气囊模块 −
K21-21	左后碰撞传感器 −	G36-14	前排乘客膝部空气囊模块 +

(续)

端子	端子定义	端子	端子定义
G36-15	驾驶员膝部空气囊模块 -	K71-15	右后侧安全带预紧器 -
G36-16	驾驶员膝部空气囊模块 +	K71-16	右后侧安全带预紧器 +
G36-25	PAB 开关指示灯	K71-17	右前座椅侧安全气囊模块 -
G36-26	系统故障指示灯	K71-18	右前座椅侧安全气囊模块 +
G36-27	碰撞解锁信号（C-Drive H）	K71-19	右后座椅侧安全气囊模块 -
G36-28	碰撞解锁信号（C-Drive L）	K71-20	右后座椅侧安全气囊模块 +
G36-29	CAN-H	K71-21	右后碰撞传感器 -
G36-30	CAN-L	K71-22	右后碰撞传感器 +
G36-35	搭铁	K71-23	右侧压力撞传感器 -
G36-36	电源	K71-24	右侧压力传感器 +
K71-13	右侧安全带预紧器 -	K71-27	右侧碰撞传感器 -
K71-14	右侧安全带预紧器 +	K71-28	右侧碰撞传感器 +

三、新能源汽车安全气囊控制模块的检修

1. 读取和清除安全气囊控制模块相关故障码并读取数据流

以比亚迪秦混合动力车型为例，安全气囊控制模块诊断仪诊断一般遵循如下步骤：

1）将诊断测试设备连接至诊断接口，接通诊断测试设备；上至 OK 档电；在诊断仪上进入诊断功能选择界面，选择车型诊断；进入诊断车型选择界面，选择需要诊断的车型；再进入诊断系统选择界面。

2）在系统选择界面选择车身网模块选项，进入后选择安全气囊模块，选择读取故障码选项，读取故障相关信息（故障码、冻结帧等）。

3）在安全气囊模块选择界面选择读取数据流选项，读取模块数据流，部分数据流如图 4-6-4 所示。

4）在安全气囊模块选择界面选择动作测试选项，选择元件动作测试对元件进行检测。

5）清除故障存储器；适当运行车辆，运行方式须满足相应故障诊断的条件；再读取故障信息，确认故障已经排除。

2. 检测安全气囊控制模块电源和搭铁端子电压

安全气囊控制模块的供电与搭铁是保证控制模块能够正常工作的基础，检测控制模块供电端子和搭铁端子的电压，可以分析控制模块供电线路是否正常、搭铁线路是否正常。以比亚迪秦安全气囊控制模块为例，首先要查询维修手册中控制单元端子的定义，电源端子为 G36-36，接地端子为 G36-35 号端子。上至 ON 档电，使用背插法，用万用表探针测量 G36-36 号端子与车身搭铁之间的电压，电压值为额定电压时代表供电线路正常，电源端电压值应为 11~14V；用万用表探针测量 G36-35 号端子与车身搭铁之间的电压，电压值小于 1V 为正常。

图 4-6-4　安全气囊控制模块数据流截图

3. 检测读取安全气囊控制模块的 CAN 总线 High 和 Low 的电压与波形

1）使用万用表测量安全气囊控制模块 CAN 总线的电压。查询维修手册中控制单元端子的定义，安全气囊控制模块 CAN-H 端子为 G36-29 号端子，模块 CAN-L 端子为 G36-30 号端子。使用万用表电压档测量两端子，红表笔接端子针脚，黑表笔接车身搭铁，CAN-H 线标准整车通信电压为 2.5~3.5V，CAN-L 线标准整车通信电压为 1.5~2.5V。万用表的显示值只能反映被测信号的主体信号电压值，不能反映被测信号的每个细节。

2）使用示波器功能进行安全气囊控制模块 CAN 总线的波形测量。比亚迪秦车型中安全气囊控制模块总线属于舒适网，通道 CH1 测量 CAN-H 线，通道 CH2 测量 CAN-L 线。CAN-H 线的高电平是 3.6V，低电平是 2.5V，电压差为 1.1V。CAN-L 线的高电平是 2.5V，低电平是 1.4V，电压差为 1.1V。安全气囊控制模块 CAN-H 线信号在总线空闲时电压为 2.5V，有信号传输时电压值在 2.5V 和 3.5V 之间变换；控制模块 CAN-L 线信号在总线空闲时电压为 2.5V，有信号传输时电压值在 2.5V 和 1.4V 之间变换。正常情况下，整车上电后，CAN-H、CAN-L 的波形应该在额定电压范围对称地显示信号波形。

实操任务

对照安全气囊控制模块的检修要求与步骤，完成工作页"安全气囊控制模块电路检测"任务。

安全气囊控制模块电路检测

任务练习

一、选择题

1. 如果由于碰撞而造成蓄电池电压过低或电源断开，此时安全气囊控制模块仍可持续工作（　　）以上。
   A. 50ms　　　　　B. 100ms　　　　　C. 150ms　　　　　D. 200ms

2. 配有安全气囊系统的车辆也可由组合仪表安全气囊故障指示灯来识别，每次将电源上到 ON 档电进行系统自检，组合仪表的安全气囊故障指示灯点亮约（　　）。
   A. 5s　　　　　B. 10s　　　　　C. 15s　　　　　D. 20s

3. 安全气囊故障指示灯在正常情况下，当电源档位上至 ON 档电，指示灯先高亮约（　　），然后再熄灭。
   A. 2s　　　　　B. 3s　　　　　C. 4s　　　　　D. 5s

4. 比亚迪秦安全气囊工作取决于汽车碰撞的角度和严重程度。安全气囊系统设计的碰撞工作角度是以车身中心线前方各（　　）内的碰撞为准。
   A. 30°　　　　　B. 60°　　　　　C. 120°　　　　　D. 180°

5. 比亚迪秦安全气囊控制模块相关部件的线束插接件为（　　）。
   A. G37、K21、K71　　　　　B. G36、K21、K73
   C. G36、K23、K71　　　　　D. G36、K21、K71

二、判断题

1. 乘员与车内构件发生碰撞，称为一次碰撞。（ ）
2. 使用示波器功能进行充电控制模块 CAN 总线的波形测量。（ ）
3. 新能源汽车防盗模块是安装在车上，用来增加盗车难度、延长盗车时间的装置。（ ）
4. 主动安全是指预先发现危险的能力，如风窗玻璃视野、灯光系统、反光镜等。（ ）
5. 被动安全是指避免或减轻乘员所受伤害，如安全带、安全气囊等。安全气囊系统是被动式、可膨胀的辅助保护系统，简称 SRS。（ ）

三、简答题

简述比亚迪秦安全气囊控制系统组成部件。

任务七　空调控制模块检修

目前市面上的新能源汽车多为纯电动新能源汽车和混合动力新能源汽车，新能源汽车空调系统同样具有制冷和制热功能，对于部分混合动力新能源汽车，因为搭载发动机，其制冷和制热原理可参见传统燃油车，其他混动汽车因同时搭载高压动力模块，其空调系统制冷、制热原理与纯电动汽车相似。

本任务主要对新能源汽车空调控制系统进行概述，以比亚迪混动车型为例介绍其功能与元件，以及空调控制模块电路的检测与维修方法。

教学目标

知识目标

1）掌握空调控制模块插头端子的电阻、电压、线束导通性检测方法。
2）掌握空调控制模块相关数据流标准范围。
3）掌握空调控制模块总线标准波形图。
4）掌握空调控制模块插头的断开和插接方法、线束的检查与修复方法。

技能目标

1）能检测空调控制模块插头端子的电阻、电压、线束导通性。
2）能使用诊断仪读取空调控制模块故障码、数据流，并执行动作测试。
3）能使用示波器检测并分析空调控制模块的总线波形。

德育目标
1）培养团队意识、质量意识、环保意识、安全意识。
2）培养工匠精神和创新思维。
3）培养广泛学习、勤于思考的良好习惯。

知识储备

一、新能源汽车空调系统概述

新能源汽车的空调制冷系统和内燃机汽车类似，部分混合动力汽车仍然由发动机驱动空调压缩机或既使用发动机驱动空调压缩机也使用高压电电动驱动压缩机，其他混合动力汽车和纯电动汽车只是把驱动压缩机的动力源由发动机换成了电机。这个电机通常是单独的，但是也有采用驱动汽车的电机来驱动的。

新能源汽车的空调制热系统与传统燃油车区别较大，除部分混合动力汽车如燃油汽车空调系统一样，其暖风热源主要由发动机冷却液提供，其他混合动力汽车和纯电动汽车的暖风系统与之不同，这部分新能源汽车空调系统暖风常见的方案有：

1）PTC加热器。PTC加热器是采用PTC热敏电阻元件为发热源的一种加热器。PTC热敏电阻通常是用半导体材料制成的，它的电阻随温度变化而急剧变化，当外界温度降低时，PTC电阻值随之减小，发热量反而会相应增加。按材质可以分为陶瓷PTC热敏电阻和有机高分子PTC热敏电阻。用于空调辅助电加热器的是陶瓷PTC热敏电阻。PTC热敏电阻元件因具有随环境温度高低的变化，其电阻值随之增加或减小的特性，所以PTC加热器具有节能、恒温、安全和使用寿命长等特点。空调辅助电加热器可以分为粘接式陶瓷PTC加热器和金属PTC管状加热器。粘接式陶瓷PTC加热器是将多个陶瓷PTC芯片及铝波纹散热片用耐高温树脂胶粘接在一起的加热器，其散热性好，电气性能稳定。粘接式陶瓷PTC加热器又分为加热器表面带电型和加热器表面不带电型。

金属PTC管状加热器采用进口镍铁合金丝为发热材料，发热管外镶铝散热片，其散热效果非常好。加热器配用温度控制器和热熔断器，产品使用更安全可靠。这种加热器具有PTC材料的良好特性，一些空调均采用此类加热器作为辅助加热。

2）余热+辅助PTC。利用大功率器件，如功率变换器、驱动电机、电机控制器等工作时产生的热量，对车内环境进行热交换。当热量不足时，启用辅助PTC加热器。

二、新能源汽车空调控制模块的功能与元件

以比亚迪秦为例，如图4-7-1与图4-7-2所示，该车空调系统为单蒸双压缩机自动调节空调，应用于HA混合动力型轿车。系统主要由机械压缩机、电动压缩机、冷凝器、HVAC总成、制冷管路、PTC、暖风水管、风道、空调控制器等零部件组成，具有制冷、采暖、除霜除雾、通风换气4种功能。该系统利用PTC水暖采暖，利用蒸气压缩式制冷循环制冷，制冷剂为R134a，冷冻油型号为POE。控制方式为按键操纵式。自动空调箱体的模式风门、冷暖混合风门和内外循环风门都由电机控制。

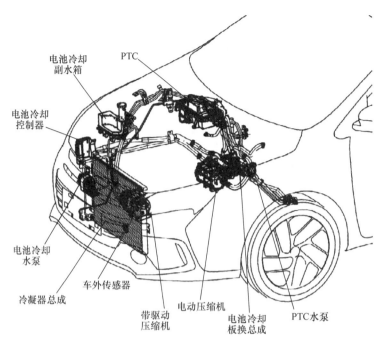

图 4-7-1 空调系统发动机舱组件位置

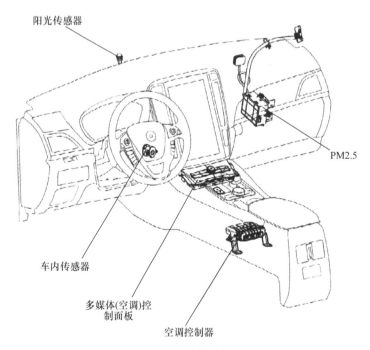

图 4-7-2 空调系统驾驶舱组件位置

1. 制冷系统原理

1)整车有电时,由电动压缩机将低压气态的制冷剂从蒸发器中抽出进入电动压缩机中→通过电动压缩机压缩做功形成高温高压的气态介质进入到冷凝器→高温高压气态制冷剂通过冷凝器与车外空气进行换热后变成常温高压液态的介质→高压液态的制冷剂经膨胀阀的节流在蒸发器里面膨胀蒸发→膨胀蒸发的制冷介质通过蒸发器吸收流经蒸发器的空气热量→降温后的气流通过鼓风机带入车内达到制冷的效果→蒸发换热后的低压气态介质重新吸入电动压缩机进行下一个循环。

2）整车没电时，由带驱动压缩机将低压气态的制冷剂从蒸发器中抽出进入带驱动压缩机中→通过带驱动压缩机压缩做功形成高温高压的气态介质进入到冷凝器→高温高压气态制冷剂通过冷凝器与车外空气进行换热后变成常温高压液态的介质→高压液态的制冷剂经膨胀阀的节流在蒸发器里面膨胀蒸发→膨胀蒸发的制冷介质通过蒸发器吸收流经蒸发器的空气热量→降温后的气流通过鼓风机带入车内达到制冷的效果→蒸发换热后的低压气态介质重新吸入带驱动压缩机进行下一个循环。

2. 供暖系统原理

供暖系统采用水暖式制热，HAC 采暖系统主要由发动机、空调采暖电动水泵、PTC 水加热器、蒸发器、鼓风机及一些串联采暖介质的胶管及通风管道组成。HAC 有如下两种采暖方式：

1）HEV 模式采暖：主要利用发动机工作产生的余热，通过发动机工作带动机械水泵，将发动机工作时加热的冷却介质带入空调箱体中的暖风芯体与流经暖风芯体的气流进行换热，再由鼓风机将加热的气流带入乘员舱，从而达到采暖的效果；在发动机余热满足不了当前采暖需求时，会通过开启 PTC 水加热器进行辅助加热。

2）EV 模式采暖：主要利用 PTC 水加热器来加热空调采暖系统中的冷却介质→加热的冷却介质通过空调采暖电动水泵进行循环→加热的冷却介质流经暖风芯体后与穿过暖风芯体的气流进行换热→加热后的气流通过鼓风机带入乘员舱，冷却的介质重新回到 PTC 里面进行加热。如此循环，达到 EV 模式的采暖，在 PTC 加热满足不了当前采暖需求时，空调会请求启动发动机进行辅助加热。

3. 电池热管理系统原理

比亚迪秦电池冷却介质通过板式换热器和空调制冷介质进行热量交换。在板式换热器里面降温后的电池冷却介质通过电动水泵带到动力电池包里面与电池进行热量交换，从而带走电池的发热量，达到电池降温的效果。空调根据电池包目标水温，通过调节板式换热器处制冷剂的状态（压力、温度、流量）和压缩机转速（或开启机械压缩机）来控制电池包进水温度，从而达到较精准的电池热管理控制。电池热管理工作模式主要有如下 4 种：

1）乘员舱制冷：打开电磁阀，关闭电子膨胀阀，根据目标通道温度来控制电动压缩机的转速（或者带驱动压缩机的开/关）。

2）电池冷却：关闭电磁阀，打开电子膨胀阀，根据过热度控制电子膨胀阀开度；根据电池包进口的水温来控制电动压缩机的转速（或者带驱动压缩机的开关），且开启水泵。

3）乘员舱制冷＋电池冷却：打开电磁阀及电子膨胀阀，根据乘员舱目标通道温度及电池包进口的水温共同控制电动压缩机的转速（或者带驱动压缩机的开关），且开启水泵。

4）电池内循环：空调收到 BMS 内循环命令后，空调开启电动水泵。

4. 空调控制模块插接件与端子

如图 4-7-3 所示，比亚迪秦空调控制模块位于副仪表台下方，相关部件的线束插接件为 G85（B）、G47（A）、G95（C）。插接件端子定义见表 4-7-1。

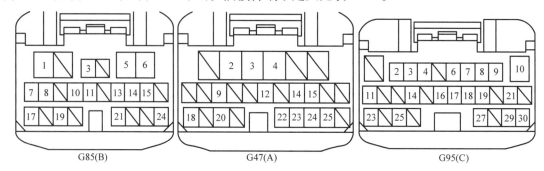

图 4-7-3　空调控制模块插接件

表 4-7-1　空调控制模块插接件端子定义

端子	端子定义	端子	端子定义
G47（A）-2	常电电源	G85（B）-21	双温区阳光传感器信号
G47（A）-3	ON 档电源	G95（C）-6	压力传感器信号采集
G47（A）-20	压力传感器电源	G95（C）-11	调速模块控制
G47-4	空调水泵控制	G95（C）-4	空调子网 CAN-L
G47（A）-14	A/C 鼓风机继电器驱动信号	G95（C）-14	空调子网 CAN-H
G47（A）-15	传感器吸气电机	G95（C）-2	舒适网 CAN-H
G47（A）-12	PM2.5 电源继电器控制	G95（C）-3	舒适网 CAN-L
G47（A）-18	接地	G95（C）-9	室内温度传感器信号
G47（A）-22	模式电机反馈电源	G95（C）-27	内外循环信号反馈
G47（A）-24	冷暖电机反馈电源	G95（C）-25	驾驶员冷暖循环电机信号
G85（B）-24	鼓风机反馈信号	G95（C）-30	出风模式信号反馈
G85（B）-19	接地	G95（C）-23	前排乘客冷暖循环电机信号
G85（B）-11	内外循环电机反馈电源	G95（C）-24	前排乘客冷暖循环电机反馈电源
G85（B）-5	内外循环电机控制	G95（C）-29	除霜电机信号
G85（B）-13	内外循环电机控制	G95（C）-8	驾驶员吹脚传感器
G85（B）-8	驾驶员冷暖电机控制	G95（C）-16	驾驶员吹面传感器
G85（B）-1	驾驶员冷暖电机控制	G95（C）-10	前蒸发器温度传感器信号
G85（B）-3	出风模式电机控制	G95（C）-19	前排乘客吹脚传感器
G85（B）-10	出风模式电机控制	G95（C）-21	前排乘客吹面传感器
G85（B）-7	前排乘客冷暖循环电机控制	G95（C）-18	双温区日光照射传感器信号
G85（B）-17	前排乘客冷暖循环电机控制	G95（C）-17	双温区日光照射传感器信号
G85（B）-15	除霜电机控制	G95（C）-7	室外温度传感器信号
G85（B）-14	除霜电机控制		

三、新能源汽车空调控制模块的检修

1. 读取和清除空调控制模块相关故障码并读取数据流

以比亚迪秦混合动力车型为例,空调控制模块诊断仪诊断一般遵循如下步骤:

1)将诊断测试设备连接至诊断接口,接通诊断测试设备;上至 OK 档电;在诊断仪上进入诊断功能选择界面,选择车型诊断;进入诊断车型选择界面,选择需要诊断的车型;再进入诊断系统选择界面。

2)在系统选择界面选择车身网模块选项,进入后选择空调控制器选项,选择读取故障码选项,读取故障相关信息(故障码、冻结帧等)。

3)在空调控制器选择界面选择读取数据流选项,读取模块数据流,如图 4-7-4 所示。

图 4-7-4　空调控制模块数据流截图

4) 在空调控制器选择界面选择动作测试，选择元件动作测试对元件进行检测。

5) 清除故障存储器；适当运行车辆，运行方式须满足相应故障诊断的条件；再读取故障信息，确认故障已经排除。

2. 检测空调控制模块插头端子的电阻

以比亚迪秦检测空调控制模块驾驶员冷暖循环电机信号线端子电阻为例。断开蓄电池负极，断开空调控制模块连接器 G95（C）。查询维修手册中控制单元端子的定义，空调控制模块驾驶员冷暖循环电机信号线端子为 G95（C）-25 号端子。万用表校零后，测量驾驶员冷暖循环电机信号线端子 G95（C）-25 与车身地之间电阻值。测量值与标准值对比可以判断信号线束及信号是否正常。

3. 检测空调控制模块电源和搭铁端子电压

空调控制模块的供电与搭铁是保证控制模块能够正常工作的基础，检测控制模块供电端子和搭铁端子的电压，可以分析控制模块供电线路是否正常、搭铁线路是否正常。以比亚迪秦空调控制模块为例，首先要查询维修手册中控制单元端子的定义，常电电源输入端子为 G47（A）-2 号端子，ON 档电电源输入端子为 G47（A）-3，接地端子为 G47（A）-18 和 G85（B）-19 号端子。上至 ON 档电，使用背插法，用万用表探针测量 G47（A）-2 和 G47（A）-3 号端子与车身搭铁之间的电压，电压值为额定电压时，代表供电线路正常，否则反向检查供电线路；测量 G47（A）-18 和 G85（B）-19 号接地端子与车身搭铁之间的电阻，电阻值为标准电阻时代表搭铁线路正常，接地端对车身搭铁的电阻应小于 1Ω。

4. 检测空调控制模块与电子元件或控制模块之间线束的导通性

首先要断开蓄电池负极，拆卸副仪表台，断开空调控制模块低压线束插头，查询维修手册中控制单元端子的定义，选择线束两端的端子进行电阻测试，电阻值小于 1Ω 即代表该段线束导通。表 4-7-2 为整车控制模块与电子元件之间部分信号线束的端子定义。

表 4-7-2　比亚迪秦空调控制模块与电子元件之间部分信号线束端子定义

线束名称	空调控制模块端子	对应电子元件端子	对应电子元件名称
模式电机反馈电源信号线	G47（A）-22	G54-21	模式电机插接件
出风模式信号反馈信号线	G95（C）-30	G54-16	模式电机插接件
出风模式电机控制信号线	G85（B）-3	G54-17	模式电机插接件
出风模式电机控制信号线	G85（B）-10	G54-20	模式电机插接件
前蒸发器温度传感器信号线	G95（C）-10	G54-12	蒸发器温度传感器
冷暖电机反馈电源信号线	G47（A）-24	G54-7	冷暖混合控制电机连接器
前排乘客冷暖循环电机信号线	G95（C）-23	G54-4	冷暖混合控制电机连接器
前排乘客冷暖循环电机控制信号线	G85（B）-7	G54-5	冷暖混合控制电机连接器
前排乘客冷暖循环电机控制信号线	G85（B）-17	G54-6	冷暖混合控制电机连接器
双温区日光照射传感器信号线	G95（C）-18	GJ08-5	室内温度传感器
双温区日光照射传感器信号线	G95（C）-17	GJ08-6	室内温度传感器

5. 检测空调控制模块与电子元件之间供电电压

以比亚迪秦冷暖电机反馈电源供电线为例，首先要查询维修手册中控制单元端子的定义，控制模块的冷暖电机反馈电源供电端子为 G47（A）-24，上至 OK 档电，打开空调，使用万用表电压档对端子进行测试，再对比维修手册的额定工作电压，从而判断线路和模块是否正常。标准值约为 5V。

6. 检测读取空调控制模块的 CAN 总线 High 和 Low 的电压与波形

1）使用万用表测量空调控制模块 CAN 总线的电压。查询维修手册中控制单元端子的定义，空调控制模块舒适网 CAN-H 端子为 G95（C）-2 号端子，CAN-L 端子为 G95（C）-3 号端子；空调控制模块子网 CAN-H 端子为 G95（C）-14，CAN-L 端子为 G95（C）-4 号端子。使用万用表电压档测量两端子，红表笔接端子针脚，黑表笔接车身搭铁，CAN-H 线标准整车通信电压为 2.5~3.5V，CAN-L 线标准整车通信电压为 1.5~2.5V。万用表的显示值只能反映被测信号的主体信号电压值，不能反映被测信号的每个细节。

2）使用示波器功能进行空调控制模块 CAN 总线的波形测量。比亚迪秦车型中空调控制模块总线属于舒适网，并拥有空调子网总线。通道 CH1 测量 CAN-H 线，通道 CH2 测量 CAN-L 线。CAN-H 线的高电平是 3.6V，低电平是 2.5V，电压差为 1.1V。CAN-L 线的高电平是 2.5V，低电平是 1.4V，电压差为 1.1V。空调控制模块 CAN-H 线信号在总线空闲时电压为 2.5V，有信号传输时电压值在 2.5V 和 3.6V 之间变换；控制模块 CAN-L 线信号在总线空闲时电压为 2.5V，有信号传输时电压值在 2.5V 和 1.4V 之间变换。正常情况下，整车上电后，CAN-H、CAN-L 的波形应该在额定电压范围对称地显示信号波形。

> **实操任务**

对照空调控制模块的检修要求与步骤，完成工作页"空调控制模块电路检测"任务。

空调控制模块电路检测

> **任务练习**

一、选择题

1. 关于新能源汽车的空调制热系统，下面说法正确的是（　　）。
   A. 部分混合动力汽车同燃油汽车空调系统
   B. 暖风热源主要由发动机冷却液提供
   C. 另一部分混合动力汽车和纯电动汽车的暖风系统与之不同
   D. 以上都是

2. 空调辅助电加热器有（　　）。
   A. 粘接式陶瓷 PTC 加热器
   B. 粘接式陶瓷 PTC 加热器和金属 PTC 管状加热器
   C. 金属 PTC 管状加热器
   D. 粘接式陶瓷 PTC 加热器和金属 PTC 管状不加热器
3. 以比亚迪秦为例，空调系统主要由（　　）等零部件组成。
   A. 机械压缩机、电动压缩机、冷凝器、HVAC 总成、制冷管路、PTC、暖风水管、风道、空调控制器
   B. 机械压缩机、HVAC 总成、制冷管路、PTC、暖风水管、风道、空调控制器
   C. 冷凝器、HVAC 总成、制冷管路、PTC、暖风水管、风道、空调控制器
   D. 机械压缩机、电动压缩机、制冷管路、PTC、暖风水管、风道、空调控制器
4. 以比亚迪秦为例，空调系统利用 PTC 水暖采暖，利用蒸气压缩式制冷循环制冷，（　　）。
   A. 制冷剂为 R134a，冷冻油型号为 POE
   B. 制冷剂为 R135a，冷冻油型号为 POE
   C. 制冷剂为 R136a，冷冻油型号为 POE
   D. 制冷剂为 R137a，冷冻油型号为 POE
5. 空调子网包含的控制模块有（　　）。
   A. 空调控制器、压缩机、空调加热模块 PTC
   B. 空调控制器、空调加热模块 PTC
   C. 压缩机、空调加热模块 PTC
   D. 空调控制器、压缩机

二、判断题

1. 新能源汽车的空调制热系统的暖风热源主要由压缩机提供。　　　　（　　）
2. PTC 电加热器是采用 NTC 热敏电阻元件为发热源的一种加热器。　　（　　）
3. HAC 和 HEV、EV 两种采暖模式。　　　　　　　　　　　　　　（　　）
4. 以比亚迪秦冷暖电机反馈电源供电线为例，检测空调控制模块与电子元件之间供电电压，其标准值约为 10V。　　　　　　　　　　　　　　　　　（　　）

三、简答题

简述 HEV 模式采暖。

任务八　电加热模块检修

新能源汽车的动力系统和燃油版的动力系统不同，尤其是纯电动汽车没有发动机产生的热量来取暖，所以就需要空调进行制热取暖。新能源汽车主要采用了热泵空调系统或者PTC电阻加热这两种形式来供热，这个系统与车辆的电池连接，通过电池供电保证它的工作，从而实现取暖。

本任务主要对新能源汽车电加热系统进行概述，以比亚迪纯电动车型为例介绍其功能与元件，以及电加热模块电路的检测与维修方法。

教学目标

知识目标
1）掌握电加热模块插头端子的电阻、电压、线束导通性检测方法。
2）掌握电加热模块相关数据流标准范围。
3）掌握电加热模块总线标准波形图。
4）掌握电加热模块插头的断开和插接方法、线束的检查与修复方法。

技能目标
1）能检测电加热模块插头端子的电阻、电压、线束导通性。
2）能使用诊断仪读取电加热模块故障码、数据流，并执行动作测试。
3）能使用示波器检测并分析电加热模块的总线波形。

德育目标
1）培养团队意识、质量意识、环保意识、安全意识。
2）培养工匠精神和创新思维。
3）培养广泛学习、勤于思考的良好习惯。

知识储备

一、新能源汽车电加热系统概述

新能源汽车作为一种节能、环保、便捷的代步工具，其乘坐舒适性也是关键因素。纯电动汽车取消了发动机，没有发动机冷却液的余热作为热源，这对纯电动汽车驾驶室采暖来说是一项很大的挑战，同时也为其他加热方式带来了发展机遇。目前，新能源汽车常用燃油加热方式、电加热方式和热泵加热方式来解决新能源汽车驾驶室、动力电池包采暖的问题。

1. 燃油加热方式

启动燃油加热器后，油泵开始从燃油箱取油，并将燃油输送到加热器中，燃油通过雾化装置被雾化成可燃的油气混合体由火花塞点燃。水循环系统中的冷却液在流经加热器时被加热，然后流入暖风芯体，从而为驾驶室提供充足的热源，为乘员提供舒适的环境，满足除霜除雾法规的要求。新能源汽车中部分混合动力汽车因为保留有传统内燃机，其燃油加热器就是传统内燃机。

2. 电加热方式

电加热方式多为使用 PTC 加热。PTC 是 Positive Temperature Coefficient 的缩写，意思是正温度系数，泛指正温度系数很大的半导体材料或元器件。通常我们提到的 PTC 是指正温度系数热敏电阻，简称 PTC 热敏电阻。PTC 热敏电阻是一种典型具有温度敏感性的半导体电阻，超过一定的温度（居里温度）时，它的电阻值随着温度的升高而陡增。也就是 PTC 加热器的功率将突然降低到最小值，使温度回到其居里温度以下。就因为这个特性，PTC 加热器具有恒温发热、无明火、使用寿命长等优点。

3. 热泵加热方式

热泵加热是在电动压缩机制冷回路的基础上，增加电磁阀控制制冷剂流向，通过蒸发冷凝器从周围环境中吸收热量，通过内部冷凝器向驾驶室释放热量，使驾驶室温度升高，以满足除霜除雾的法规要求，并为乘员提供舒适的环境。

二、新能源汽车电加热模块的功能与元件

以比亚迪 E5 纯电动汽车为例，电池加热器以串联方式布置在冷却加热系统回路中。由电池管理系统根据电池需求，发送请求启动加热指令，加热器根据指令启动加热功能。如图 4-8-1 所示，电加热器位于高压电控前部，前机舱大支架的下方位置。

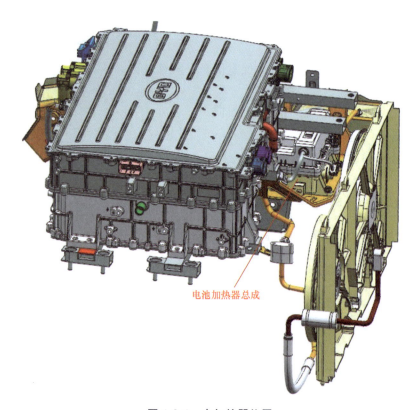

图 4-8-1　电加热器位置

图 4-8-2 所示为比亚迪 E5 电加热模块线束低压插接件。插接件端子定义见表 4-8-1。

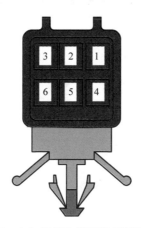

图 4-8-2　电加热模块线束低压插接件 B34

表 4-8-1　电加热模块线束低压插接件 B34 端子定义

端子	端子定义	端子	端子定义
1	12V 电源	4	CAN-H
2	电源地	5	CAN-L

三、新能源汽车电加热模块的检修

1. 读取和清除电加热模块相关故障码并读取数据流

以比亚迪秦混合动力车型为例,电加热模块诊断仪诊断一般遵循如下步骤:

1)将诊断测试设备连接至诊断接口,接通诊断测试设备;上至 OK 档电;在诊断仪上进入诊断功能选择界面,选择车型诊断;进入诊断车型选择界面,选择需要诊断的车型;再进入诊断系统选择界面。

2)在系统选择界面选择车身网模块选项,进入后选择电加热模块(PTC),选择读取故障码选项,读取故障相关信息(故障码、冻结帧等)。

3)在电加热模块(PTC)选择界面选择读取数据流选项,读取模块数据流,如图 4-8-3 所示。

4)清除故障存储器;适当运行车辆,运行方式须满足相应故障诊断的条件;再读取故障信息,确认故障已经排除。

2. 检测电加热模块插头端子的电阻

以检测比亚迪 E5 电加热模块总线终端电阻为例。断开蓄电池负极,断开电加热模块连接器。查询维修手册中控制单元端子的定义,电加热模块总线 CAN-H 端子为 4 号端子,CAN-L 端子为 5 号端子。万用表校零后,测量端子 4 与 5 之间电阻值。测量值为电加热模块的终端电阻。单个 CAN 模块终端标准电阻:120Ω,整个网络终端电阻:60Ω。

图 4-8-3 电加热模块数据流截图

3. 检测电加热模块电源和搭铁端子电压

电加热模块的供电与搭铁是保证控制模块能够正常工作的基础,检测控制模块供电端子和搭铁端子的电压,可以分析控制模块供电线路是否正常、搭铁线路是否正常。以比亚迪 E5 电加热模块为例,首先要查询维修手册中控制单元端子的定义,电源输入端子为 1 号端子,接地端子为 2 号端子。上至 ON 档电,使用背插法,用万用表探针测量 1 号端子与车身搭铁之间的电压,电压值为额定电压时,代表供电线路正常,否则反向检查供电线路;测量 2 号接地端子与车身搭铁之间的电压,电压值小于 1V 为正常。

4. 检测读取电加热模块的 CAN 总线 High 和 Low 的电压与波形

1）使用万用表测量电加热模块 CAN 总线的电压。查询维修手册中控制单元端子的定义，CAN-H 端子为 4 号端子，CAN-L 端子为 5 号端子。使用万用表电压档测量两端子，红表笔接端子针脚，黑表笔接车身搭铁，CAN-H 线标准整车通信电压为 2.5~3.5V，CAN-L 线标准整车通信电压为 1.5~2.5V。万用表的显示值只能反映被测信号的主体信号电压值，不能反映被测信号的每个细节。

2）使用示波器功能进行控制模块 CAN 总线的波形测量。比亚迪 E5 车型中电加热模块总线属于舒适网。通道 CH1 测量 CAN-L 线，通道 CH2 测量 CAN-L 线。CAN-H 线的高电平是 3.6V，低电平是 2.5V，电压差为 1.1V。CAN-L 线的高电平是 2.5V，低电平是 1.4V，电压差为 1.1V。控制模块 CAN-H 线信号在总线空闲时电压为 2.5V，有信号传输时电压值在 2.5V 和 3.6V 之间变换；控制模块 CAN-L 线信号在总线空闲时电压为 2.5V，有信号传输时电压值在 2.5V 和 1.4V 之间变换。正常情况下，整车上电后，CAN-H、CAN-L 的波形应该在额定电压范围对称地显示信号波形。

实操任务

对照电加热控制模块的检修要求与步骤，完成工作页"电加热控制模块电路检测"任务。

电加热控制模块电路检测

课程育人 案例 4

继《新能源汽车产业发展规划（2021—2035）》《节能与新能源汽车技术路线图 2.0》之后，《智能网联汽车技术路线图 2.0》（以下简称"路线图 2.0"）成为又一份定调未来 15 年技术路线的顶层设计文件。该文件是由中国工程院院士、清华大学教授、国家智能网联汽车创新中心首席科学家李克强在 2020 年举办的世界智能网联汽车大会上发布的。

"路线图 2.0"研判，到 2025 年，我国 PA（部分自动驾驶）、CA（有条件自动驾驶）级智能网联汽车销量占当年汽车总销量比例将超过 50%，C-V2X（以蜂窝通信为基础的移动车联网）终端新车装配率达 50%，高度自动驾驶汽车首先在特定场景和限定区域实现商业化应用，并不断扩大运行范围。2035 年，各类网联式高度自动驾驶车辆将广泛运行于我国广大地区。

工业和信息化部装备工业发展中心主任瞿国春表示，经过多年的发展，智能网联汽车已取得了巨大进步，自动驾驶、人机交互等技术已经大面积应用于量产车型，尤其是近年来随着政策不断加码，智能网联汽车正迎来新的发展机遇。

任务练习

一、选择题

1. 当热量（　　）时，启用辅助 PTC 加热器。
   A. 不足　　　　　　　B. 超过　　　　　C. 过多　　　　　D. 一般
2. 当外界温度降低，（　　），发热量反而会相应增加。
   A. PTC 电阻值随之增加
   B. PTC 电阻值随之减小
   C. PTC 电阻值随之改变
   D. 以上都不是
3. PTC 按材质可以分为（　　）。
   A. PTC 热敏电阻和有机高分子 PTC 热敏电阻
   B. 陶瓷 PTC 热敏电阻和 PTC 热敏电阻
   C. 陶瓷 PTC 热敏电阻和有机高分子 PTC 热敏电阻
   D. 陶瓷 PTC 热敏电阻和高分子 PTC 热敏电阻
4. PTC 加热器具有（　　）等特点。
   A. 节能、恒温、安全和使用寿命长
   B. 节能、安全和使用寿命长
   C. 恒温、安全和使用寿命长
   D. 节能、恒温、安全
5. 空调辅助电加热器有（　　）。
   A. 粘接式陶瓷 PTC 加热器
   B. 粘接式陶瓷 PTC 加热器和金属 PTC 管状加热器
   C. 金属 PTC 管状加热器
   D. 粘接式陶瓷 PTC 加热器和金属 PTC 管状加热器

二、判断题

1. 电加热器位于高压电控前部，前机舱大支架的上方位置。（　　）
2. 热泵加热是在电动压缩机制冷回路的基础上，减少电磁阀控制制冷剂流向。（　　）
3. 电加热模块的供电与搭铁是保证控制模块能够正常工作的基础。（　　）
4. 检测控制模块供电端子和搭铁端子的电压，可以分析控制模块供电线路是否正常、搭铁线路是否正常。（　　）
5. PTC 超过一定的温度时，它的电阻值随着温度的减少而陡增。（　　）

三、简答题

简述余热加辅助 PTC。

项目五 新能源汽车信息娱乐网关控制系统检修

汽车信息娱乐系统通常是指汽车内传输音视频内容的硬件和软件平台,包括车载无线电广播、通过无线(LTE、Wi-Fi、Bluetooth)或有线网络(HDMI、以太网)传输的音视频流、CD或USB设备。汽车信息娱乐系统解决方案正变得日益复杂,移动互联网、交通信息、导航、数字广播和流媒体服务全部集中在一个系统中。

车载信息娱乐系统(In-Vehicle Infotainment,简称IVI)是采用车载专用中央处理器,基于车身总线系统和互联网服务,形成的车载综合信息处理系统。IVI能够实现包括三维导航、实时路况、车载网络电视(IPTV)、辅助驾驶、故障检测、车辆信息、车身控制、移动办公、无线通信、基于在线的娱乐功能及TSP服务等一系列应用,极大地提升了车辆电子化、网络化和智能化水平。

新能源汽车信息娱乐网关控制系统作为新能源汽车主要的管理系统,主要包含收音机控制模块、音响控制模块、导航系统控制模块、车载电话控制模块、车载电视控制模块、视频控制模块、人机交互系统控制模块、语音识别系统控制模块等几个组成部分。掌握新能源汽车信息娱乐网关控制系统的总线系统网络、各控制单元的功能与执行元件、信号及部件的检测诊断等对新能源汽车信息娱乐网关控制系统检测维修至关重要。

本项目主要从新能源汽车信息娱乐网关控制系统的CAN总线系统网络、各控制单元功能及组成、各控制单元对应插接件位置及端子定义,系统内各控制单元CAN总线、传感器及其线束、执行器及其线束检测等内容进行讲解,希望通过以某一重点车型为例进行详细、形象的讲解,让学生能够举一反三地掌握新能源汽车信息娱乐网关控制系统的网络结构、相关元件与功能以及新能源汽车信息娱乐网关控制系统的检测诊断方法与维修方法。

任务一 收音机和音响控制模块检修

随着汽车从代步工具转变为集休闲、娱乐为一体的个性化消费品，消费者对汽车娱乐方面的要求不断提升。汽车音响是为减轻驾驶员和乘员旅行中的枯燥感而设置的收放音装置。最早使用的是汽车调幅收音机，后来是调幅调频收音机、磁带放音机，发展至CD放音机和兼容DCC、DAT的数码音响。现在汽车音响无论在音色、操作和防振等各方面均达到了较高的标准，能应对汽车在崎岖的道路上颠簸行驶，保证性能的稳定和音质的完美。

本任务主要对新能源汽车收音机系统和音响系统进行概述，以比亚迪混动车型为例介绍收音机、音响控制模块功能与元件，以及收音机、音响控制模块电路的检测与维修方法。

教学目标

知识目标

1）掌握收音机、音响控制模块插头端子的电阻、电压、线束导通性检测方法。
2）掌握收音机、音响控制模块相关数据流标准范围。
3）掌握收音机、音响控制模块总线标准波形图。
4）掌握收音机、音响控制模块插头的断开和插接方法、线束的检查与修复方法。

技能目标

1）能检测收音机、音响控制模块插头端子的电阻、电压、线束导通性。
2）能使用诊断仪读取收音机、音响控制模块故障码、数据流，并执行动作测试。
3）能使用示波器检测并分析收音机、音响控制模块的总线波形。

德育目标

1）培养团队意识、质量意识、环保意识、安全意识。
2）培养工匠精神和创新思维。
3）培养广泛学习、勤于思考的良好习惯。

知识储备

一、新能源汽车收音机和音响系统概述

1. 收音机系统

AM/FM收音机是汽车上最早采用的一种语音娱乐配置，也是车载影音娱乐系统最常见的配置之一。收音机是无线电接收装置，专门接收广播节目。一般接收的信号有调幅信号和调频信号，调幅又分中波和短波。AM即调幅信号，FM即调频信号。传统的模拟式收音机，一般用手调选台；数字式收音机是较高级的无线电接收装置，去掉了调谐部分的调台拉线，提高了调谐工作的稳定性，抗振动性能好。数字式收音机采用数字集成电路代替传统模拟电路，利用按键发出选台、存储、控制及显示信号。

车载收音机主要由天线、信号源设备、功率放大器、扬声器系统组成。天线用以接收

广播电台的发射电波,通过高频电缆,向无线电调频装置传送信号;信号源设备主要指调谐器,调谐器把天线所获得的电波进行增幅,从几个发射频率中选择符合要求的发射波,从发射波中把信号波分离取出;功率放大器将各种节目信号进行功率放大,然后推动扬声器发出声音;扬声器系统主要指主扬声器、环绕扬声器等,是汽车音响系统的终端,最终决定车厢内的音响性能。

车载收音机常见的问题有"调相""多路干涉""信号衰减",这些问题都不是由于电子噪声引起的,而是信号本身传递接收的问题。

1)调相:AM 播音很容易受到电磁或其他干涉,因此产生调相。调相是相位调制的简称,载波相位受所传信号控制的一种调制方法。调相一般发生在晚上,车辆收到同一个发射源的两个信号,一个是经过电离层反射回来的,一个是从发射源直接接收到的,从而形成干扰。

2)多路干涉:多路干涉是由于车辆收到同一个发射源的两个信号,一个是从发射源直接接收的,一个是被建筑物、高山或其他障碍物反射回来的。

3)信号衰减:信号衰减是由于在发射源与接收收音机之间有巨大障碍物(建筑物、高山等)将部分信号反射偏离,导致信号波能减少,高频信号更容易被阻挡,低频信号通过性较好。

2. 音响系统

汽车车载音响系统主要由音源、前级信号控制、功率放大器、扬声器等组成。

音源:车载音响系统的音源主要指记录声音的载体,这些载体是音响系统中声音的来源。常见的音源载体有 CD(小型激光唱片)、盒式磁带、LP(密纹唱片)等,或是音频 DVD、SACD(超级音频 CD)等更先进的新型载体。目前外接音源以及 MP5 主机已替代一般的车载 CD 音响系统,海量硬盘容量已取代传统的碟片。

前级信号控制:前级就是在后级之前,一般将功放称为后级,所以在音源与功放之间,所有进行音乐信号处理的机件,都称为前级。例如汽车音响主机上对于音量大小的控制,就是属于前级的部分,它控制的就是信号的强弱度。

功率放大器:前级控制的声音信号强度大多都只有几伏特,还不足以驱动单体,因此必须让信号的强度更强,这样将信号强化成功率输出的机构,就叫功率放大器,也称为功放。

扬声器:将电能变成声波的机件称为扬声器。在汽车音响中使用动圈式扬声器是主流。

二、新能源汽车收音机控制模块的功能与元件

以比亚迪秦为例,其收音机控制模块集成于多媒体系统中。比亚迪秦的多媒体系统分为两种搭载方式:一种是 203mm(8in)屏幕多媒体系统,其包括 4G 网络、多媒体主机、蓝牙电话系统、智能语音识别、车机互动、车载收音机、USB、AUX 接口、SD 卡总成、音视频设备接口等多种功能;另一种为平板多媒体系统,包括 4G 网络、多媒体主机、蓝牙电话系统、智能语音识别、车机互动、车载收音机、USB、AUX 接口、SD 卡总成、音视频设备接口等多种功能。如图 5-1-1 所示,多媒体控制模块在中控仪表板上,外置天线在后车顶。

比亚迪秦收音机控制模块的线束插接件如图 5-1-2 所示(检修时以对应车型维修手册为准),插接件端子定义见表 5-1-1。

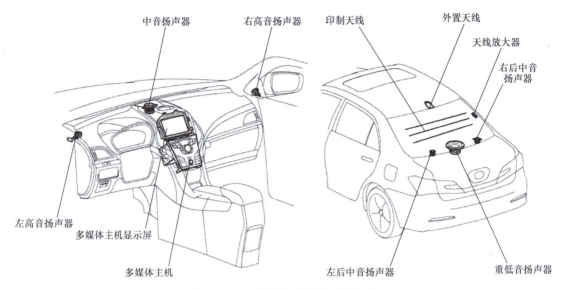

图 5-1-1　比亚迪秦多媒体系统组成

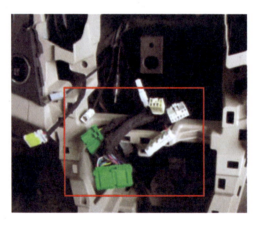

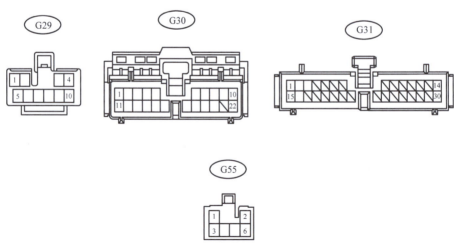

图 5-1-2　比亚迪秦收音机控制模块的线束插接件

表 5-1-1　收音机控制模块插接件端子定义

端子	端子定义	端子	端子定义
G29-3	ACC 电源	G30-17	舒适网 CAN-H
G29-4	常电	G30-18	舒适网 CAN-L
G29-7	接地	G31-11	背光灯电源 −
G29-8	天线放大器电源	G31-12	背光灯电源 +

三、新能源汽车音响控制模块的功能与元件

以比亚迪秦低配车型为例,音响系统的控制模块也集成于多媒体控制模块中,但因音响系统还有外置功放部件,故在比亚迪秦车型上还含有外置功放控制模块完成对信号的放大与音质优化。

1. 音响控制模块

音响控制模块集成于多媒体控制模块中,相关插接件参考项目五任务一中收音机控制模块插接件。插接件端子定义见表 5-1-2。

表 5-1-2　音响控制模块插接件端子定义

端子	端子定义	端子	端子定义
G29-1	右前门扬声器 + 右前门高音扬声器 +	G30-18	舒适网 CAN-L
G29-2	左前门扬声器 + 左前门高音扬声器 +	G55-1	右后中音扬声器 +
G29-5	右前门扬声器 − 右前门高音扬声器 −	G55-2	左后中音扬声器 +
G29-6	左前门扬声器 − 左前门高音扬声器 −	G55-3	右后中音扬声器 −
G30-17	舒适网 CAN-H	G55-6	左后中音扬声器 −

2. 外置功放

比亚迪秦音响系统配备有外置功放模块,如图 5-1-3 所示,外置功放模块安装在前排乘客侧座椅下方。

如图 5-1-4 所示,比亚迪秦外置功放模块的线束插接件为 K27、K28,插接件端子定义见表 5-1-3。

图 5-1-3　比亚迪秦外置功放模块的安装位置

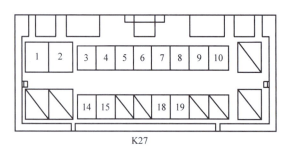
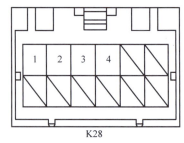

图 5-1-4　比亚迪秦外置功放模块的线束插接件 K27、K28

表 5-1-3　外置功放模块插接件端子定义

端子	端子定义	端子	端子定义
K26-1	电源正极	K27-5	右前门扬声器 + 右前门高音扬声器 +
K26-2	电源正极	K27-6	右前门扬声器 − 右前门高音扬声器 −
K26-4	ACC 电源	K27-7	右后门扬声器 + 右后门高音扬声器 +
K26-5	电源接地	K27-8	右后门扬声器 − 右后门高音扬声器 −
K26-6	电源正极	K27-9	中置扬声器 +
K26-7	电源正极	K27-10	中置扬声器 −
K26-8	电源正极	K27-14	右后中音扬声器 −
K26-9	电源接地	K27-15	右后中音扬声器 +
K26-10	电源接地	K27-18	左后中音扬声器 −
K26-11	电源接地	K27-19	左后中音扬声器 +
K26-12	电源接地	K28-1	后部重低音扬声器 +
K27-1	左后门扬声器 + 左后门高音扬声器 +	K28-3	后部重低音扬声器 −
K27-2	左后门扬声器 − 左后门高音扬声器 −	K37-1	CAN-L
K27-3	左前门扬声器 + 左前门高音扬声器 +	K37-2	CAN-H
K27-4	左前门扬声器 − 左前门高音扬声器 −		

四、新能源汽车收音机、音响控制模块的检修

1. 读取和清除收音机控制模块相关故障码并读取数据流

以比亚迪秦混合动力车型为例，收音机控制模块诊断仪诊断一般遵循如下步骤：

1）将诊断测试设备连接至诊断接口，接通诊断测试设备；上至 OK 档电；在诊断仪上进入诊断功能选择界面，选择车型诊断；进入诊断车型选择界面，选择需要诊断的车型；再进入诊断系统选择界面。

2）在系统选择界面选择车身网模块选项，进入后选择多媒体模块或全景转向盘模块，再选择读取故障码选项，读取故障相关信息（故障码、冻结帧等）。

3）在全景转向盘模块选择界面选择读取数据流选项，读取模块数据流。

4）在全景转向盘模块选择界面选择动作测试选项，选择元件动作测试对元件进行检测。

5）清除故障存储器；适当运行车辆，运行方式须满足相应故障诊断的条件；读取故障信息，确认故障已经排除。

2. 检测收音机、音响控制模块终端电阻

以检测收音机控制模块终端电阻：断开蓄电池负极，断开控制模块插接件 G30。查询维修手册中控制单元端子的定义，收音机控制模块 CAN-H 端子为 G30-17 号端子，CAN-L 端子为 G30-18 号端子。万用表校零后，测量控制模块端子 G30-17 与 G30-18 之间电阻值。测量值为控制模块的终端电阻。单个 CAN 模块终端标准电阻：120Ω，整个网络终端电阻：60Ω。

检测音响控制模块终端电阻：断开蓄电池负极，断开控制模块插接件 K37。查询维修手册中控制单元端子的定义，控制模块 CAN-H 端子为 K37-2 号端子，CAN-L 端子为 K37-1 号端子。万用表校零后，测量控制模块端子 K37-1 与 K37-2 之间电阻值。

3. 检测收音机、音响控制模块电源和搭铁端子电压

1）收音机控制模块。检测控制模块供电端子和搭铁端子的电压，首先查询维修手册中控制单元端子的定义，常电电源输入端子为 G29-4 号端子，IG1 电源输入端子为 G29-3 号端子，接地端子为 G29-7 号端子。上至 ON 档电，使用背插法，用万用表探针测量 G29-3、G29-4 号端子与车身搭铁之间的电压，电压值为额定电压时，代表供电线路正常，否则反向检查供电线路，标准值为 11~14V；测量 G29-7 号接地端子与车身搭铁之间的电压，电压值小于 1V 为正常。

2）音响控制模块。检测控制模块供电端子和搭铁端子的电压，首先查询维修手册中控制单元端子的定义，ACC 电源输入端子为 K26-4 号端子，常电电源输入端子为 K26-1、K26-2、K26-6、K26-7、K26-8 号端子，接地端子为 K26-5、K26-9、K26-10、K26-11、K26-12 号端子。上至 ON 档电，使用背插法，用万用表探针测量 K26-1、K26-2、K26-4、K26-6、K26-7、K26-8 号端子与车身搭铁之间的电压，电压值为额定电压时，代表供电线路正常，否则反向检查供电线路，标准电压值为 11~14V；测量 K26-5、K26-9、K26-10、K26-11、K26-12 号接地端子与车身搭铁之间的电压，电压值小于 1V 为正常。

4. 检测收音机、音响控制模块与电子元件或控制模块之间线束的导通性

1）首先要断开蓄电池负极,断开收音机控制模块相关低压线束插头,查询维修手册中控制单元端子的定义,选择线束两端的端子进行电阻测试,电阻值小于 1Ω 即代表该段线束导通。

2）要断开蓄电池负极,断开音响控制模块相关低压线束插头,查询维修手册中控制单元端子的定义,选择线束两端的端子进行电阻测试,电阻值小于 1Ω 即代表该段线束导通。表 5-1-4 为音响控制模块与电子元件之间部分信号线束端子定义。

表 5-1-4　比亚迪秦音响控制模块与电子元件之间部分信号线束端子定义

线束名称	音响控制模块端子	对应电子元件端子	对应电子元件名称
外置功放模块 ACC 供电线	K26-4	K2G-9	配电盒
外置功放模块搭铁线	K26-5	蓄电池负极	蓄电池
外置功放模块供电线	K26-1	KK1-2	配电盒
外置功放模块供电线	K26-2	KK1-2	配电盒
外置功放模块供电线	K26-6	KK1-2	配电盒
外置功放模块供电线	K26-7	KK1-2	配电盒
外置功放模块供电线	K26-8	KK1-2	配电盒
扬声器控制信号线	K27-1	V01-1	扬声器 V01
扬声器控制信号线	K27-2	V02-1	扬声器 V02
扬声器控制信号线	K27-8	W01-1	扬声器 W01
扬声器控制信号线	K27-7	W02-1	扬声器 W02

5. 检测收音机控制模块与电子元件之间供电电压

以比亚迪秦前排液晶屏 ACC 电源供电线为例,首先要查询维修手册中控制单元端子的定义,控制模块的前排液晶屏 ACC 电源供电线端子为 G71-12,上至 ACC 档电,使用万用表电压档对端子进行测试,再对比维修手册的额定工作电压,从而判断线路和模块是否正常。标准值为 11~14V。

6. 检测读取收音机控制模块的 CAN 总线 High 和 Low 的电压与波形

1）使用万用表测量收音机控制模块 CAN 总线的电压。查询维修手册中控制单元端子的定义,收音机控制模块 CAN-H 端子为 G30-17 号端子,CAN-L 端子为 G30-18 号端子。使用万用表电压档测量两端子,红表笔接端子针脚,黑表笔接车身搭铁,CAN-H 线标准整车通信电压为 2.5~3.5V,CAN-L 线标准整车通信电压为 1.5~2.5V。万用表的显示值只能反映被测信号的主体信号电压值,不能反映被测信号的每个细节。

2）使用示波器功能进行收音机控制模块 CAN 总线的波形测量。比亚迪秦车型中,收音机控制模块总线属于舒适网。通道 CH1 测量 CAN-H 线,通道 CH2 测量 CAN-L 线。

CAN-H 线的高电平是 3.6V，低电平是 2.5V，电压差为 1.1V。CAN-L 线的高电平是 2.5V，低电平是 1.4V，电压差为 1.1V。控制模块 CAN-H 线信号在总线空闲时电压为 2.5V，有信号传输时电压值在 2.5V 和 3.6V 之间变换；控制模块 CAN-L 线信号在总线空闲时电压为 2.5V，有信号传输时电压值在 2.5V 和 1.4V 之间变换。正常情况下，整车上电后，CAN-H、CAN-L 的波形应该在额定电压范围对称性显示信号波形。

实操任务

对照收音机、音响系统控制模块的检修要求与步骤，完成工作页"收音机系统控制模块电路检测"任务。

收音机系统控制模块电路检测

任务练习

一、选择题

1. AM/FM 收音机是汽车上最早采用的一种（　　）娱乐配置，也是车载影音娱乐系统最常见的配置之一。

  A. 语音   B. 视频   C. 有线   D. 无线

2. 收音机是（　　）电接收装置，专门接收广播节目。

  A. 电线   B. 视频   C. 有线   D. 无线

二、判断题

1. AM/FM 收音机是汽车上最早采用的一种语音娱乐配置，也是车载影音娱乐系统最常见的配置之一。（　　）
2. 收音机是有线电接收装置，专门接收广播节目。（　　）
3. FM 即调幅信号，AM 即调频信号。（　　）
4. 传统的模拟式收音机，一般用手调选台；数字式收音机是较高级的无线电接收装置，去掉了调谐部分的调台拉线，提高了调谐工作的稳定性，抗振动性能好。（　　）
5. 车载收音机常见的问题有"调相""多路干涉""信号衰减"，这些问题都不是由于电子噪声引起的，而是信号本身传递接收的问题。（　　）
6. 扬声器系统主要指主扬声器、环绕扬声器等，它不是汽车音响系统的终端，不决定车厢内音响性能。（　　）

任务二　导航系统控制模块检修

导航系统为驾乘人员提供了多种数据信息，包括位置坐标、航行路程、航行时间、方位、偏航方位角、偏航距离、预设报警。

本任务主要对新能源汽车导航系统进行概述，以比亚迪混动车型为例介绍导航控制模块功能与元件，以及导航控制模块电路的检测与维修方法。

教学目标

知识目标

1）掌握导航系统控制模块插头端子的电阻、电压、线束导通性检测方法。
2）掌握导航系统控制模块相关数据流标准范围。
3）掌握导航系统控制模块总线标准波形图。
4）掌握导航系统控制模块插头的断开和插接方法、线束的检查与修复方法。

技能目标

1）能检测导航系统控制模块插头端子的电阻、电压、线束导通性。
2）能使用示波器检测并分析导航系统控制模块的总线波形。

德育目标

1）培养团队意识、质量意识、环保意识、安全意识。
2）培养工匠精神和创新思维。
3）培养广泛学习、勤于思考的良好习惯。

知识储备

一、新能源汽车导航系统概述

车载导航系统就是车载导航的信号接收及处理系统。该系统通过卫星定位系统天线，接收来自环绕地球的若干人造卫星传来的数据信息，经过分析与计算，解析出当前自己所处位置的数据，结合储存在车载导航仪内的电子地图，通过卫星信号确定的位置坐标与此相匹配，确定汽车在电子地图中的准确位置，最终在显示屏中显示车辆所处的位置、周围的道路交通路况、到达目的地的最佳路线以及通常情况下所需的时间。随着计算机技术的快速发展，该系统可通过人工智能技术模仿人的声音，实现直接交流，及时地给驾驶员提供语音提示和路况更新。

汽车导航系统大多由两部分组成，一部分由安装在汽车内的卫星定位系统接收机和显示设备组成，另一部分由计算机控制中心组成，两部分通过定位卫星进行联系。计算机控制中心是由机动车管理部门授权和组建的，它负责随时观察辖区内指定监控的汽车的动态和交通情况。因此整个汽车导航系统有两大基本功能：一个是汽车踪迹监控功能，只要将已编码的卫星定位系统接收装置安装在汽车上，该汽车无论行驶到任何地方，都可以通过计算机控制中心的电子地图指示出它的所在方位；另一个是驾驶指南功能，车主可以将各个地区的交通线路电子地图存储在软盘上，只要在车内接收装置中插入软盘，显示屏上就会立即显示出该车所在地区的位置及目前的交通状态，既可输入要去的目的地，预先编制出最佳行驶路线，又可接受计算机控制中心的指令，选择汽车行驶的路线和方向。

从应用的角度，汽车导航系统可分为两种。第一种是汽车拥有独立的导航装置，可以进行自主导航。第二种是公众信息服务性质的车辆定位跟踪、监控系统，它由车载卫星定位系统接收部分和监控中心卫星定位系统定位导航部分组成，使用专线或公共网络进行通信，为行驶的车辆提供导航信息、跟踪调度、保全防盗、信息查询与救援等服务。

二、新能源汽车导航系统控制模块的功能与元件

以比亚迪秦为例，其导航系统的组成部件与传统汽车大致相同，由车载终端和天线组成，如图 5-2-1 所示，位于后排座椅后方与行李舱中。车载终端的主要作用是数据通信，采集整车 CAN 信息并通过 3G 模块上传至服务器，为车主提供车辆轨迹、车辆状态服务等，包含数据通信、GPS 全球定位、3G 三个部分内容。

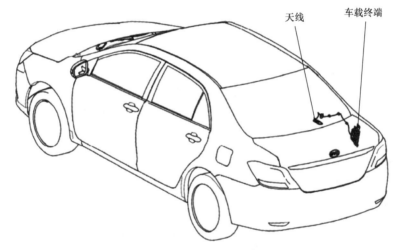

图 5-2-1　比亚迪秦导航系统组成

如图 5-2-2 所示，比亚迪 E5 导航控制模块的线束插接件为 K58，插接件端子定义见表 5-2-1。

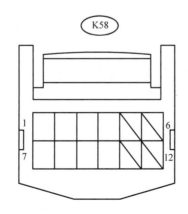

图 5-2-2　比亚迪 E5 导航控制模块的线束插接件

表 5-2-1 比亚迪 E5 导航控制模块插接件端子定义

端子	端子定义	端子	端子定义
K58-1	舒适网 CAN-H	K58-4	动力网 CAN-L
K58-2	舒适网 CAN-L	K58-8	接地
K58-3	动力网 CAN-H	K58-10	电源

三、新能源汽车导航系统控制模块的检修

1. 检测导航系统控制模块插头端子的电阻

以比亚迪 E5 检测导航系统控制模块动力网总线终端电阻为例：断开蓄电池负极，断开导航系统控制模块插接件 K58。查询维修手册中控制单元端子的定义，导航系统控制模块 CAN-H 端子为 K58-1 号端子，CAN-L 端子为 K58-2 号端子。万用表校零后，测量控制模块端子 K58-1 与 K58-2 之间电阻值。测量值为导航系统控制模块的终端电阻。单个 CAN 模块终端标准电阻为 120Ω，整个网络终端电阻为 60Ω。

2. 检测导航系统控制模块电源和搭铁端子电压

导航系统控制模块的供电与搭铁是保证控制模块能够正常工作的基础，检测控制模块供电端子和搭铁端子的电压，可以分析控制模块供电线路和搭铁线路是否正常。以比亚迪 E5 导航系统控制模块为例，首先要查询维修手册中控制单元端子的定义，电源输入端子为 K58-10 号端子，接地端子为 K58-8 号端子。上至 ON 档电，使用背插法，用万用表探针测量 K58-10 号端子与车身搭铁之间的电压，电压值为额定电压时，代表供电线路正常，否则反向检查供电线路，标准电压值为 11~14V；测量 K58-8 号接地端子与车身搭铁之间的电压，电压值小于 1V 为正常。

3. 检测导航系统控制模块与电子元件或控制模块之间线束的导通性

以比亚迪 E5 为例，首先要断开蓄电池负极，断开导航系统控制模块相关低压线束插头，查询维修手册中控制单元端子的定义，选择线束两端的端子进行电阻测试，电阻值小于 1Ω 即代表该段线束导通。表 5-2-2 为导航系统控制模块与电子元件之间部分信号线束端子定义。

表 5-2-2 比亚迪 E5 导航系统控制模块与电子元件之间部分信号线束端子定义

线束名称	导航系统控制模块端子	对应电子元件端子	对应电子元件名称
舒适网 CAN-H 总线	K58-1	K2G-7	配电盒
舒适网 CAN-L 总线	K58-2	K2G-19	配电盒
动力网 CAN-H 总线	K58-3	G08（C）-4	仪表短接器
动力网 CAN-L 总线	K58-4	G08（C）-14	仪表短接器
控制模块供电线	K58-10	G2I-35	配电盒
控制模块接地线	K58-8	接地	接地

4. 检测读取导航系统控制模块的 CAN 总线 High 和 Low 的电压与波形

1）使用万用表测量导航系统控制模块 CAN 总线的电压。查询维修手册中控制单元端子的定义，导航系统控制模块舒适网 CAN-H 端子为 K58-1 号端子，CAN-L 端子为 K58-2 号端子；模块动力网 CAN-H 端子为 K58-3 号端子，CAN-L 端子为 K58-4 号端子。使用万用表电压档测量两端子，红表笔接端子针脚，黑表笔接车身搭铁，CAN-H 线标准整车通信电压为 2.5~3.5V，CAN-L 线标准整车通信电压为 1.5~2.5V。万用表的显示值只能反映被测信号的主体信号电压值，不能反映被测信号的每个细节。

2）使用示波器功能进行导航系统控制模块 CAN 总线的波形测量。通道 CH1 测量 CAN-H 线，通道 CH2 测量 CAN-L 线。CAN-H 线的高电平是 3.6V，低电平是 2.5V，电压差为 1.1V。CAN-L 线的高电平是 2.5V，低电平是 1.4V，电压差为 1.1V。控制模块 CAN-H 线信号在总线空闲时电压为 2.5V，有信号传输时电压值在 2.5V 和 3.6V 之间变换，控制模块 CAN-L 线信号在总线空闲时电压为 2.5V，有信号传输时电压值在 2.5V 和 1.4V 之间变换。正常情况下，整车上电后，CAN-H、CAN-L 的波形应该在额定电压范围对称地显示信号波形。

实操任务

对照导航系统控制模块的检修要求与步骤，完成工作页"导航系统控制模块电路检测"任务。

导航系统控制模块电路检测

任务练习

一、选择题

1. 汽车导航系统大多由两部分组成：一部分由安装在汽车内的卫星定位系统接收机和显示设备组成；另一部分由计算机控制中心组成，两部分通过（　　）进行联系。

  A. 定位卫星   B. 北斗系统
  C. 5G 网络   D. 无线网络

2. 车载终端的主要作用是数据通信，采集整车 CAN 信息并通过（　　）上传至服务器，为车主提供车辆轨迹、车辆状态服务等。

  A. 2G 模块   B. 3G 模块
  C. 4G 模块   D. 5G 模块

3. 以比亚迪秦导航系统控制模块动力网总线终端电阻为例，单个CAN模块终端标准电阻为（ ），整个网络终端电阻为（ ）。

A. 100Ω；60Ω
B. 120Ω；50Ω
C. 60Ω；120Ω
D. 120Ω；60Ω

二、判断题

1. 随着计算机技术的快速发展，车载导航系统可通过人工智能技术模仿人的声音，实现直接交流，及时地给驾驶者提供语音提示和路况更新。（ ）

2. 计算机控制中心不是由机动车管理部门授权和组建的，它负责随时观察辖区内指定监控的汽车的动态和交通情况。（ ）

3. 从应用的角度，汽车导航系统可分为四类。（ ）

任务三　全景影像系统控制模块检修

倒车一直是广大驾驶员头疼的问题，再有经验的驾驶员也有过刮碰经历。据统计，由于车后盲区所造成的交通事故在中国约占30%。为保证倒车安全与便利，从原来的倒车语音到超声波探头，再到流行的可视倒车雷达，倒车系统一直在发展。现如今，单个后视摄像头的可视倒车雷达产品已俨然成为汽车的必备安全装备之一。但同时，基于单个后视摄像头的可视倒车雷达只能看到车身正后方影像，无法同时看清车身四周状况，存在视角盲区，难以满足驾驶员越来越苛刻的驾驶要求，因此就有了车身周围360°全景影像的需求，全景倒车影像系统由此诞生。

本任务主要对新能源汽车全景影像系统进行概述，以比亚迪混动车型为例介绍其功能与元件，以及全景影像系统控制模块电路的检测与维修方法。

教学目标

知识目标

1) 掌握全景影像系统控制模块插头端子的电阻、电压、线束导通性检测方法。
2) 掌握全景影像系统控制模块相关数据流标准范围。
3) 掌握全景影像系统控制模块总线标准波形图。
4) 掌握全景影像系统控制模块插头的断开和插接方法、线束的检查与修复方法。

技能目标

1) 能检测全景影像系统控制模块插头端子的电阻、电压、线束导通性。
2) 能使用诊断仪读取全景影像系统控制模块故障码。
3) 能使用示波器检测并分析全景影像系统控制模块的总线波形。

德育目标

1) 培养团队意识、质量意识、环保意识、安全意识。

2）培养工匠精神和创新思维。
3）培养广泛学习、勤于思考的良好习惯。

知识储备

一、新能源汽车全景影像系统概述

倒车影像系统虽然可以将车辆倒车时的影像信息显示在中控台的显示屏上，但车辆前后及两侧仍存在着很大的盲区，并且在驻车时多数发生的剐蹭状况并不是在车身前后而是在两侧。加上近年汽车数量的快速增加，使得城市道路、小区停车日渐拥堵，令驾驶员在泊车时受到视野和车位狭小等客观条件的限制，而极易发生擦碰事故，带来不必要的损失。大多数的车辆剐蹭都是在出入车位和让车时造成的，虽然车速不会很快，但不小心剐蹭到爱车的漆面仍是件非常恼人的事情。因此有了车身周围全景环视行车辅助的需求。

全景影像系统又叫卫星全景行车安全系统（也叫全景辅助泊车系统、全景环视系统、全景式监控影像系统、360°全景泊车辅助系统、汽车360°环视系统），系统同时采集车辆四周的影像，经过图像处理单元一系列的智能算法处理，最终形成一幅车辆四周的全景俯视图显示在屏幕上，直观地呈现出车辆所处的位置和周边情况。系统大大地拓展了驾驶员对周围和环境的感知能力，使驾驶员在处理车辆起步、行车转弯、泊车入位、窄道会车、规避障碍等情况时从容不迫、轻松自如，可以有效减少剐蹭甚至碰撞碾压等事故的发生。

全景影像系统主要由以下六部分组成：图像获取、摄像机标定、图像变换、图像美化、图像无缝拼接融合、图像显示。图像的获取往往利用安装在车身前后左右4个超广角摄像头捕捉车辆周围状况。但由于4个摄像头获取的影像会产生"鱼眼失真"的现象，所以必须通过数学算法进行画面合成和画面修正，合成一幅车身周围的全景鸟瞰图，从而将车辆四周真实画面展示在车载显示屏上，避免行车过程中的碰撞危险。因此，摄像机标定、图像美化、图像无缝拼接融合的核心算法将主导整个系统。

具体的实施步骤：

1）图像的获取：利用170°以上超广角摄像机获取模拟信号，并将信号解析为图像数据。

2）摄像机标定模型的建立：建立世界坐标与摄像机坐标的关系，建立摄像机坐标与图像坐标的关系，从而确定世界坐标与图像坐标的关系。

3）摄像机内参的标定：对摄像头内参进行标定。

4）摄像机外参的标定：对摄像头外参进行标定。

5）图像光照一致性研究：研究同一场景下成像灰度值的关系，分析不同角度的光源对摄像机成像造成的影响，从而提出消减这种影响的算法。

6）图像拼接融合：根据人眼的视觉模型，研究图像缝隙视觉过渡的方法，从而消除图像拼接引起的缝隙，达到图像融合的目的。

7）图像的显示：优化系统算法，将所得图像对接显示屏显示。

8）形成产品：形成一套成熟的产品，该产品满足360°全景影像系统功能。

在对图像的处理上，不同的车型，因为4个摄像头安装的高度、宽度、仰角都不一样,所以,真正的全景环视产品,针对每个车型都要有一套与之配套的软件,才能真正实现无缝合成全景显示。如果软件做得好,可以把这些参数整合一起,通过后期的调试实现自适应。

二、新能源汽车全景影像系统控制模块的功能与元件

以比亚迪秦为例,该车型全景影像系统通过4个超广角摄像头采集车身周围影像。由于是超广角摄像头,采集到的影像有很严重的畸变,系统将畸变的影像输入到图像处理芯片中,经过软件处理后,进行无缝拼接,将完整的全景影像输出到DVD显示器上,最后给用户呈现出车身周围的鸟瞰图,图5-3-1是全景图像视野区域示意图。

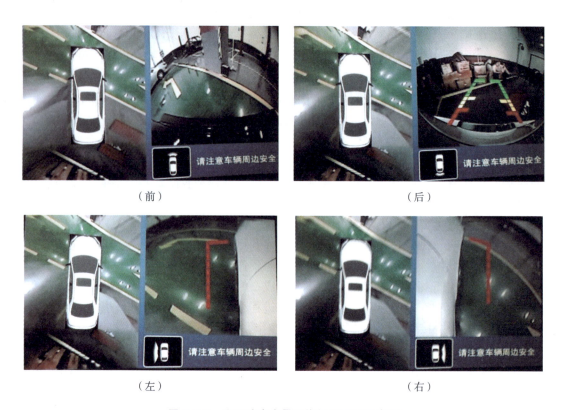

图5-3-1 比亚迪秦全景图像视野区域示意图

全景影像系统通过4个摄像头监控车身周围2000mm±30mm的视野范围,并采用图像处理技术将4个摄像头采集的图片合成为一张整车四周环境图片,方便用户在泊车时观察车辆四周环境,为泊车提供一定的便利。主要组成部件:多媒体主机(DVD)、全景影像控制器、摄像头(前部全景摄像头,后部全景摄像头,左侧全景摄像头,右侧全景摄像头)、转向盘全景开关。如图5-3-2、图5-3-3所示,前摄像头位于比亚迪LOGO下方,后摄像头位于行李舱盖后部中间,左右摄像头都位于外后视镜下部,全景影像控制模块安装在组合仪表与前围板之间吹面风道下方。

项目五　新能源汽车信息娱乐网关控制系统检修

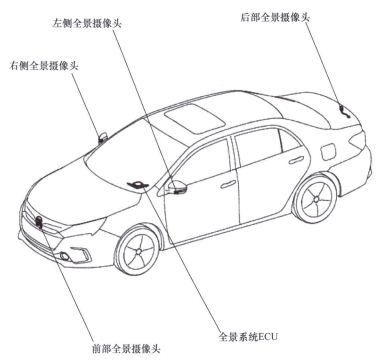

图 5-3-2　比亚迪秦全景摄像头组件位置示意图

图 5-3-3　比亚迪秦全景系统控制模块安装位置

如图 5-3-4 所示，比亚迪秦全景影像系统控制模块的线束插接件为 G11，插接件端子定义见表 5-3-1。

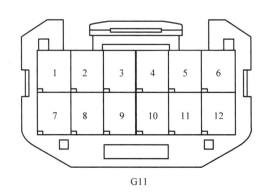

图 5-3-4 比亚迪秦全景影像系统控制模块的线束插接件 G11

表 5-3-1 全景影像系统控制模块插接件端子定义

端子	端子定义	端子	端子定义
G11-1	接地	M4-2	后视摄像头 LVDS 专用传输线信号线 -
G11-2	ACC 电源	M4-3	后视摄像头 LVDS 专用传输线信号线 +
G11-7	常电	M4-4	后视摄像头 LVDS 专用传输线接地
G11-9	预配电	M5-1	左视摄像头 LVDS 专用传输线供电
G11-3	CAN-H	M5-2	左视摄像头 LVDS 专用传输线信号线 -
G11-4	CAN-L	M5-3	左视摄像头 LVDS 专用传输线信号线 +
M3-1	前视摄像头 LVDS 专用传输线供电	M5-4	左视摄像头 LVDS 专用传输线接地
M3-2	前视摄像头 LVDS 专用传输线信号线 -	M6-1	右视摄像头 LVDS 专用传输线供电
M3-3	前视摄像头 LVDS 专用传输线信号线 +	M6-2	右视摄像头 LVDS 专用传输线信号线 -
M3-4	前视摄像头 LVDS 专用传输线接地	M6-3	右视摄像头 LVDS 专用传输线信号线 +
M4-1	后视摄像头 LVDS 专用传输线供电	M6-4	右视摄像头 LVDS 专用传输线接地

三、新能源汽车全景影像系统控制模块的检修

1. 读取和清除全景影像控制模块相关故障码并读取数据流

以比亚迪秦混合动力车型为例,全景影像控制模块诊断仪诊断一般遵循如下步骤:

1)将诊断测试设备连接至诊断接口,接通诊断测试设备;上至 OK 档电;在诊断仪上进入诊断功能选择界面,选择车型诊断;进入诊断车型选择界面,选择需要诊断的车型;再进入诊断系统选择界面。

2)在系统选择界面选择车身网模块选项,进入后选择多媒体模块,再选择读取故障码选项,读取故障相关信息(故障码、冻结帧等)。

3)清除故障存储器;适当运行车辆,运行方式须满足相应故障诊断的条件;再读取故障信息,确认故障已经排除。

2. 检测全景影像系统控制模块插头端子的电阻

以比亚迪秦检测全景影像系统控制模块终端电阻为例：断开蓄电池负极，断开全景影像控制模块插接件 G11。查询维修手册中控制单元端子的定义，全景影像系统控制模块 CAN-H 端子为 G11-3 号端子，CAN-L 端子为 G11-4 号端子。万用表校零后，测量控制模块端子 G11-3 与 G11-4 之间电阻值。测量值为全景影像系统控制模块的终端电阻。单个 CAN 模块终端标准电阻：120Ω，整个网络终端电阻：60Ω。

3. 检测全景影像系统控制模块电源和搭铁端子电压

首先要查询维修手册中控制单元端子的定义，全景影像模块常电电源输入端子为 G11-7 号端子，ACC 电源输入端子为 G11-2 号端子，预配电电源输入端子为 G11-9 号端子，控制模块接地端子为 G11-1 号端子。上至 ACC 档电，使用背插法，用万用表探针测量 G11-2、G11-7、G11-9 号端子与车身搭铁之间的电压，电压值为额定电压时代表供电线路正常，否则反向检查供电线路；测量 G11-1 号接地端子与车身搭铁之间的电压，电压值小于 1V 为正常。

4. 检测全景影像系统控制模块与电子元件或控制模块之间线束的导通性

首先要断开蓄电池负极，断开全景影像系统控制模块相关低压线束插头，查询维修手册中控制单元端子的定义，选择线束两端的端子进行电阻测试，电阻值小于 1Ω 即代表该段线束导通。表 5-3-2 为全景影像系统控制模块与电子元件之间部分信号线束端子定义。

表 5-3-2　比亚迪秦全景影像系统控制模块与电子元件之间部分信号线束端子定义

线束名称	全景影像系统控制模块端子	对应电子元件端子	对应电子元件名称
前视摄像头专用传输线供电线	M3-1	摄像头-6	前视摄像头
前视摄像头专用传输线信号线 −	M3-2	摄像头-2	前视摄像头
前视摄像头专用传输线信号线 +	M3-3	摄像头-3	前视摄像头
前视摄像头专用传输线接地线	M3-4	摄像头-5	前视摄像头
后视摄像头专用传输线供电线	M4-1	摄像头-6	后视摄像头
后视摄像头专用传输线信号线 −	M4-2	摄像头-2	后视摄像头
后视摄像头专用传输线信号线 +	M4-3	摄像头-3	后视摄像头
后视摄像头专用传输线接地线	M4-4	摄像头-5	后视摄像头
左视摄像头专用传输线供电线	M5-1	摄像头-6	左视摄像头
左视摄像头专用传输线信号线 −	M5-2	摄像头-2	左视摄像头
左视摄像头专用传输线信号线 +	M5-3	摄像头-3	左视摄像头
左视摄像头专用传输线接地线	M5-4	摄像头-5	左视摄像头
右视摄像头专用传输线供电线	M6-1	摄像头-6	右视摄像头
右视摄像头专用传输线信号线 −	M6-2	摄像头-2	右视摄像头
右视摄像头专用传输线信号线 +	M6-3	摄像头-3	右视摄像头
右视摄像头专用传输线接地线	M6-4	摄像头-5	右视摄像头

5. 检测读取全景影像系统控制模块的 CAN 总线 High 和 Low 的电压与波形

1）使用万用表测量全景影像系统控制模块 CAN 总线的电压。查询维修手册中控制单元端子的定义，全景影像系统控制模块 CAN-H 端子为 G11-3 号端子，CAN-L 端子为 G11-4 号端子。使用万用表电压档测量两端子，红表笔接端子针脚，黑表笔接车身搭铁，CAN-H 线标准整车通信电压为 2.5~3.5V，CAN-L 线标准整车通信电压为 1.5~2.5V。万用表的显示值只能反映被测信号的主体信号电压值，不能反映被测信号的每个细节。

2）使用示波器功能进行全景影像系统控制模块 CAN 总线的波形测量。通道 CH1 测量 CAN-H 线，通道 CH2 测量 CAN-L 线。CAN-H 线的高电平是 3.6V，低电平是 2.5V，电压差为 1.1V。CAN-L 线的高电平是 2.5V，低电平是 1.4V，电压差为 1.1V。控制模块 CAN-H 线信号在总线空闲时电压为 2.5V，有信号传输时电压值在 2.5V 和 3.6V 之间变换，控制模块 CAN-L 线信号在总线空闲时电压为 2.5V，有信号传输时电压值在 2.5V 和 1.4V 之间变换。正常情况下，整车上电后，CAN-H、CAN-L 的波形应该在额定电压范围对称地显示信号波形。

实 操 任 务

对照全景影像控制模块的检修要求与步骤，完成工作页"全景影像控制模块电路检测"和"全景影像控制模块 CAN 电路及波形检测"任务。

全景影像控制模块电路检测

全景影像控制模块 CAN 电路及波形检测

课程育人　案例 5

自 2015 年至今，国务院、国家发改委、工信部、交通运输部等多部门陆续印发智能网联相关政策法规。《智能汽车创新发展战略》强调智能化与网联化协同，构建全面高效的智能汽车网络安全体系。《关于加强智能网联汽车生产企业及产品准入管理的意见》明确逐步探索开展准入管理，明确汽车数据安全、网络安全、在线升级等管理要求，加快产品推广应用。《"十四五"国家信息化规划》提出开展车联网应用创新示范，实现 L3 级以上自动驾驶应用。

任 务 练 习

简答题

简述什么是全景影像系统。

参 考 文 献

[1] 黄政杰，倪星鑫. 纯电动车 DC-DC 电路故障诊断 [J]. 汽车实用技术，2020（6）: 10-12.
[2] 方文，张春化，初宏伟. 基于 K-CAN Bus 信号电平检测数据帧异常传输的试验研究 [J]. 汽车技术，2018（9）: 25-30.
[3] 方文. 汽车维护与保养 [M]. 北京：北京理工大学出版社，2019.

读者服务

机械工业出版社立足工程科技主业,坚持传播工业技术、工匠技能和工业文化,是集专业出版、教育出版和大众出版于一体的大型综合性科技出版机构。旗下汽车分社面向汽车全产业链提供知识服务,出版服务覆盖包括工程技术人员、研究人员、管理人员等在内的汽车产业从业者,高等院校、职业院校汽车专业师生和广大汽车爱好者、消费者。

一、意见反馈

感谢您购买机械工业出版社出版的图书。我们一直致力于"以专业铸就品质,让阅读更有价值",这离不开您的支持!如果您对本书有任何建议或意见,请您反馈给我。我社长期接收汽车技术、交通技术、汽车维修、汽车科普、汽车管理及汽车类、交通类教材方面的稿件,欢迎来电来函咨询。

咨询电话:010-88379353　编辑信箱:cmpzhq@163.com

二、课件下载

选用本书作为教材,免费赠送电子课件等教学资源供授课教师使用,请添加客服人员微信手机号"13683016884"咨询详情;亦可在机械工业出版社教育服务网(www.cmpedu.com)注册后免费下载。

三、教师服务

机工汽车教师群为您提供教学样书申领、最新教材信息、教材特色介绍、专业教材推荐、出版合作咨询等服务,还可免费收看大咖直播课,参加有奖赠书活动,更有机会获得签名版图书、购书优惠券。

加入方式:搜索 QQ 群号码 317137009,加入机工汽车教师群 2 群。请您加入时备注院校 + 专业 + 姓名。

四、购书渠道

机工汽车小编
13683016884

我社出版的图书在京东、当当、淘宝、天猫及全国各大新华书店均有销售。

团购热线:010-88379735
零售热线:010-68326294　88379203